# 한일협정 50년사의 재조명 III

– 일제식민지책임 판결과 한일협정체제의 재조명 –

# 한일협정 50년사의 재조명 Ⅲ

– 일제식민지책임 판결과 한일협정체제의 재조명 –

동북아역사재단 편

동북아역사재단
NORTHEAST ASIAN HISTORY FOUNDATION

## • 발간사

21세기의 한일 양국은 상호 이해와 협력을 통해 진정한 평화와 번영의 동아시아 시대를 함께 만들어 가야 합니다. 그러므로 1910년 한일강제병합으로 야기된 역사 갈등과 지속적으로 논란이 되고 있는 '1965년 한일협정'에서 기인하는 문제점에 대해, 함께 지혜를 모으고 해법을 모색하는 일은 2015년 한일협정 50년사를 맞이하는 우리 모두에게 주어진 과제라고 할 수 있습니다.

이에 우리 재단은 '2010년 한일강제병합 100년사'에 대한 성공적인 재조명에 이어 역사적 후속과제로 현안인 '2015년 한일협정 50년사의 재조명'이라는 대주제에 대해 5개년에 걸친 중장기 연구를 통해 한일 간 역사갈등의 본질을 규명하고 그에 대한 해소방안을 모색하고자 국제공동연구를 수행해 오고 있습니다.

이미 "한일협정의 국제법적 문제점에 대한 재조명"과 "한일협정체제와 식민지책임에 대한 재조명"을 주제로 한 국제공동연구와 국제학술회의를 통해 학술연구 시리즈『한일협정 50년사의 재조명』 Ⅰ·Ⅱ권을 출간하였으며, 이 책은 일본의 국가권력이 관여한 반인도적 불법행위를 비롯하여 식민지배와 직결된 불법행위에 대한 "식민지책임 판결과 한일협정체제의 재조명"을 주제로 한 세 번째 학술연구서입니다.

우리 재단이 동북아역사 전문연구기관으로서의 소임을 수행해 오는 가운데 무엇보다도 고무적인 사실은 대한민국 헌법재판소와 대법원이 한일 양국 간의 과거사와 관련하여 재단이 지난 수년간 공동연구와 국제학술회의를 통해 재검토해 온 문제들에 대해서 '역사적 진실'과 '국제법적 정의'에 입각한 주목할 만한 판결을 내렸다는 점입니다.

그것은 첫째, 2011년 대한민국 헌법재판소가 일본군'위안부' 및 원폭 피해자의 헌법소원에서 한일청구권협정 제3조상의 재교섭과 중재재판으로 나아가지 않은 정부의 작위의무 위반에 대해 내린 위헌 결정과, 둘째, 2012년 대법원이 일제강제징용 피해배상소송에서 일제강점과 식민지배를 합법으로 보는 일본 판결이 이를 불법으로 보는 우리 헌법의 핵심적 가치와 상충되므로 그 효력을 승인할 수 없다는 역사적인 판결입니다.

이 책은 바로 그러한 일본군'위안부', 원폭 및 일제강제징용 등과 같은 일제식민지지배 피해가 한일청구권협정 체결로 완전히 해결되었다는 일본 정부의 주장에 대해 역사학, 국제법, 국제정치학 등의 분야에서 가장 권위 있는 한일 양국의 학자와 소송을 수행해온 실무전문가들이 함께 폭넓은 발표와 토론을 통한 논의를 담고 있습니다.

『한일강제병합 100년사』와 『한일협정 50년사』를 여러 학제적 연구와 실무적 시각을 포괄하여 넓고 깊게 재조명한 이 책의 발간을 통해 한일 간 역사갈등의 본질을 규명하고 그에 대한 극복 방안의 검토를 통해 미래지향적 전망의 모색을 기대합니다.

이 책의 발간을 위해 어려운 주제에 대해 옥고를 집필해 주신 전문가 여러분의 노고에 깊이 감사드립니다. 아울러 이 책의 기획에서 출간까지 애써 주신 도시환 연구위원과 출판 관계자의 노고를 높이 치하합니다.

2014년 4월 5일

동북아역사재단 이사장 김학준

| 차례 |

## • 한일 법원판결의 도달점과 향후 과제 최봉태

**– 일본군'위안부' 및 강제동원 피해자 문제를 중심으로**



## • 조선인 강제연행론의 계보(1945~1955년) 이타가키 류타

**– 식민지지배 책임론의 계보작성의 일환으로서**



## • 일본의 역사인식과 전후보상 정책의 재검토 이종원

• 한일 문화재협정과 식민지시기 반출 문화재의 반환에 대한 국제법적 재검토 이근관

# 일본 최고재판소 판결의 한계와 문제점의 검토

변호사 **아다치 슈이치**

# 일본 최고재판소 판결의 한계와 문제점의 검토

변호사 **아다치 슈이치[足立修一]**

## I. 일본에서의 전후보상 재판의 현상

일본이 1910년 한국병합 이후 한반도를 식민지로 지배하여 한반도 사람들을 일본의 전쟁에 동원했던 문제로 발생한 청구권에 대해서, 1965년에 체결된 한일청구권협정으로 일본과 대한민국 사이에서의 배상에 관해서, 일본 정부는 모두 해결 완료되었다는 입장을 고수해 오고 있다. 2000년 이후 일본 정부는 이전과 달리, 청구권 포기는 외교보호권 포기라고 하던 것을 바꾸어 전쟁 피해자 개인의 청구권도 소멸하여 해결 완료되었다는 입장을 표명하였다.

1990년 이후 한국의 전쟁 피해자 개인이 자신의 피해 회복을 위해 일본 정부 및 일본 업체에 보상을 요구하자, 일본의 시민단체들은 이를 지원하면서 일본 국내에서 많은 재판을 통해 싸워 오고 있다. 지금까지 90건에 이르는 전후보상 재판이 제소되어 왔다. 앞서 말한 2000년 이후 일본 정부의 청구권 포기에 대한 해석의 변경은 당초에는 미국의 소송에 대응하기 위한 것이었는데, 그 후 일본 국내 소송에서도 같은 입장을 표명해 나갔다.

이러한 재판에서 원고의 청구는 극히 일부를 제외하고는 기각되었다. 그 근거는 다음과 같다.

1) 사실 인정의 벽(시간 경과의 벽이 있기 때문에 사실 인정을 회피한다)
2) 국가무답책(國家無答責)의 벽(대일본제국헌법하에 '국가는 국가배상 의무를 지지 않는다'는 판례 이론)
3) 시간 경과의 벽[시효 · 제척(除斥) 기간의 도과(徒過)에 의한 권리 소멸]
4) 정치의 벽(청구권협정 · 재산권조치법 등에 의한 권리 소멸)

일본의 소송에서 각각 원고단 · 지원자 · 변호단은 창의 연구를 거듭하여 이러한 벽들을 하나하나 타파해 갔으나 대부분의 소송에서 어느 하나의 깨지지 않는 벽에 가로막혀 패소해 왔다. 2004년 7월의 니시마쓰건설[西松建設] 중국인 강제연행소송의 히로시마[廣島] 고등재판소 판결에서는 이 모든 벽을 깨고, 원고의 전면 승소 판결에 이르렀다. 이에 대하여 2007년 4월 같은 사건의 최고재판소 판결에서는 정치의 벽을 새롭게 재구성하여, 청구권의 존재는 인정하더라도 소권(訴權)은 인정하지 않는다면서, 하급심에 대해 전후보상 재판을 일본 재판소에서는 주문(主文)에서의 승소 판결을 인정해서는 안 된다고 선언했다.

그러한 경위로 일본에서의 전후보상 재판은 일부 화해 사례를 제외하고는 대부분 종료되었다.

그러나 2011년 8월 30일에 한국 헌법재판소에서 일본군'위안부'가 청구인인 사건에서 개인이 받은 피해에 대해서는 개인청구권이 존재한다는 것을 전제로 하여, 일본 정부에 대하여 한일청구권협정 3조에 입각한 절차에 따라 해결되지 않고 있는 부작위(不作爲)를 위헌이라고 판단했다. 같은 날, 원폭 피해자가 청구인인 사건에서도 동일한 판단이 나왔다.

또 2012년 5월 24일 한국 대법원에서 일본의 국민징용령에 근거해 강제동원되었던 전 징용공이 입은 피해에 대해서는 개인청구권이 존재하며, 원심이 시효를 이유로 소멸되었다고 판단한 것은 잘못이라고 하면서, 재판을 통해서 기업에 대해 청구하는 것은 가능하다는 판단이 내려져 부산 고등법원으로 환송되었다. 같은 날 대법원에서는 신일본제철 스미토모금속[住友金屬]을 피고로 하는 소송에서도 동일한 판단이 내려졌다. 두 건의 재판은 현재 환송된 법원에서 심리되고 있다.

이러한 움직임의 영향으로 한국의 전쟁 피해자 개인이 일본 기업을 상대로 새롭게 제소하는 움직임도 일어났다.

## II. 최고재판소의 전쟁 피해와 관련된 판결

최고재판소 판결이 처음 이루어진 사안은 1960년에 제소된 것으로, 일본인이 제2차 세계대전 중에 캐나다에 거주하면서 자산을 소유하고 있었는데, 샌프란시스코 강화조약으로 그 자산이 상대국에 접수되어 손실을 입은 것에 대해 보상을 요구한 것이다.

이 사안에 대해 1968년에 최고재판소 대법정에서 판단이 내려졌는데, 전쟁 희생의 배상은 일본 헌법이 예상하지 않는 부분이며, 보상의 여부는 입법 정책의 문제라고 하면서, 다음과 같이 판시했다.

> 전쟁 중부터 전후 점령 시대에 걸친 국가의 존망이 걸린 비상사태에 있어서는 국민 모두가 많든 적든 간에 그 생명 · 신체 · 재산의 희생을 참고 견딜 수밖에 없었으며, 이러한 희생은 모두 전쟁희생 또는 전쟁손해로서 국민이 똑같이 감내해야 했던 부분이며, 오른쪽의 재외자산의 배상을 위한 충당에 따

른 손해 같은 것도 일종의 전쟁손해로, 이에 대한 보상은 헌법이 전혀 예상하지 않는 바라고 해야 한다.

이들 재외자산의 상실에 따른 손해에 대해, 국가가 정책적으로 어떠한 배려를 할 것인지 말 것인지는 별도의 문제로서, 헌법 29조 3항(사유 재산은 정당한 보상하에 이를 공공을 위해 사용할 수 있다)에 따라 보상을 요구할 수 없다.

이와 비슷한 판단이 일본인이 원고인 사건 뿐 아니라 앞으로 살펴볼 한국인, 대만인 등 구 식민지 출신자가 원고인 사건에서도 내려지고 있다. 그러나 일본은 1945년 패전 후에 한국인, 대만인 등 구 식민지 출신자에 대한 호적법 적용을 정지하고, 1952년 샌프란시스코 강화조약 체결 후에 일본 국적을 상실시켰다.

일본의 전쟁피해에 대한 보상 입법은 사상(死傷)한 군인, 군속에 대해서는 은급법(恩給法 – 연금법), 전상병자 전몰자 유족 등 원호법 등의 법률(단, 국적조항이 있음)로 극진하게 보상해 온 반면, 일반 민간 전재자(戰災者)에 대해서는 사상에 대한 보상은 하지 않고 있다. 예외로 피폭자에게는 방사능으로 인한 특별한 피해를 입었다는 관점에서 원폭의료법(1957년), 원폭특별조치법(1968년, 이 법들은 1994년 피폭자원호법으로 일원화되었다. 이 법률들에도 국적조항은 없음)에 따른 의료, 수당의 급부가 이루어지고 있다.

이러한 제도 때문에, 한국인 군인 · 군속은 일본의 은급법, 전상병자 전몰자 유족 등 원호법에 입각한 원호를 받을 수 없는 것으로 여겨져 왔다.

한편, 일본 국내에 거주하는 피폭자에 대해서는 원폭의료법, 원폭특별조치법으로 국적 요건에 따른 배제 없이, 재일한국 · 조선인에게도 의료 · 수당의 급부가 이루어져 왔다. 다만, 1965년의 한일청구권협정을 전후로 해서, 그 이전에는 일본에 거주하지 않는 한국인이라 하더라도 일본에 오면 피폭자 건강

수첩을 급부 받을 수 있었는데, 한일청구권협정 체결 후에는 그것이 불가능하게 된 시기가 있다. 그 후 1970년에 재한피폭자가 피폭자 의료를 받기 위해 도일(渡日)한 사건을 계기로 피폭자 건강수첩을 요구한 소송을 벌여 1974년 후쿠오카[福岡] 지방재판소에서 승소 판결을 얻어내면서, 재한피폭자도 치료 목적으로 도일하면 의료를 받을 수 있도록 하였다. 이 사건은 1978년 3월 30일 최고재판소 판결에서 원고 승소로 확정했다. 이 판결은 2001년 이후 일련의 재외피폭자 소송에서 원고가 승소하는 결과를 초래하였고, 2007년 11월 1일 히로시마[廣島] 미쓰비시[三菱] 전 징용공 피폭사 소송의 피폭지 권리에 관한 부분에서 국가배상청구 승소로 이어졌다고 생각된다. 단, 미쓰비시 판결은 강제연행 부분에 대해서는 패소하였는데, 2012년 5월 24일 한국 대법원 판결에서 이러한 패소 부분을 뒤집는 판결이 내려진 것은 강제동원 피해자의 피해를 회복하고자 한다는 점에서 평가할 만하다.

**① 1968년 11월 27일–재외자산 상실보상청구 사건 대법정 판결**

이 사건은 앞에서도 언급한 바와 같이, 헌법 제29조 3항에 입각하여 손실보상청구를 한 사안이다.

판결은 앞서 말한 판시 외에 다음과 같은 판시를 하고 있다.

> 평화조약체결의 경위에서 보자면, 우리나라가 자주적인 공권력 행사에 입각하여, 일본 국민의 소유에 속하는 재외자산을 전쟁배상에 충당하는 처분을 하였다는 것은 불가능하고, 이러한 경우, 우리나라는 일본 국민의 상기 자산이 해당 외국에서 불이익적인 취급을 받지 않도록 하기 위해 가지는 이른바 이의권(異議權) 내지 외교보호권을 행사하지 않을 것을 약속하도록 강요당한 것에 지나지 않는다
> 평화조약 …… 중의 상기 조항과 같은 것은 상술한 경위에 입각하여 불가피

하게 승인하지 않을 수 없었던 부분이어서, 그 결과로서 상고인들이 입은 재외재산의 상실에 따른 손해도, 패전이라는 사실을 바탕으로 하여 발생한 일종의 전쟁손해라고 볼 수밖에 없다.

여기에서는 샌프란시스코 강화조약의 체결은 일본 정부로서 거부할 수 없었고, 거기에서의 청구권 포기는 외교보호권의 포기라고 하였다.

그러나 전쟁 전의 일본에서 전쟁에 반대하는 언론이 탄압을 받고, 민주주의가 기능하고 있었다고 말하기는 어려운 점, 전쟁 희생을 반드시 전 국민이 똑같이 입었다고 말할 수 없는 점, 특히 히로시마, 나가사키[長崎]의 원폭투하로 인한 피해, 오키나와[沖繩]에서의 지상전으로 인한 피해, 도쿄 대공습을 비롯해 공습을 받은 도시에서의 피해, 징병으로 인해 전사한 것에 따른 피해, 이러한 사안과 같은 귀환으로 인해 생활기반인 재산을 상실한 자 등에게는 중대한 피해가 발생하고 있다. 반드시 전쟁 피해를 "국민이 똑같이 참고 견뎌야하는 어쩔 수 없는 희생"이라고 볼 수는 없다고 생각된다.

헌법이 예상하지 않는 바라고 하지만, 헌법 전문(前文)은 "정부의 행위로 인해 또 다시 전쟁의 참화가 일어나지 않도록 하는 것을 결의하고"라고 되어 있으며, 정부의 행위로 인해 전쟁을 일으킨 것을 반성하고 있기 때문에, 전쟁희생은 헌법이 예상하지 않는 바라고는 도저히 말할 수 없다. 하물며, 이러한 논의는 일본이 아시아를 침략하여, 희생자가 된 사람들에 대한 관계, 특히 식민지지배의 희생을 받아 온 한반도의 희생자에 대한 관계에서는 타당한 논의가 아니라고 생각된다.

또 판결은 "국가가 정책적으로 어떠한 배려를 할 것인가 말 것인가는 별도의 문제로서"라고 하는데, 귀환자의 재산상실에 대해서는 각자가 입은 피해에 상응하는 것이라고는 하기 어렵지만, 1957년에 '인양자(귀환자) 급부금 등

보상법'이 제정되었고, 또 1967년에 '인양자에 대한 특별교부금 지급법'이 제정되어 소액이나마 일정 급부가 이루어지게 되었다.

#### ② 1987년 6월 26일 – 일반 민간인 공습 피해배상청구 사건 2소법정 판결

태평양전쟁 중 미군의 나고야시[名古屋市] 지역에 대한 공습으로 인해 부상당하여 신체장애가 남은 사람들이, 1952년 '전상병자 전몰자 유족 등 원호법'(이하 원호법)이 제정되었음에도, 민간 이재민 원고들은 이 법의 적용 대상에서 제외되면서 원호를 받지 못하는 것이 헌법 14조의 평등권 등을 침해한다면서 손해배상 등을 요구한 사안이다.

판결은 ①의 대법정 판결을 답습하여 다음과 같이 판시했다.

"헌법에는 전기(前記) 주장과 같은 입법(원호법을 개정해서 일반 민간인 이재민을 이 법의 적용 대상에 포함시키거나 또는 일반 민간인 이재민을 적용 대상으로 하는 원호법과 동등한 입법을 하는 것 – 인용자 주)을 적극적으로 명하는 명문의 규정이 존재하지 않는다"고 하고, 이하 판결①의 "국민이 똑같이 감내해야 했던 부분이며, 이에 대한 보상은 헌법이 전혀 예상하지 않는 바"라는 부분을 인용한다.

그러나 이 점에 대해서는 판결①에 대한 것과 동일한 비판이 타당하다.

이 판결이 국민이 똑같이 참고 견뎌야 하는 어쩔 수 없는 희생이라고 하면서, 일본이 평화조약체결 후에 일본의 군인 · 군속에게 원호법이나 은급법에 의한 급부를 시행하여 후한 보상을 한 반면, 일반 민간 이재민에 대한 원호 조치를 행하지 않은 것은 합리적 이유가 없는 차별이며, 학설상으로도 이 판결에는 비판이 있다. 최근에도 도쿄대공습 등의 피해에 대한 소송이 제기되었는데, 최고재판소 결정(2013년 5월 8일)에서 패소로 종료되었다.

### ③ 1992년 4월 28일 - 대만인 전 일본병 전사상(戰死傷)보상청구 사건 3소법정 판결

제2차 세계대전 중 일본군 군인 · 군속으로 교전지에서 군 복무하다가 전상한 대만인과 그 유족이, 대만인에게는 국적조항으로 전상병자 전몰자 유족 등 원호법 및 은급법의 적용이 없는 것으로 되었기 때문에 직접 헌법에 근거해 국가보상청구권을 행사한 사안이다.

판결은 ①판결을 답습하여, 우선, "전쟁 희생…… 에 대한 보상은 헌법이 전혀 예상하지 않는 바…… 정책적 견지에서의 배려를 고려할 수 있는 데 지나지 않는다"고 한다.

이어서 전상병자 전몰자 유족 등 원호법 및 은급법의 적용에 관하여, 일본 국적이 없기 때문에 국적조항에 따라 적용에서 제외된 것에 대해 아래와 같이 샌프란시스코 강화조약으로 청구권의 처리가 특별협약의 주제로 된 점에서 양국 정부의 외교협상을 통해 해결될 것이 예정되며, 충분한 합리적 근거가 있기 때문에, 헌법 14조에 위반하지 않는다고 한다.

그에 더해, 최고재판소 판결이 날 때까지 전상병자 전몰자 유족 등 원호법을 적용하지 않지만, 불충분하나마 보상입법(대만 주민 전몰자의 유족 등에 대한 조위금 등에 관한 법률[1987년(쇼와 62) 법률 제105호] 및 특정 조위금 등의 지급의 실시에 관한 법률[1988년(쇼와 63) 법률 제31호] · 인도적 정신에 입각하여 대만 주민 전몰자의 유족 등에 대하여, 전몰자 등 또는 전상병자 1인당 200만 엔의 조위금 또는 위문금을 지급한다)을 행할 것을 판시하고 있다.

그러나 원래대로라면 전상병자 전몰자 유족 등 원호법의 원호 대상을 일본 국적을 가진 사람에게 한정하고 있는 조항을 철폐해야 하는 점, 이 법을 적용하지 않은 점에서, 일본인에 비해 원호 내용이 상당히 낮아 차별이 해소되었다고 말하기 어려워 상징적 배상의 의미가 있는 데 그친다고 생각된다.

#### ④ 1997년 3월 13일 – 시베리아 억류자 보상청구 사건 1소법정 판결

1945년 8월 포츠담선언 수락 후, 일본군은 무장해제했지만, 중국 동북부에 있었던 일본 병사들은 소련군에 의해 시베리아 등지로 수송되어 수용소에 포로로 억류되면서 강제노동에 복무되었고, 사망, 장애 등의 피해를 입은 것에 대하여 헌법 29조 3항에 입각해서 일본에 보상청구를 한 사안이다.

판결은 전술한 ①의 판결을 답습하여, 다음과 같은 판단을 했다.

> 시베리아 억류자의 고통은 전기(前記)대로이지만, 제2차 세계대전으로 인해 거의 모든 국민이 다양한 피해를 입은 것, 그 형태는 다종, 다양하며, 정도가 지극히 심각한 것이 적지 않은 것도 또 공지(公知)의 바다.

이어서 판결①을 답습하면서, 원고가 받은 피해는 전쟁피해이므로 입법정책의 문제로 보았다. 그리고 시베리아 억류자에 대해서는 "시베리아 억류자의 억류 기간 중의 노동임금지불을 가능하게 하는 입법조치가 강구되지 않고 있는 것에 대해서 불만을 갖는 상고인들의 심정도 이해 못하는 것은 아니다."라고 하면서, 불충분하나마 원호 조치가 취해지고 있으므로 감내를 요구하는 내용의 판단을 보여주고 있다.

그러나 이 판결 후 2010년 6월에 '전후 강제 억류자에 관련된 문제에 관한 특별조치법'(시베리아 특별조치법)이 성립되어, 구 소련, 시베리아나 몽골에서 강제노동에 종사한 전 억류자에 대하여 귀국 시기에 따라 1명당 25만에서 최고 150만 엔을 일시금으로 지급해야 했지만, 일본 병사로 징용된 한반도 출신자 등 일본 국적을 갖지 않는 사람을 제외하고 있어 차별적 취급이 여전히 남아 있다는 점은 문제가 있다.

**⑤ 1999년 12월 20일 – 한국인 BC급 전범자 국가보상청구 사건 1소법정 판결**

제2차 세계대전 중에 일본군에 동원되었다가 전후 연합국의 군사재판에서 BC급 전범으로 유죄 판결을 받은 한국인이 일본 국적이 아니라고 해서, 일체의 보상 · 원호의 대상에서 제외되었기 때문에 보상을 요구한 사안이다.

판결은 원고들의 심정을 이해할 수 있다는 판단을 보이면서도 판결①을 답습하여, 원고가 받은 피해는 전쟁피해이며, 입법정책의 문제로 보았다. "상고인 7명이 입은 희생 내지 손해의 심각함에 비추어 보면, 이것에 대한 보상을 가능하게 하는 입법조치가 강구되지 않고 있는 것에 대해서 불만을 갖는 상고인들의 심정은 이해하지 못하는 것은 아니다."라고 하면서도, 보상에 대해서는 부정한다.

이 판결은 앞의 판결②와 마찬가지로 식민지지배하에서 한반도 출신자를 일본 국민으로 삼은 것을 전제로 하여, 전쟁 중의 국민으로서 참고 견뎌야 한다고 말한다. 이것은 식민지지배에 의한 황민화정책의 비인도성에 대한 인식이 결여된 판단을 하고 있는 것으로 생각된다.

**⑥ 2001년 4월 5일 – 재일한국인 전 일본군 군속 전상병자 전몰자 유족 등 원호법 지위확인 등 배상청구 사건 1소법정 판결(도쿄 사건) · ⑦ 2001년 4월 13일 – 재일한국인 전 일본군 군속 전상병자 전몰자 유족 등 원호법 지위 확인 등 배상청구 사건 1소법정 판결(오사카 사건) · ⑧ 2001년 4월 13일 – 재일한국인 전 일본군 군속 전상병자 전몰자 유족 등 원호법 지위 확인 등 배상청구 사건 3소법정 판결(오쓰 사건)**

이 사건은 모두 재일한국인이 일본 정부에 의해 징용되어 일본군 군속으로 근무하다가 근무 중에 부상당하고, 장애를 가지게 된 점에서 전상병사 전몰자 유족 등 원호법에 입각하여 장해연금을 청구한 바, 원호법 부칙 2항의 국적조항에 따라 원호법의 적용을 받을 수 없다고 하면서 청구를 기각했기 때문에, 처분 취소를 요구한 사안이다.

도쿄 지방재판소에 제소된 사건의 최고재판소 판결은 아래와 같은 판단을 했다. 오사카 지방재판소에 제소된 사건, 오쓰[大津] 지방재판소에 제소된 사건도 거의 비슷한 판단이 내려졌다.

> 이상의 경위(평화조약의 체결, 발효, 원호법 제정의 경위, 국적조항이 마련된 것－인용자 주)에 비추어보면, 그때까지 일본의 국내법상으로 조선인으로서의 법적 지위를 갖고 있었던 군인 · 군속이 원호법의 적용에서 제외된 것은, 이러한 사람들의 청구권 처리는 평화조약에 의해 일본국 정부와 조선의 시정 당국과의 특별협약의 주제가 된 점에서, 상기 군인 · 군속에 대한 보상 문제도 또한 양 정부 간의 외교 협상을 통해 해결되는 것이 예정된 것에 근거하여 …… 충분한 합리적 근거가 있다.
> 원호법 부칙 2항은 헌법 14조 1항 …… 에 위반하는 것이라고는 할 수 없다.(판결③ 인용)

일본과 한국 사이의 평화조약에 입각한 특별협약에 상당하는 것으로 1965년 6월 22일, 한일청구권협정이 체결된 것을 언급하면서, 이 협정 2조의 내용을 지적하고 일본 정부와 한국 정부 사이에 협정의 해석이 엇갈리고 있다는 점을 거론하고, 그 때문에 "차별 상태가 발생했다"고 한다.

그런 다음에 "한일청구권협정 체결 후, …… 차별 상태가 발생했음에도 불구하고, 입법부가 재일한국인 군인 · 군속에 대해서 원호조치를 강구하지 않아 원호법 부칙 2항을 존치해 온 것에 대해서 …… 헌법 14조 1항에 위반되지 않는지."에 대해 판결①, 판결②, 판결④를 인용하여, "전쟁희생 …… 에 대한 보상은 헌법이 예상하지 않는 바 …… 입법부의 재량적 판단에 맡긴다"고 하고, "재일한국인 군인 · 군속에 대해서 원호조치를 강구할 것인지 말 것인지는 대한민국과 기타 국가들과의 고도의 정치 · 외교상의 문제이기도 하다 …… 결정에 있어서는 변동하는 국제 정세, 국내의 정치적 또는 사회적 사정 등에 입각한 복잡하고 고도로 정책적인 고려와 판단이 요구된다 …… 한일청구권협정의 체결 후, …… 재일한국인 군인 · 군속에 대하여 원호조치를 강구하지 않고 원호법 부칙 2항을 존치한 것은 …… 입법부의 재량의 범위를 현저하게 일탈한 것이라고" 할 수 없고, "본 건 각 처분 당시에 있어 헌법 14조 1항에 위반"하지 않는다고 한다.

이상과 같이, 판결은 재일한국인의 전상병자에게 대한 원호에 어떻게 대응할 것인지는 입법정책의 문제라고 한다.

그리고 판결은 계속해서 원호법을 적용하지 않고 일본인 동등자와 비교하면 상당히 수준이 낮은 보상을 한 것, 즉 "평화조약 국적이탈자 등인 전몰자 유족 등에 대한 조위금 등의 지급에 관한 법률[2000년(헤이세이 12) 법률 제114호] · 인도적 정신에 입각하여, 사망한 자 1명당 조위금 260만 엔을 지급하고, 중증 전상병자에게 1명당 위문금 200만 엔 및 중도 전상병자 노후생활 설계 지원 특별 급부금 200만 엔을 지급"을 지적하고 있는데, 이것은 일단 대응은 이루어지고 있다는 취지에서의 판시라고 생각된다.

그러나 이 금액은 원고 중 어떤 사람에 대해서 보면, 일본인 동등자가 수령 가능했던 금액의 20분의 1에 지나지 않으며, 마찬가지로 일본군의 군속으로 근무한 자로서의 차별은 뚜렷하여, 상징적 보상으로 평가해야 할 것이라고 생각된다.

**⑨ 2001년 11월 16일 – 한국인 전 일본병 군인 은급 등 청구 사건 2소법정 판결**

제2차 세계대전 중, 일본에 징용당하여 일본 군인으로 동원되었던 한국인이 근무 중에 부상당해서 장애를 가지게 되었던 점에서 은급법에 입각해 장해연금을 청구했다가, 은급법 9조 1항 3호의 국적조항에 따라 은급법의 적용을 받을 수 없다는 이유로 청구를 각하당했기에 그에 대한 처분의 취소를 요구한 사안이다.

이 판결은 판결①을 인용하여, 전쟁배상은 헌법이 예상하지 않는 바이므로, 입법정책의 문제라고 하면서, 헌법 29조 3항에 위반하지 않는다. 판례③과 같이 국적조항에 따라 권리를 인정하지 않은 것에 대해서 샌프란시스코 강화조약으로 특별협약의 주제로 되있기 때문에, 외교협상으로의 해결이 예정되어 충분한 합리적 이유가 있기 때문에 헌법 14조(평등권)에 위반하지 않는다고 한다.

그러나 이 판결에 대해서는 "식민지지배에 의한 황민화정책 중에서 민족적 존엄을 유린당하였고, 그 결과 일본국의 침략전쟁으로 내몰린데다가, 오른손을 잃고, 왼쪽 다리의 자유까지 빼앗긴 심각한 전쟁희생 내지 전쟁피해를 입은 전 군인에 대한 은급지급이 정당한지 아닌지를 묻는 사안에 대해서까지, 국민공평부담의 원칙을 기초로 한 헌법 29조 3항에 관한 최고재판소 판례를 인용하는 것은 동 판례의 사정(射程)을 훨씬 넘어서고 있어, 그 결과 헌법 13조(개인의 존엄) · 전문(정부의 행위로 인해 전쟁을 일으킨 것을 반성 · 평화적 생존권) · 9조(전쟁의 포기)의 해석을 잘못한 것이다."(동 사건 · 상고 이유)라는 비판이 타당하다.

또 샌프란시스코 강화조약으로 청구권을 둘러싼 문제가 특별협약의 주제가 된 것을 국적조항에 따라 배제한 이유로, 합리적인 것이라 하지만, 1951년 샌프란시스코 강화조약 체결 시에 한정한 논의라면 몰라도, 그 후의 차별적 취급을 방치한 것을 시인하고 있는 것은 "특별협약의 주제가 되는 것"으로 귀결되는 사정(射程)을 지나치게 넓힌 논의라고 해야 한다.

### ⑩ 2001년 11월 22일 – 한국인 BC급 전범자 공식사과청구 사건 1소법정 판결

제2차 세계대전 중에 일본군에 동원되었다가 전후 연합국에 의한 군사재판에서 BC급 전범으로 유죄 판결을 받은 한국인 및 그 유족이 일본 국적이 아니라는 이유로 일체의 보상 · 원호의 대상에서 제외되었기 때문에 그에 대한 보상 및 미불급여지불을 요구한 사안이다.

이 판결에서는 보상, 공식 사죄를 요구한 부분에서는 판결①을 답습하는 판단을 내리고, 전쟁희생에 대한 보상은 헌법이 예상하지 않는 바이며, 입법부의 재량에 맡긴다고 하여 헌법의 조항에 입각한 보상은 인정할 수 없다고 했다(판결①, 판결④ 인용).

또, 미불급여지불을 요구한 부분에서 재산 및 청구권에 관한 문제의 해결 및 경제협력에 관한 일본과 대한민국 간의 협정 제2조의 실시에 따른 대한민국 등의 재산권에 대한 조치에 관한 법률(이하 재산권조치법 · 1965년 법률 제144호)을 합헌이라고 하면서, 미불급여는 이 법에 의해 소멸되었다고 판단했다.

여기서 문제가 되고 있는 미불급여는 군속으로서 근무한 대가로 1945년 8월부터 1946년 10월까지의 급여미불금 등으로 미불급여채권을 갖고 있다고 하지만, 이 채권은 협정서명일 이전에 발생한 사유에 입각한 것이며, 1945년 8월 15일 이후의 것에 대해서도 종전 후에 발생한 특수한 상태의 접촉으로 발생한 것에 포함되기 때문에, 협정 2조 3의 "재산, 권리 또는 이익"에 해당하며, 재산권조치법의 적용에 따라 1965년 6월 22일로 소멸되었다고 한다.

또, 미불급여채권을 소멸시킨 재산권조치법이 헌법 14조 등에 위반된다는 주장에 대하여 "한국과 체결한 협정에 입각하여, 한국 국민의 일정한 재산권 등을 소멸시킨다고 하는 조치법을 제정했다 …… 패전에 따른 국가 간의 재산처리 같은 사항은 원래 헌법이 예정하지 않는 바 …… 그를 위한 처리에 관해서 손해가 발생하였다 하더라도, …… 그 손해에 대한 보상은 헌법의 전기 각

조항이 예상하지 않는 것"이며, 재산권조치법은 헌법의 각 조항에 위반되지 않는다고 판단했다.

그러나 한일청구권협정을 체결했다고는 해도, 조치법을 제정하여 한국 국민의 권리를 소멸시키는 것은 국가가 다른 주체의 권리를 박탈하게 되는데, 이러한 일은 용서되어서는 안 된다고 생각되는 바다. 뒤에 언급할 니시마쓰건설 최고재판소 판결(2007년 4월 27일 2소법정 판결)에서는 국민이 고유한 권리인 사권(私權)을 국가 간의 합의를 통해 제한할 수 있는지에 대해서 "국가는 전쟁의 종결에 따른 강화조약의 체결 시에, 내인주권(對人主權)에 입각하여 개인의 청구권을 포함하는 청구권 처리를 행할 수 있다."고 한다. 그러나 설령 국가가 '대인주권'을 가지고 있다 하더라도, 그것은 자국민에 대해서만이며, 타국민의 권리를 일방적으로 빼앗는 것은 허용될 수 없다고 생각된다. 2012년 5월 24일 한국 대법원 판결은 이러한 취지를 판시한다.

**⑪ 2002년 7월 18일 – 한국인 시베리아 억류자 보상청구 사건 1소법정 판결**

판결④와 같이, 시베리아 억류와 관련된 보상청구에 관한 사건인데, 재일한국인이 원고가 되어 헌법 29조 3항 등에 입각하여 보상청구를 한 사안이다.

원고가 일본군이었기 때문에 은급법의 적용이 문제가 되었고, 은급법에 국적조항을 마련한 것이 헌법 14조(평등권) 위반하는지가 쟁점이 되었는데, 판결은 아래와 같이 판시했다.

> 조선인으로서 법적지위를 갖고 있던 구 군인 등에 대해서 은급법 9조 1항 3호(국적조항 – 인용자 주)의 예외를 두지 않고, 이러한 자들이 이 법의 적용에서 제외된 것은 …… 청구권 처리는 평화조약에 따라 일본국 정부와 조선의 시정 당국의 특별협약의 주제로 된 점에서 …… 충분한 합리적 근거가 있다.

구 군인 등의 보통은급은 구 군인 등의 생활을 원조하는 동시에 그 전쟁 희생 내지 전쟁 손해에 대한 보상이라고 하는 성질을 갖는다."는 것을 인정하면서, "사회 보장상의 시책에 있어서 재류외국인을 어떻게 처우할지에 대해서는, 국가는 …… 정치적 판단에 따라 이를 결정할 수 있다."고 하면서 "전쟁 희생 내지 전쟁 손해에 대한 보상의 필요 여부와 형태는 …… 입법부의 재량적 판단에 맡겨진 것이라고 해석된다(판결① 같은 취지).

은급법 9조 1항 3호의 규정을 삭제하는 것도 포함해서 소위 재일한국인 구 군인 등에 대하여 어떠한 조치를 강구하기로 할 것인지 여부는, …… 고도의 정치 · 외교상의 문제다 …… 결정할 때는 복잡하고 또 고도의 정책적인 고려와 판단이 요구된다.

이른바 재일한국인 구 군인 등에 대하여 …… 은급법 9조 1항 3호를 존치했다고 하더라도, 아직 …… 입법부 재량의 범위를 일탈한 것이라고까지는 할 수 없다, 본 건 처분 당시에도 동 호가 헌법 14조에 위반되기에 이르렀던 것으로 하는 것은 불가능하다.

시베리아 억류자가 장기간에 걸친 억류와 강제노동으로 입은 손해는, …… 전쟁희생 내지 전쟁손해에 속한다 …… 이에 대한 보상은 헌법 29조 3항이 예상하지 않는 바, 따라서 상고인이 헌법 29조 3항에 입각하여 그 보상을 요구할 수는 없다(판결①, 판결④ 인용).

상고인이 입은 희생 내지 손해가 심각하고도 막대한 것이었던 점을 고려하더라도, …… 헌법 29조 3항에 입각하여 그 보상을 인정할 수는 없다.

이 판결에 대해서도 판결⑩ 등에서 지적한 점과 같은 비판이 타당하다.

### ⑫ 2004년 11월 29일 – 아시아태평양전쟁 한국인 희생자 보상청구 사건 2소법정 판결

한국인의 전 군인 · 군속과 일본군'위안부'가 원고가 되어 일본국에 대하여 보상을 요구한 사안이다.

이 판결은 판결⑩에 이어서, 재산권조치법이 합헌이라는 판단을 했다.

> 군인 · 군속 관계의 상고인들이 입은 손실은 …… 전쟁 희생 내지 전쟁 손해에 속한다 …… , 이에 대한 보상은 헌법이 전혀 예상하지 않는 바, 단지 정책적 견지에서의 배려를 할 것인가 말 것인가를 생각할 수 있는 것에 지나지 않는다(판결① 인용).
> 소위 군대위안부 관계의 상고인들이 입은 손실은 헌법시행 전의 행위에 의해 발생한 것이기 때문에 헌법 29조 3항이 적용되지 않는다.

그리고 헌법의 평등원칙에 입각한 보상청구에 관련된 부분에 대해서 판결⑥, 판결⑨, 판결⑪을 인용하여 한일청구권협정의 체결 후, "구 일본군의 군인 군속 또는 그 유족으로", "일본 국적을 상실한 대한민국에 거주하는 한국인에 대하여", "전상병자 전몰자 유족 등 원호법 부칙 2항, 은급법 9조 1항 3호의 각 규정(국적조항)을 존치한 것"은 "헌법 14조 1항에 위반"되지 않는다고 판시했다.

재산권조치법이 헌법 17조(국가배상), 29조 2항, 3항(재산권)에 위반되는지에 대해서 판결⑩을 인용하여 "제2차 세계대전의 패전에 따른 국가 간의 재산처리 같은 사항은 원래 헌법이 예정하지 않는 바", "그 손해에 대한 보상은 전쟁손해와 동일하게 헌법이 예상하지 않는 것 …… 이라고 하는 것이, 당 재판소 판례의 취지" 따라서 상기 법률은 헌법의 상기 각 조항에 위반되지 않는다고 하였다.

이 판결에 대해서도 판결⑩에 지적한 것과 같은 비판이 타당하다.

**⑬ 2007년 4월 27일 – 중국인 강제연행 니시마쓰건설 사건 2소법정 판결**

이 사건은 히로시마에 강제연행되어, 강제노동에 종사한 중국인이 사역한 기업을 피고로 하여 가혹한 조건하에서 강제노동에 종사시킨 것은 안전배려 의무에 위반하는 것이라는 등의 주장을 하면서 채무불이행 등에 입각한 손해배상을 요구한 사안이다.

판결은 원심인 히로시마 고등재판소 판결(2004년 7월 9일)에서, 원고들이 전면 승소하였던 것을 역전 패소시킨 것이었다. 한편, 같은 날 중국인의 일본군'위안부'의 사건에서 부언(附言) 부분을 제외하고 같은 취지의 판결이 내려졌다.

판결은 강제연행 및 강제노동의 실정에 관하여 원심의 적법에 확정한 사실관계의 개요를 판결에서 새롭게 다시 확인하고, 전후 처리에 있어서의 청구권 포기 등에 관한 사실관계를 정리하면서, 샌프란시스코 강화조약 체결의 경위를 거론하여 '샌프란시스코 강화조약의 틀'이라는 개념을 가지고 설명한다. 중국과는 1952년에 중화민국(대만)과 체결한 화일평화조약, 1972년의 중화인민공화국과 발표한 중일공동성명에서의 청구권을 둘러싼 취급을 검토하고, 일본국의 입장과 중화인민공화국의 입장이 다르다는 것을 바탕에 두고 해석하면, 중일공동성명도 '샌프란시스코 강화조약의 틀'에 있는 것이다. '샌프란시스코 강화조약의 틀'에서 청구권 포기는 소권(재판상 청구할 권리)의 포기를 의미하기 때문에, 개인의 청구권 자체는 소멸하지 않지만, 재판에서 소구(訴求)할 수 없다는 판단을 했다. 여기에서는 일본인이나 구 식민지 출신자가 원고가 된 사건과는 달리, 판례①의 전쟁피해를 "국민이 똑같이 참고 견뎌내야 하는 어쩔 수 없는 희생"으로 하는 판시는 없었다.

이렇게 하여 최고재판소는 중국인 원고를 패소시켰다. 이른바 '정치의 벽'이라고 할 수 있는 것이 나타났다. 이것은 최고재판소가 소수자의 인권보장이라는 자신의 임무를 포기한 것이다.

그러나 최고재판소는 중국인 피해자들의 청구를 배척하는 것만으로 멈추지 않고, 자책하는 마음에서인지, 판결에 부언으로서 니시마쓰건설 및 관계자(일본)에 대하여 본 건 피해에 관한 해결을 아래와 같이 권고했다.

> 샌프란시스코 강화조약의 틀에 있어서도 개별 구체적인 청구권에 대해서 채무자 측에 있어서 임의의 자발적인 대응을 하는 것은 방해할 수 없는 바, 본 건 피해자들이 입은 정신적 · 육체적 고통이 매우 컸던 한편, 상고인은 전술한 것과 같은 근무조건에서 중국인 노동자들을 강제노동에 종사시켜서 상응하는 이익을 받고, 나아가 전기(前記)의 보상금을 취득하고 있는 등의 제반의 사정에 비추어 보면, 상고인을 포함하는 관계자에 있어서, 본 건 피해자들의 피해 구제를 향한 노력을 하는 것이 기대되는 바다.

이것은 최고재판소가 피해자 개인의 청구권은 '샌프란시스코 강화조약의 틀'에 있는 중일공동성명 5항의 '전쟁배상의 포기' 조항에 의해서도, 소멸하지 않고, 다만 재판소에서 소구(訴求)할 수 없다는 판단을 전제로 한다. 피해자 개인의 청구권은 이른바 자연채무가 되었다고 평가하고 있다. 이것은 기업이나 국가가 자발적으로 피해자 개인에게 배상하면, 피해자 개인은 정당하게 수령할 수 있게 되는 것이다. 당사자의 운동을 추진하는 원동력이라고 할 수 있는 것으로 평가가 가능하다.

다만, 최고재판소는 원래대로라면 스스로 화해를 추진해야 하는 임무를 포기하고, 소송 외에서의 화해를 권고로 했을 뿐이었으므로, 니시마쓰건설과의 협상은 곤란이 극에 달했지만, '재판을 지원하는 모임'을 중심으로 하는 끈질긴 시민운동이 '최고재판소 권고를 실현하는 모임'의 운동으로 이어졌고, 그러한 운동을 지속해 온 것이 2009년 10월 23일의 화해 성립으로 연결되었다.

현시점에 있어서 본 건 소송의 중국인 피해자들은 니시마쓰건설과의 화해가 성립되었지만, 최고재판소 판결의 이유('정치의 벽')는 이론적으로는 잘못되어, 어차피 어떠한 형태로 변경될 것이라고 생각하고 있다.

## III. 최고재판소의 전쟁피해를 둘러싼 판결을 어떻게 극복할 것인가

일본의 최고재판소 판결은 한국인, 대만인에 대해서 "전쟁 중부터 전후 점령기까지의 시기에 국가의 존망이 걸린 비상사태에는 국민의 모두가 많든 적든 간에 그 생명 · 신체 · 재산의 희생을 참고 견딜 수밖에 없었고, 이러한 희생들은 모두 다 전쟁희생 또는 전쟁손해로 국민이 똑같이 감내해야 했던 점"이라고 하는 부분에서는 일본 국민이라고 해서 감내할 필요가 있다는 판단을 전제로 한다.

그렇다고 한다면 은급법 · 전상병자 전몰자 유족 등 원호법의 적용이 문제가 될 때는 일본 국민으로서 원호대상에서 제외하지 않는다는 판단으로 이어지지 않고, 일본의 패전 직후부터 한반도, 대만의 출신자를 외국 국적이라고 하여 원호에서 배제하는 방향으로 나가고 있으며, 1951년에 체결된 샌프란시스코 강화조약으로 군인 · 군속의 사상(死傷)에 관련된 문제가 "특별 협약의 주제"로 삼게되었다고 해서 원호에서 배제하는 것을 정당화했다. 그 후 1965년의 한일청구권협정이 체결된 뒤에 재일한국인 군인 · 군속이 일본과 한국에서 원호를 받을 수 없는 상태가 된 것에 대해서 일본인 군인 · 군속과 재일한국인 군인 · 군속 사이에 공무상의 부상 또는 질병 등에 대한 보상에 있어 차별이 발생했던 것을 인정하면서, 여전히 "전쟁희생 내지 전쟁손해에 대한 보상은 헌법이 예상하지 않는 바"라고 하면서, "입법부의 재량적 판단에 맡겨졌다"고 판시한다.

이러한 판단은 한반도, 대만 출신자에 대해서 패전을 기준으로 하여 '국민'에서 '외국인'이 되었다면서, 결국 일본인에 대한 원호를 행하는 입법조치가 이루어지고 있는 경우조차 그러한 원호의 대상이 될 수 있는 동등자에 대해서도 원호하지 않겠다는 결론을 이끌어내고 있는 것으로, 차별이라는 비판을 피할 수 없다고 생각된다.

무엇 때문에 이러한 형식적인 판단으로 마무리되어 왔던 것인지를 깊이 생각해 보아야 한다고 여겨진다. 이것은 일본 사회에서 1945년의 패전까지 식민지지배를 실시하여 황민화정책을 취해 왔던 것에 대한 인식이 결여되어 있는 것, 혹은 이 문제들은 샌프란시스코 강화조약으로 모두 해결되었다는 사고방식, 식민지지배는 유럽국가들도 행하였던 부분으로, 일본만 그러한 것이 아니다라는 사고방식이 만연해 있는 데에 근본 원인이 있다고 생각된다.

그러한 이유도 있어 최고재판소는 한반도 · 대만 출신자들이 제기한 재판에서 식민지지배에 입각한 황민화정책을 취해 온 사실을 전제 사실로 하는 것을 회피하고, 1945년 8월까지는 일본국의 일부, 그 이후에는 분리 지역으로서 독립했기 때문에 외국이 되었다는 것을 형식적으로 적용하여 식민지지배를 행해온 것에서 기인하는 책임을 일절 지지 않는다는 입장을 고수하고 있다.

그런데 중국과의 관계에서는 1945년 8월까지는 일본국의 일부라고 할 수 없기 때문에, 니시마쓰건설사건 판결에서 판결①의 "전쟁피해는 국민이 똑같이 감내해야 하는 손해"라는 설명을 할 수 없기 때문에, '샌프란시스코 강화조약의 틀'을 설명 개념으로 이용하여, 중화민국, 중화인민공화국 둘 다 샌프란시스코 강화회의에 초대되지 않아, 샌프란시스코 강화조약의 당사국이 되지 못했고, 게다가 시기적으로도 21년 후에 발표된 중일공동성명 5항의 전쟁배상포기 조항에 대해서, 문언을 무시하고, '샌프란시스코 강화조약의 틀'이기 때문에 샌프란시스코 강화조약의 청구권 포기의 조항과 같은 내용이라고 하는 도무지 법 논리에 가치가 없는 해석론을 전개하지 않을 수 없게 되었다. 그 결과, 중국 정부로부터 일본 최고재판소의 해석은 일방적인 해석이라고 강도 높은 비판을 받았다. 그러나 이 최고재판소의 정치적인 판결에서조차 피해자 개인의 청구권에 관한 처분권을 '대인주권(對人主權)'에 입각해서 국가가 갖고 있다고 판단하고 있어도, 여전히 피해자 개인의 청구권이 존재하고 있는 것 자체는 부정하지 못했다.

일본 최고재판소의 논리에 따르면 1965년의 한일청구권협정으로 포기된 것이 되는 피해자 개인의 청구권에 대해서도 한일청구권협정은 '샌프란시스코 강화조약의 틀'에 있는 것이라고 할 수 있을 것이므로, 피해자 개인의 청구권이 존재하고 있는 것 자체는 인정했다는 것이다.

현시점에서 일본 정부의 한일청구권협정 청구권 포기조항에 대한 해석은 '모두 해결 완료'라는 것이지만, 일본 최고재판소의 판결이 반복해서 말하는 바와 같이 '입법정책의 문제'라는 것은 부정하지 않고 있다고 볼 수 있다.

이러한 일본 최고재판소 판결의 판단은 일본 국내에서만 타당한 독선적인 해석임을, 2011년 8월 30일의 한국 헌법재판소 판결이나 2012년 5월 24일의 한국 미쓰비시 소송 대법원 판결 등을 통해서 이해할 수 있다.

이러한 문제는 대한민국과 일본 간의 기본관계에 관한 조약 2조에서, 양국은 1910년 한일병합 이전에 조선, 대한제국과 맺은 조약이 모두 '이미 무효'임을 확인하고 있는데, '이미 무효'의 의미 · 해석에 대한 점에 핵심이 있다고 생각되며, 식민지지배의 사실인식을 둘러싼 논의를 진척시켜 나가는 과정에서 문제를 해결해 가는 것이 필요하다고 본다. 그러한 의미에서 영국이 케냐 독립운동 마우마우단에 가한 탄압에 대한 배상청구를 둘러싼 최근의 움직임은 주목할 가치가 있다고 생각된다.

# 일제식민지책임 판결과 한일협정체제의 국제법적 검토

동북아역사재단 연구위원 **도시환**

# 일제식민지책임 판결과 한일협정체제의 국제법적 검토*

동북아역사재단 연구위원 **도시환**

## I. 서론

21세기 한일 양국은 20세기로부터의 유산인 식민주의의 역사를 극복하고 상호 이해와 협력을 통해 진정한 평화와 번영의 동아시아시대를 함께 만들어 가야 한다. 그러나 그러한 당위성에도 불구하고, 일본 제국주의의 침략과 식민지배가 배태한 치유되지 못한 상흔은 상생과 번영의 동아시아평화공동체의 건설에 여전히 장애물로 작용하고 있는 것이 엄연한 현실이다.

그러므로 2010년 한일강제병합 100년과 2015년 한일협정 반세기를 맞는 시점에서 한일 간 역사갈등의 본질적 원인으로서의 일제식민지배와 그로 인한 현재진행형으로서의 '위안부', 강제징용 피해 등에 대한 해소방안을 모색하는 일은 한일 간 올바른 역사의 정립을 통한 기반 위에서 진정한 역사화해

* 이 글은 2013년 6월 21일 '식민지책임판결과 한일협정체제의 재조명'을 주제로 대한국제법학회와 동북아역사재단이 공동으로 개최한 '한일협정 50년사의 재조명 국제학술회의'에서 발표한 논문의 수정본으로 『외법논집』 제38권 제1호에 게재되었음.

를 추구해 나가야 한다는 것으로, 동 시대를 살고 있는 한일지식인 모두에게 부여된 역사적 과제이자 정의의 소명이라 할 것이다.[1)]

그러한 맥락에서 2010년 한일지식인 1,139명이 천명한 '1910년 한일병합조약 원천무효' 공동성명은 '식민주의의 완전한 종식'을 역사적 과제로 선언한 2001년 더반선언[2)]의 동아시아버전으로서, 1910년 한일강제병합이 당시의 국제법상 합법적인 조약의 체결로 성립되었으므로 일제식민지배가 합법이라는 규범인식과 그러한 전제에서 식민지책임 자체를 부정하는 일본 정부에 대해 역사정의에 입각한 문제제기로 평가할 수 있을 것이다.

그것은 역사적 후속과제로 남겨진 한일협정 50년사의 재조명에 있어서 '한일청구권협정'을 공통분모로 하는 두 가지 중대한 모멘텀으로 귀결되었다.

첫째, 2011년 8월 30일 헌법재판소는 일본군'위안부' 및 원폭 피해자의 헌법소원에서 일본국에 의해 자행된 조직적이고 지속적인 반인도적 불법행위로 인해 인간의 존엄과 가치를 심각하게 훼손당한 우리 국민들의 배상청구권이 일본 정부가 주장하는 한일청구권협정 제2조 제1항에 따라 소멸하였는지 여부에 관한 한일 양국간의 해석상 분쟁을 동 협정 제3조가 정한 절차에 따라 해결하지 않고 있는 우리 정부의 부작위는 위헌임을 확인하는 결정[3)]을 내렸다. 헌법재판소의 결정은 '식민지책임' 추급의 가능성과 필요성을 시사한 것이라는 획기적인 의미를 가지는 반면 한일협정체제 자체를 전제로 하고 있다

1) 도시환(2010. 12), 「1910년 '한일병합조약' 체결강제의 역사적 진실규명과 국제법적 조명」, 『국제법학회논총』 제55권 제4호, 39쪽.

2) 이장희(2012), 「'한일병합' 100년과 한일협정 반세기」, 『한일협정 50년사의 재조명 I』, 동북아역사재단, 9~14쪽; 永原陽子(2012), 「현대사 속의 '식민지책임'–아프리카 식민지를 중심으로」, 『한일협정 50년사의 재조명 II』, 동북아역사재단, 129~132쪽.

3) 2011.8.30. 선고, 2006헌마788 결정(대한민국과 일본국 사이의 재산 및 청구권에 관한 문제의 경제협력에 관한 협정 제3조 부작위 위헌 확인 사건).

는 점에서 '식민지책임'에 대한 전면적인 추급의 법적 토대로는 한계성이 지적되고 있다.[4)]

둘째, 2012년 5월 24일 대법원은 일제강제징용 피해자들이 미쓰비시와 신일본제철을 상대로 제기한 소송의 상고심 판결에서 일제강점기 강제징용 자체를 합법으로 보는 일본 판결이 이를 불법으로 보는 우리 헌법의 핵심적 가치와 상충됨에도 그 효력을 승인한 원심에 대해 파기 환송 판결을 내렸다. 대법원 판결의 핵심은 일본의 국가권력이 관여한 반인도적 불법행위를 비롯하여 식민지배와 직결된 불법행위로 인한 손해배상청구권이 한일청구권협정에 포함되지 않았음을 분명히 천명한 것이다.[5)]

이를 근거로 2013년 7월 10일 서울고등법원과 30일 부산고등법원은 일제식민지배하에서 강제동원된 피해자들이 신일본제철과 미쓰비시중공업을 피고로 2000년 이래 한국에서 제기한 국제법 위반 및 불법행위에 따른 손해배상소송의 환송판결에서, 강제징용피해에 대한 개인청구권을 전제로 각각 1인당 1억 원과 8천만 원의 배상판결을 내렸다. 아울러, 11월 1일 광주지방법원은 일제강점 당시 강제노동 피해에 대해 미쓰비시중공업을 피고로 한 근로정신대 소속 여성들의 손해배상소송에서 피해자 및 유족에게 각각 1인당 1억 5천만 원과 8천만 원의 배상판결을 내렸다.[6)]

4) 김창록(2012), 「'식민지책임'의 청산과 일본군'위안부' 문제」, 『한일협정 50년사의 재조명 II』, 동북아역사재단, 170~171쪽.

5) 도시환(2013), 「한일청구권협정 관련 대법원 판결의 국제법적 평가」, 『국제사법연구』 제19권 제1호(6월호), 한국국제사법학회, 30쪽.

6) 한국 사법부의 판결과 관련하여, 그 의의에 대해 상세히 소개하고 있는 일본 학술 논문으로는 다음과 같다. 太田修(2013. 10), 「もはや"日韓請求權協定で解決濟み"ではすまされない: 朝鮮人强制動員被害者への戰後補償をめぐって」, 『世界』, 岩波書店; 大口昭彦(2013), 「判決・ホットレポート 戰後補償問題に關する注目すべき韓國司法の動向と意義」, 『法と民主主義』, 8・9號, 通卷 No.481; 中川敏宏(2013. 1), 「判例硏究 韓國大

이에 대하여 당사자인 신일본제철과 미쓰비시중공업 측은 "징용공의 '보상'을 포함한 청구권 문제는 국가 간의 정식 합의로 완전하고도 최종적으로 해결되었음에도 그것을 부정하는 '부당한' 판결"이라면서 상고하였다. 한국 사법부의 판결에 대해 불복의사를 밝힌 일본 정부와 재계는 외교 루트를 통한 대응 및 경제관계의 훼손 등을 주장하였으며, 일본의 거대 미디어도 하나같이 한일청구권협정으로 모두 해결되었다는 입장을 취하면서 "한일 양국의 합의를 파기하고 한일관계를 악화시키는 '정치적인' 판결"이라면서 비판적으로 논하고 있다.[7)]

더욱이 최근 주일대사관에서 대거 발견된 일제강점기 피해자 명부는 일본 정부가 철저히 은폐해온 역사의 진실을 그대로 보여주고 있다.[8)] 그러나 1919년 3 · 1 운동과 1923년 관동대학살 등 새롭게 확인된 일제 강점기 피해자들

---

法院 · 舊三菱戰後補償請求事件判決(大法院 2012.5.24)」, 『專修ロージャーナル』, 第8號, 法科大學院論集編集委員會 編.

7) 필자가 주목하는 부분은 일본 정부의 입장을 무비판적으로 전재하는 일본 언론의 편협한 내셔널리즘 고조 현상의 심각성이다. 이와 관련하여 일본의 역사 · 철학 · 언론 학자들도 같은 견해를 보이고 있다. 太田修(2013. 10), 앞의 논문, 188쪽; 高橋哲哉(2013. 10), 「右傾化する日本の歷史認識と憲法認識」, 『東北亞の歷史和解と平和構築の課題』, 國際學術會議資料集, 128쪽; 淺野健一(2013. 3. 6), "일본[동일본 대지진 2년] '일본 대학 · 언론 비판기능 상실…… 1920년대보다 민주주의 후퇴'", 《경향신문》, 8쪽; 필자의 경우에도 8 · 15 특집 대담을 요청해왔던 《니혼게이자이신문》과의 인터뷰에서, 대법원 판결이 국제법 위반이라는 주장에 대해 본 논문에서 논의하고 있는 일본 최고재판소 판결의 한계와 문제점, 한국 사법부의 '식민지책임' 판결의 내용과 배경 및 한일협정체제의 문제점 등 '식민지책임'문제와 관련하여 대해 상세히 설명하였다. 그런데 한국은 인권중심 사회로 강제징용 및 '위안부' 문제 관련 법위에 여론의 압력이라는 국민정서법이 존재한다는 논조로 기사화하고 있다. 「韓國司法に世論の風壓 戰時徵用 · 慰安婦……融和の壁」, 《日本經濟新聞》(2013. 8. 15).

8) "일제 징용피해자 명부 · 자료 대거 발견, 아직 안 알려진 의미 있는 내용도 포함", 《서울신문》(2013. 11. 18), 6쪽.

에 대해서도 일본 외무성 이하라 준이치[伊原純一] 아시아 · 대양주국장은 한일청구권협정으로 완결되었다는 주장을 반복했다.

그런데, 그의 주장에서 주목하게 되는 것은 전후 미국을 포함한 연합국과는 샌프란시스코 강화조약을 통해 청구권 문제를 완결하였고, 한국과는 전쟁을 한 것이 아니지만 '식민지배'문제에 대해 별도로 한일청구권협정을 체결하여 해결하였다고 강변하고 있다는 점이다.[9)]

요컨대, 한국 사법부가 내린 "일본의 국가권력이 개입한 반인도적 불법행위 및 식민지배와 직결된 불법행위"로서의 일제식민지배에 따른 배상판결에 대해, 일본 정부는 "전후 '식민지배'에 대한 별도의 조약으로서 체결된 한일청구권협정으로 모든 청구권이 완결되었다"는 것이다. 달리 말하면, 일본 정부는 강제징용을 비롯하여 일제식민지배에 따른 피해에 대한 개인청구권은 한일청구권협정으로 소멸되었음에도 한국 사법부가 양국 합의를 파기하는 부당하고 정치적인 판결을 내렸다는 주장인 것이다.

따라서, 이 글에서는 일제식민지책임과 관련하여 한국 사법부의 판결이 나오게 된 논거로서, 일본의 '전후보상'소송의 한계와 문제점 및 '식민지책임' 판결의 법리적 배경에 대해 고찰한 다음, 한국 대법원의 일제강제징용피해 배상판결에 대한 긍 · 부정설의 논거를 분석한다. 이를 토대로 일제식민지배가 합법이라는 전제로 식민지책임을 부정해오던 일본 정부가, '식민지배'에 대한 별도의 조약인 한일청구권협정을 통해 완결되었다는 주장에 대해 일본 국회

---

9) "3 · 1운동, 간토대지진 피살자 배상 안 돼", 《헤럴드경제 신문》(2013. 12. 5), 5쪽; 일본 정부가 1910년 한일강제병합조약의 체결 이후 35년간의 일제 '식민지배' 자체가 합법이라는 전제에서 1965년 한일협정체제에서는 '식민지책임' 자체를 부정해 왔음에도, '식민지배'와 관련하여 별도의 조약인 한일청구권협정을 체결했다고 강변하고 있는 점은 주목할 부분이다.

의사록을 근거로 실증적으로[10] 검토하고자 한다. 아울러, 그러한 '식민지책임'을 내용으로 했던 1949년 대일배상요구조서와 식민지책임이 배제된 1965년 한일협정체제상의 국제법적 문제점을 검토함으로써 이에 대한 극복방안을 논의해 보고자 한다.

# II. 일제식민지책임 판결의 법리적 배경

## 1. 일본의 '전후보상소송'의 한계와 문제점

세계적인 냉전이 종식된 1990년대 이래 아시아 각국의 민주화에 따른 국제정세의 변화와 더불어 아시아 각지에서 식민지지배와 전쟁피해자들의 목소리가 나오기 시작하면서, '전후보상'을 요구하는 움직임이 국경을 넘는 연대와 함께 소송으로 전개되었다.[11] 그것은 일본 정부가 샌프란시스코 강화조약과 양국 간 협정을 통해 국가를 상대로 한 배상을 지불했을 뿐 개인을 대상으로 한 '보상'에는 일체 응하지 않았기 때문에 수많은 아시아의 전쟁피해 희생

10) 한일청구권협정에 일제식민지배와 직결된 불법행위로 인한 개인배상청구권이 포함되지 않았다는 대법원 판결에 대해, 양국 합의를 파기하는 부당하고 정치적인 판결이라고 주장하는 일본 정부의 1965년 한일청구권협정 체결 당시 '식민지배'가 합법이라는 전제에서 사죄조차 없었던 데서, 1995년 종전 50주년을 맞이하여 '식민지배'에 대해 최초로 사죄한 시점에서도 여전히 합법이라는 입장과 관련하여 일본 국회의사록을 통해 실증적으로 확인함으로써 동 협정을 통한 청구권 문제의 최종적 완결이라는 주장의 본질을 규명하기로 한다.

11) 이종원(2013. 6. 21), 「일본의 전쟁 · 식민지지배 인식과 전후보상 정책의 재검토」, 『식민지책임판결과 한일협정체제의 재조명』, 동북아역사재단 · 대한국제법학회 공동주최 한일협정 50년사의 재조명 국제학술회의, 115쪽.

자들이 일본 정부를 상대로 소송을 제기하게 되었던 것이다.[12)]

그러나 일본은 지금까지 식민지지배와 침략 전쟁에 따른 책임을 배제한 채 '전후보상' 재판을 해 왔는데, 일본에서의 '전후보상' 관련 소송은 2012년 7월 15일 현재 총 90건에 달하고 있다.[13)] 그중 일본군'위안부' 피해자들에 의한 소송은 총 10건이며, 그중 3건이 한국인 '위안부' 피해자들이 제기한 소송이었다.[14)]

한국인 '위안부' 피해자들에 의한 소송은, 1991년 12월 6일에 김학순 할머니 등이 제기한 '아시아 · 태평양전쟁 한국인 희생자 보상 청구 소송', 1992년 12월 25일에 제기된 '부산 위안부 · 여자 근로정신대 공식 사죄 청구 소송', 1993년 4월 5일에 제기된 '재일 한국인 위안부 송신도 소송' 등이나, 최종적으로 2004년 11월 19일 제척기간, 국가무답책[15)]을 이유로 일본 최고재판소에서 기각됨으로써 일본에서의 사법적 해결은 막을 내렸다.[16)]

한편, 일제강제징용 한국인 피해자들의 소송으로는, 1995년 12월 11일에 제기된 '미쓰비시 중공업 징용자 미불임금 등 청구 소송', 1997년 12월 24일에 제기된 '신일본제철 징용공 손해배상청구 소송' 등이 있으나 전자는 제척

12) 이원덕(2008. 12), 「일본의 전후 배상외교에 관한 고찰 – 국제비교의 관점」, 『동북아역사논총』 제22호, 동북아역사재단, 32쪽.

13) 田中宏 · 中山武敏 · 有光健 編(2012), 『未解決の戰後補償 – 問われる日本の過去と未來』, 創史社, 208~213쪽.

14) WAM(여성들의 전쟁과 평화 자료관) 웹사이트(http://wam-peace.org/ianfu-mondai/lawsuit) 내 일본군성폭력 피해자 재판 관련 자료.

15) 1947년 국가배상법 시행 이전에 발생한 공무원의 공권력 행사에 따른 불법행위에 대해서는 국가는 손해배상 책임을 지지 않는다는 원칙으로 '위안부' 및 '전후보상' 재판에서 적용되고 있으나, 비민주적인 원칙으로 평가되고 있다.

16) 일본군'위안부' 피해자 소송과 관련하여 2001년 7월 16일 마지막으로 제기된 하이난섬 전시 성폭력 피해 배상 청구 소송 역시 2010년 3월 2일 최고재판소에 의해 최종적으로 기각되었다.

기간과 소멸시효, 후자는 한일청구권협정을 이유로 2007년 11월 1일과 2003년 10월 9일 각각 일본 최고재판소에서 기각됨으로써 이 역시 일본에서의 사법적 해결은 막을 내리게 되었다.

일본에서의 '전후보상'소송을 주도해 온 아다치 슈이치[足立修一] 변호사는 일본 최고재판소 판결에 대한 분석을 통해 다음과 같은 '네 가지 벽'[17]의 도출을 제시함으로써 일본 국내에서만 타당한 독선적인 법해석임을 지적하고 있다.[18] 첫째, 사실 인정 자체를 회피하는 사실 인정의 벽, 둘째, 대일본제국헌법하에서는 국가는 국가배상 의무를 지지 않는다는 판례 이론으로서 국가무답책(國家無答責)의 벽, 셋째, 시효 · 제척기간의 도과에 의한 권리 소멸로서의 시간 경과의 벽, 넷째, 청구권협정 · 재산권조치법 등에 의한 권리 소멸로서 정치의 벽 등이다.

그런데, 일본 최고재판소 판결의 한계와 관련하여 주목하게 되는 것은 2000년 이후 일본 정부는 '청구권 포기'의 의미를 기존의 일관된 '외교적 보호권 포기설'을 전환하여, 전쟁 피해자 개인의 청구권도 소멸하여 해결 완료되었다는 입장을 표명하고 있다는 점이다. 이것은 당초 2000년 9월 18일 한국의 황금주 할머니를 비롯한 중국 · 대만 · 필리핀 출신 일본군'위안부' 피해자 15명이 미국 워싱턴의 연방지방법원에 일본 정부를 상대로 제기한 소송[19]

17) 足立修一(2013. 6), 「일본 최고재판소 판결의 한계의 문제점 검토」, 『식민지책임판결과 한일협정체제의 재조명』, 국제학술회의 자료집, 3쪽.

18) 足立修一(2013. 6), 위의 논문, 16쪽.

19) Hwang Geum Joo, et al. v. Japan, 172F. Supp. 2d 52 (D.D.C. Oct. 4, 2001); Hwang Geum Joo et al. v. Japan, 332 F.3d 679 (C.A.D.C.,2003); Hwang Geum Joo et al. v. Japan, 413 F.3d 45 (C.A.D.C.,2005); Hwang Geum Joo et al. v. Japan, 546 U.S. 1208, 126 S.Ct. 1418 (U.S.,2006); 상기 소송과 관련한 상세한 분석은 최태현(2009), 「미국에서의 일본군 위안부 관련 소송 연구」, 『한일간 역사현안의 국제법적 재조명』, 동북아역사재단.

에 대응하기 위한 것이었다.

바꾸어 말하면, 소멸시효 · 제척기간 및 국가무답책 등의 법리로는 미국에서의 소송에서 법적 우위를 기대하기 어려웠기 때문이다. 그 후 일본 국내 소송에서도 '청구권협정'에 관한 기존의 주장을 번복하여, 한일청구권협정 제2조 제1항 '청구권에 관한 문제가 완전히 그리고 최종적으로 해결된 것이 된다'[20]와 제3항 '어떠한 주장도 할 수 없는 것으로 한다'는 규정을 핵심적인 방어논리로서 전면에 내세웠던 것이다.[21]

그런데 일제강제징용 피해자들은 미쓰비시중공업과 신일본제철을 상대로 전자는 일본에서 소송 계류 중이던 2000년 5월 1일 부산지방법원에, 후자는 일본에서의 소송 종료 후인 2005년 8월 26일 서울지방법원에 각각 동일한 소송을 제기하였다.

그러나 한일강제병합 100년을 목전에 앞둔 시점인 2009년 당시 한국 사법부의 판결을 보면, 2월 3일 부산고등법원[22]과 7월 16일 서울고등법원[23]은 일제강점기에 일본 정부에 의해 강제징용되어 희생된 피해자들이 미쓰비시중공업과 신일본제철을 피고로 2000년 이래 한국에서 제기한 국제법 위반 및

20) 독일과 프랑스는 1960년 7월 15일 체결한 '독불간 나치피해 박해소치로 피해를 입은 프랑스 국민을 위한 지불에 관한 조약'을 체결하고 4억 마르크를 지급했으며, 동 조약 제3조에 모든 청구권을 완결한다는 규정을 두었음에도 프랑스가 강제징집자 등의 추가적인 배상을 요구하자 독일은 이를 수용하였다. 이장희(1998), 「일본의 전쟁책임에 대한 법적 청산」, 『한일간의 국제법적 현안문제』, 아시아사회과학연구원, 59쪽; 추가 배상 문제의 해결을 위해 1981년 '독일 – 프랑스 이해증진재단 출연 조약' 체결 및 2000년 '기억 · 책임 · 미래재단'을 설립했으며, 2012년 구 공산권에 거주함으로써 배상에서 제외됐던 생존자 8만 명에 대한 추가 배상 계획을 발표했다. 도시환, "일, 국제사회에 위안부 문제 화답해야", 《동아일보》(2013. 3. 19), A29면.

21) 김창록(2012), 앞의 논문, 164~166쪽.

22) 부산고등법원 2009.2.3. 선고 2007나4288 판결.

23) 서울고등법원 2009.7.16. 선고 2008나49129 판결.

불법행위에 따른 손해배상소송의 항소심에서, 1995년 이래 일본 내 손해배상소송에서 원고 패소를 확정한 2007년 일본 최고재판소 판결을 그대로 승인하여 원고 패소판결을 내렸다. 이에 원고들은 대법원에 상고하게 되었으며, 대법원은 2012년 5월 24일 원심에 대한 파기환송을 판결하였던 것이다.[24)]

요컨대 일본에서의 '전후보상'소송은 일정한 사건에서의 화해 해결[25)] 외에는 최종적으로 구체적인 성과를 올리지 못하고 현재에 이르는 반면, 한국인들의 소송은 계속되고 있었다는 점에서, '전후보상'소송에서 인권을 주창해온 오구치 아키히코 변호사는 오늘날 일본 사회의 급격한 우경화와 위험한 배외주의의 재등장 상황은 일본 제국주의에 동원되었던 일본인 자신의 문제에 대한 불충분한 추급의 결과임과 동시에, 일본에 대한 '전후보상'소송에 있어서 아시아인들의 강한 반전 · 인권 운동의 연대가 긴요한 과제로 제기되고 있음을 지적하고 있다.[26)]

## 2. 일제식민지책임 판결의 법리와 배경

2011년 헌법재판소 결정 이래 한국 사법부의 역사적인 판결이 나오고 있는 배경에는 20세기로부터의 유산인 식민주의의 암울한 역사를 극복하고 한국과 일본을 포함한 동아시아평화공동체를 건설해야 한다는 시대정신이 근저에 자리매김하고 있는 것으로 평가할 수 있다.

그러한 '식민지책임' 판결의 배경을 형성하고 있는 논거로는, 첫째, 2010년

---

24) 대법원(2012.5.24). 선고 2009다22549 판결, 선고 2009다68620 판결.

25) 2007년 4월 27일, 중국인 강제연행 니시마쓰건설 사건 2소법정 판결; 足立修一(2013. 6), 앞의 논문, 13쪽.

26) 大口昭彦(2013), 앞의 논문, 48쪽.

한일강제병합 100년에 즈음하여 한일지식인 1,139명이 '역사적 진실과 국제법적 정의의 규명'을 전제로 천명한 '1910년 한일병합조약 원천무효' 공동성명, 둘째, 전통적인 국가우선주의 철학에서 인류보편적 가치로서 인권의 존중이라는 국제사회의 조류, 셋째, 식민지주의에 대한 청산을 역사적 과제로 선언한 더반선언을 시작으로 최근 2013년 6월 7일 케냐 – 영국 간 및 2013년 9월 12일 네덜란드 – 인도네시아 간 식민통치에 대한 사죄와 배상 등의 동향에서와 같이 역사적 과오에 대한 시정조치가 이루어지고 있는 점 등을 들 수 있다.

### 가. '1910년 한일병합조약 원천무효' 공동성명

일본에 의한 한국강제병합 100년이 되던 2010년은 한일 간 역사갈등의 본질적 원인 규명과 그에 대한 해소방안을 모색하는 일이 우리 시대에 부여된 역사적 과제로 인식하는 계기이자 정의의 소명으로 자리매김하는 전기가 되었다. 그것은 한일강제병합 100년을 맞이하는 시점에서 올바른 역사의 정립을 통한 기반 위에서 진정한 한일 간 역사화해와 동아시아평화공동체 건설을 모색해 나가야 한다는 것이었다.

그런데 2009년 2월과 7월 당시 일제강제징용피해 배상 항소심에서 한국고등법원은 1995년 이래 일본 내 손해배상소송에서 원고 패소를 확정한 2007년 일본 최고재판소 판결을 그대로 승인하여 원고 패소판결을 내리고 있다.

이러한 상황 속에서 1910년 일본의 한국강제병합에 대한 역사적 진실규명과 국제법적 정의구현에 뜻을 함께한 한일 양국 학자들은 공동연구와 국제학술회의를 통해 2009년 6월 22일 '한일강제병합의 국제법적 무효 · 불법성'을 규명하였으며, 이는 2010년 5월 10일 214명으로 시작하여 65주년 광복절을 앞둔 7월 28일 1,139명의 한일 양국 지식인이 '역사적 정의'에 입각하여 천명한 "1910년 한일병합조약은 원천무효"라는 공동성명으로 이어졌다.[27] 한일지식인 공동성명은 '한일병합조약'[28]의 문안, 체결절차, 병합과정에서 모두 허위, 결함, 불의부당한 것임을 천명하고 있다. 더하여 1965년의 한일기본관계조약 제2조상 1910년 8월 22일 및 그 이전에 체결된 모든 조약과 협정은 이미 원천 무효(already null and void)라는 규정과 관련하여 '일본의 침략주의의 소산'이었던 불의부당한 병합조약은 당초부터 불법 · 무효라는 한국 측의 해석을 공통된 견해로 수용해야 함을 강조하였다. 아울러, '반인도 범죄'와 '식민지 범죄'에 관한 국제법 학계의 다양한 노력을 일본도 수용하여 침략과 병합, 식민지지배의 역사를 근본적으로 반성하는 시대적 요청에 부응할 것을 제창하고 있다.[29] 한일지식인 공동성명은 2011년 헌법재판소와 2012년 대법원이 역사적 · 국제법적 정의에 입각하여 내린 식민지책임 판결의 기초가 되었다고 평가할 수 있다.[30]

27) 한일지식인 공동성명문을 수록한 도서가 68주년 8 · 15 광복절에 한일 동시 출간되었다. 도시환 외(2013), 『한일강제병합 100년의 역사와 과제』, 동북아역사재단; 일본어판 都時煥 編著, 笹川紀勝 · 邊英浩 監修(2013), 『國際共同研究 韓國強制併合100年の歷史と課題』, 明石書店 참조.

28) 2011년 8월 29일 "한일병합조약의 무효와 동아시아의 역사적 화해 및 새로운 미래"라는 주제로 동북아역사재단에서 개최된 「한일지식인 한국병합조약 원천무효선언 1주년 서울회의」에서 나카쓰카 아키라[中塚明] 일본 나라여대 명예교수는 "虛構の極みとしての「韓國併合條約」"라는 발제를 통해 한일 양국 간 동의하에 미사여구로 구성된 한일병합조약이 체결되었다는 것은 허구의 극치임을 비판하였다. 나가쓰카 아키라(2013), 「'허구의 극'으로서의 〈한국병합조약〉」, 『한일역사문제의 핵심을 어떻게 풀 것인가?』, 지식산업사, 155~165쪽.

29) 1910년 한일병합조약 원천무효 한일지식인 공동성명.

30) 필자가 2000년부터 12년간 강제징용피해 배상판결을 수행해온 최봉태 변호사와 나눈 대담에서 보면 대법원의 승소판결을 전혀 예상하지 못했으며, '1910년 한일병합조약 원천무효'라는 한일 양국 지식인 공동성명과 같은 역사적 정의를 향한 학문적 노력이 법적으로 인정을 받은 결과라고 답변하고 있다. 도시환(2012), 「'식민지배 합법

### 나. 국가우선주의에서 인권중심주의로의 시대적 조류

국제사회의 조류를 검토하게 되면, 전통국제법에서 개인은 단지 특정국가의 시민으로서만 고려의 대상이 되었으므로 개인이 외국 정부로부터 피해를 입는 경우 소속 본국의 외교적 보호권의 행사를 결정하는 범위 내에서만 보호받을 수 있었다. 그러나 2차 세계대전 이후 바로 독일과 일본의 침략과 잔학행위가 인간의 존엄성에 대한 극단적인 경시를 기초로 한 전통적인 국가우선주의 철학의 결과라는 점에 대한 반성에서 나온 산물이 국제인권법임을 주지해야 할 것이다. 그러한 국제인권법의 발전으로 오늘날 개인이 '단지 국가나 그 어떤 집단의 구성원'으로서가 아니라 "개개 인간 자체의 자격으로 보호받아야 한다."는 관념이 형성되기 시작했던 것이다.

이와 관련하여, 일본군'위안부' 피해자들의 헌법소원에서 헌법재판소는 그 결정문에서 ICJ가 2007년 Case concerning Ahmadou sadio Dillo[31] 재판에서 인용하기도 했던 '2006년 ILC의 외교보호초안(Draft article on Diplomatic Protection)'을 인용하고 있다. 그것은 개인에 대한 침해를 국제법상 소속국가에 대한 침해로 보던 시각 자체가 허구 또는 의제에 불과하며, 국가 간의 우호를 위해 개인의 희생을 강요해선 안 된다는 것으로 이는 곧 외교적 보호권의 본질이자 개인청구권의 강화로 볼 수 있다는 맥락에서 국제법상의 중요한 변화를 지적할 수 있을 것이다.

한편, 한일청구권협정에는 개인청구권의 소멸에 관하여 한일 양국 정부의 의사의 합치가 있었다고 볼 만큼 충분한 근거가 없는 점에서, 원고 등의 청구

---

화 일본판결 효력 우리 헌법상 승인 불가' 대법원 강제징용피해 배상판결, 역사의 정의 향한 물꼬 터」, 『동북아역사재단 뉴스레터』 7월호, 6~9쪽.

31) 김대순(2007. 8), 「외교보호의 제쟁점 - 2006년 ILC 외교보호초안을 중심으로 -」, 『법학연구』 제48권 제1호, 204~205쪽.

권이 청구권협정의 적용대상에 포함된다고 하더라도 그 개인청구권 자체는 청구권협정만으로 당연히 소멸한다고 볼 수 없고, 다만 청구권협정으로 그 청구권에 관한 대한민국의 외교적 보호권이 포기됨으로써 일본의 국내 조치로 해당 청구권이 일본국 내에서 소멸하더라도 대한민국이 이를 외교적으로 보호할 수단을 상실하게 될 뿐인 바, 원고 등의 피고에 대한 청구권은 청구권협정으로 소멸하지 아니하였으므로, 원고들은 피고에 대하여 이러한 청구권을 행사할 수 있다고 보는 것이다.

### 다. 더반선언과 식민지주의 청산의 시정 동향

2001년 8월 31일부터 9월 8일에 걸쳐 남아프리카공화국 더반에서 개최된 '인종주의, 인종차별, 외국인 배척과 관련 불관용에 반대하는 세계회의'(World Conference against Racism, Racial discrimination, Xenophobia and Related Intolerance)에서는 "식민주의는 인종주의, 인종차별, 외국인 혐오증과 관련된 편협성을 조장했으며, 인종주의로 가는 원인을 제공함으로써 남아공 인종차별, 집단 학살 같은 반인류적 범죄의 요인이 되었다."고 지적했다. 나아가 과거 수백년에 걸쳐 아프리카 · 아시아 등지에서 많은 민족 · 민중을 괴롭힌 노예제와 식민지지배를 청산하는 일은 역사적 과제라고 선언하고, 그 실현을 위한 행동계획을 밝혔는데, 이 선언에는 구미국가들뿐만 아니라 일본을 포함한 모든 구식민지 제국에 적용되고 있다.

식민지지배 책임의 청산을 실제로 실천한 사례로는 2008년 8월 30일 리비아 – 이탈리아간 '우호협력조약'[32]을 체결하여 이탈리아의 식민지배로 고통

32) THE TREATY ON FRIENDSHIP, PARTNERSHIP AND COOPERATION BETWEEN ITALY AND LIBYA(August 30, 2008).

을 당한 리비아(1911~1943년)가 이탈리아로부터 식민지배에 대한 공식 사과와 함께 50억 달러의 투자형식의 배상금 지불과 약탈문화재를 반환받음으로써 해결한 사례가 있다. 이탈리아와 리비아 간의 일명 벵가지(Benghazi)조약이 한일청구권협정과의 차이점은 조약 전문에 사죄(apology)를 담고 있으며, 제2장에서 식민지시대의 분쟁 해결(settlement of colonial-era disputes)을 위한 역사적 분쟁 종결(Ending historical disputes)을 내용으로 하고 있다는 점이다.[33)]

또한 2013년 6월 6일자 BBC 방송과 외신에 의하면, 영국 정부가 케냐 식민통치 시절 자행한 가혹행위를 공개적으로 시과했다고 보도했다. 영국 정부는 "1950년대 케냐 독립을 위한 '마우마우' 투쟁[34)]에 대한 무력 진압 및 가혹행위를 사과하며, 고문 등 가혹행위를 당한 피해자 5,228명에게 총 1,990만 피운드(약 341억 원)의 배상금[35)]을 지급하겠다"고 밝히고 있다.[36)]

네덜란드 정부는 인도네시아 점령통치 시기인 1945~1949년 당시 네덜란드군이 즉결 처형 형식으로 저지른 대규모 학살에 대해 공식 사과하고, 즉결

33) 상세한 내용은 이장희(2012), 「리비아 · 이탈리아 '식민지'손해배상책임 사례의 국제법적 검토」, 『한일협정체제와 '식민지'책임의 재조명』, 동북아역사재단, 81~125쪽 참조.

34) 상세한 내용은 永原陽子(2012), 앞의 논문, 129~149쪽 참조.

35) 윌리엄 헤이그 외무장관이 의회에서 표명한 사과에는 가혹행위로 인해 독립운동에 차질을 준 것에 대한 유감 표명 및 케냐 수도 나이로비에 식민지배에 따른 희생자를 기리는 기념비를 건립하는 비용 지원 등도 포함하고 있으며, 배상 금액은 피해자 1인당 케냐 평균 연소득의 5배 정도에 해당한다. 이러한 영국 정부의 결정은 2012년 10월 원고 측에 손해배상을 청구할 권한이 있다는 항소법원의 판결로 패소 가능성이 커지자 개별 합의에 나선 것으로, 윌리엄 헤이그 외무장관은 이번 결정이 식민지 정부의 행위에 대한 영국의 도의적 책임(ex grata)임을 강조한데 대해, 가디언지 등은 과거 영국 식민지에서 집단손해 배상소송이 빈발할 것을 우려한 때문으로 분석하고 있다. "UK to compensate Kenya's Mau Mau torture victims", theguardian.com(June 6, 2013).

36) "60년만에…… 英, 케냐 식민지배 가혹행위 사과", 《동아일보》(2013. 6. 7).

처형 사건에서 남편을 잃은 여성 10명에게 배상금을 지급하였다.[37)]

# III. 일제식민지책임 판결의 국제법적 검토

## 1. 대법원 판결의 요지[38)]

2012년 5월 24일 대법원 판결의 요지는 식민지책임에 대한 전면적 확인, 청구권협정에 의한 해결 항변의 배척, 피고적격 항변의 배척, 소멸시효 완성 항변에 대한 배척 등이다.

### 가. 식민지책임에 대한 전면적 확인

대법원은 일제강점기에 국민징용령에 의하여 강제징용되어 일본국 회사인 미쓰비시중공업 주식회사에서 강제노동에 종사한 피해자 등이 구 미쓰비시가 해산된 후 새로이 설립된 미쓰비시중공업 주식회사를 상대로 국제법 위반 및 불법행위를 이유로 한 손해배상과 미지급 임금의 지급을 구한 사안에서, 대한민국 헌법 규정에 비추어 볼 때 일제강점기 일본의 한반도 지배는 규범적인 관점에서 불법적인 강점에 지나지 않고, 일본의 불법적인 지배로 인한 법률관계 중 대한민국의 헌법정신과 양립할 수 없는 것은 그 효력이 배제된다고 보아야 하므로, 이를 합법으로 본 일본 판결은 일제강점기의 강제동원 자체를 불법이라고 보고 있는 대한민국 헌법의 핵심적 가치와 정면으로 충돌하는 것

37) "英 이어 네덜란드도 과거사 사죄", 《동아일보》(2013. 9. 2), A18쪽.
38) 대법원 2012.5.24. 선고 2009다22549 판결, 선고 2009다68620 판결.

이어서 이러한 판결 이유가 담긴 일본 판결을 그대로 승인하는 결과는 그 자체로 대한민국의 선량한 풍속이나 그 밖의 사회질서에 어긋나는 것임이 분명하므로 우리나라에서 일본 판결을 승인하여 효력을 인정할 수 없는데도 이와 달리 본 원심판결에 법리오해의 위법이 있다고 판결하였다.

#### 나. 한일청구권협정에 의한 해결 항변의 배척

##### (1) 한일청구권협정의 본질

'한일청구권협정'은 일본의 식민지배 배상을 청구하기 위한 협상이 아니라 샌프란시스코조약 제4조에 근거하여 한일 양국 간의 재정적 · 민사적 채권 · 채무관계를 정치적 합의에 의하여 해결하기 위한 것이다.

##### (2) 한일청구권자금의 성격

한일청구권협정 제1조에 의해 일본 정부가 대한민국 정부에 지급한 경제협력자금은 제2조에 의한 권리문제의 해결과 법적 대가관계가 있다고 보이지 않는다.

##### (3) 한일청구권협정의 적용대상

한일청구권협정의 협상과정에서 일본 정부는 식민지배의 불법성을 인정하지 않은 채, 강제동원피해의 법적 배상을 원천적으로 부인하였고, 이에 따라 한일 양국 정부는 일제의 한반도 지배의 성격에 관하여 합의에 이르지 못하였는데, 이러한 상황에서 일본의 국가권력이 관여한 반인도적 불법행위나 식민지배와 직결된 불법행위로 인한 손해배상청구권이 청구권협정의 적용대상에 포함되었다고 보기는 어려운 점 등에 비추어 보면, 청구권협정으로 개인청구권이 소멸하지 아니하였음은 물론이고, 대한민국의 외교적 보호권도 포기되지 아니하였다.

(4) 한일청구권협정상의 개인청구권

국가가 조약을 체결하여 외교적 보호권을 포기함에 그치지 않고 국가와는 별개의 법인격을 가진 국민 개인의 동의 없이 국민의 개인청구권을 직접적으로 소멸시킬 수 있다고 보는 것은 근대법의 원리와 상충되는 점, 국가가 조약을 통하여 국민의 개인청구권을 소멸시키는 것이 국제법상 허용될 수 있다고 하더라도 국가와 국민 개인이 별개의 법적 주체임을 고려하면 조약에 명확한 근거가 없는 한 조약 체결로 국가의 외교적 보호권 이외에 국민의 개인청구권까지 소멸하였다고 볼 수는 없는데, 청구권협정에는 개인청구권의 소멸에 관하여 한일 양국 정부의 의사의 합치가 있었다고 볼 만큼 충분한 근거가 없다.

(5) 일본법률 제144호와 청구권

일본이 청구권협정 직후 일본국 내에서 대한민국 국민의 일본국 및 그 국민에 대한 권리를 소멸시키는 내용의 '재산 및 청구권에 관한 문제의 해결과 경제협력에 관한 일본국과 대한민국 간의 협정 제2조의 실시에 따른 대한민국 등의 재산권에 대한 조치에 관한 법률'을 제정 · 시행한 조치는 청구권협정만으로 대한민국 국민 개인의 청구권이 소멸하지 않음을 전제로 할 때 비로소 이해될 수 있는 점 등을 고려해 보면, 국민의 개인청구권이 청구권협정의 적용대상에 포함된다고 하더라도 개인청구권 자체는 청구권협정만으로 당연히 소멸한다고 볼 수는 없고, 다만 청구권협정으로 그 청구권에 관한 대한민국의 외교적 보호권이 포기됨으로써 일본의 국내 조치로 해당 청구권이 일본국 내에서 소멸하더라도 대한민국이 이를 외교적으로 보호할 수단을 상실하게 될 뿐이다.

### 다. 피고적격 항변의 배척

구 미쓰비시가 미쓰비시로 변경되는 과정에서 영업재산, 임원, 종업원을 실질적으로 승계하여 회사의 인적 · 물적 구성에는 기본적인 변화가 없었음에도, 전후처리 및 배상채무 해결을 위한 일본 국내의 특별한 목적 아래 제정된 기술적 입법에 불과한 회사경리응급조치법과 기업재건정비법 등 일본 국내법을 이유로 구 미쓰비시의 대한민국 국민에 대한 채무가 면탈되는 결과로 되는 것은 대한민국의 공서양속에 비추어 용인할 수 없다.

### 라. 소멸시효 완성 항변에 대한 배척

피해자 등이 대한민국 법원에 소송을 제기할 시점까지는 대한민국에서 객관적으로 권리를 사실상 행사할 수 없는 장애사유가 있었다고 보아야 하므로, 구 미쓰비시와 실질적으로 동일한 법적 지위에 있는 미쓰비시가 소멸시효의 완성을 주장하여 갑 등에 대한 불법행위로 인한 손해배상채무 또는 임금지급채무의 이행을 거절하는 것은 현저히 부당하여 신의성실의 원칙에 반하는 권리남용으로서 허용될 수 없다.

## 2. 대법원 판결에 대한 견해의 대립

### 가. 대법원 판결에 대한 긍정설

일제강제징용피해 배상판결에 대하여 지금까지 제시된 학자들의 견해를 보게 되면 국내외의 다수의 견해는 긍정설에 입각하고 있는 것으로 보인다.

특히 주목할 만한 것은 일본 정부 · 기업 · 재계 · 언론 등의 일사불란한 부정적 해석에 대하여 잘못된 것이라는 견해가 일본 내에서 제기되고 있다는 점이다.[39]

국제조약상의 '식민지책임' 연구 관련 전문가인 오타 오사무[太田修] 교수는 식민지지배하에서 전시 강제동원을 하였음에도 불구하고 식민지지배와 전쟁책임에 대해 애매하게 대처해 온 일본 정부가 그러한 역사에 대해 더 이상 은폐해서는 안 된다는 의미에서 대법원 판결을 수용해야 함을 주장하고 있다.[40] 오타 교수는 한국 하급심에서조차 적법성으로 인정되었던 피고의 세 가지 주장인 일본 판결의 기판력, 한일청구권협정에 의한 해결, 소멸시효의 완성 등의 항변을 대법원이 배척함으로써, '1910년 한일강제병합 자체가 불법'이라는 전제하에, 2005년 민관공동위원회의 결정에서 배제된 강제징용 피해자의 '배상문제'를 한일청구권협정으로는 해결하지 못한 것으로 결론지었다.[41]

법학자인 나카가와 토시히로시[中川敏宏] 교수는 대법원 판결에 대해 한국에 주재하고 있는 기업뿐만 아니라 일본의 전후배상 문제에 관한 상징적인 의미를 갖는 것으로 평가하고 있으며,[42] '전후보상'소송을 담당해온 오구치 아키히코[大口昭彦] 변호사는 한국 사법부에 의한 일련의 판결들은 전후 일본이 성실한 해결을 회피해 왔던 일제의 식민지배와 제국주의 전쟁으로의 동원에 따른 심각한 피해들이 반드시 해결되어야 한다는 당연한 귀결로서 일본 정부 · 기업 · 국민 앞에 놓이게 되었다고 주장한다.[43]

미국의 한반도 및 아시아 문제 전문가인 대니얼 스나이더(Daniel Sneider) 교수는 대법원 판결에 대해 한일 양국을 포함한 조약체제상의 문제점으로 분석하고 있어 주목된다. 미국의 지원하에 일본 정부는 1951년 샌프란시스코 강

39) 太田修(2013. 10), 앞의 논문, 189쪽.
40) 太田修(2013. 10), 앞의 논문, 195쪽.
41) 太田修(2013. 10), 앞의 논문, 190쪽.
42) 中川敏宏(2013. 1), 앞의 논문, 153쪽.
43) 大口昭彦(2013), 앞의 논문, 48쪽.

화조약 및 1965년 한국과의 국교정상화조약 체제하에서 배상을 완결했다고 주장하고 있으나, 일본 학자들을 포함하여 법학자들은 국가 간의 합의로 개인 청구권이 배제되지 않았다고 주장해 왔으며, 한국 사법부의 판결은 이러한 원칙을 지지하고 있다는 것이다. 따라서 성노예를 강요당한 '위안부' 피해자를 비롯하여 1937년 중일전쟁과 더불어 시작된 전시 일제 '강제노동시스템'으로 희생된 피해자들에 대한 배상을 촉구하고 있다.[44)]

국내학자의 견해를 보면, 석광현 교수는 대법원 판결이 불행한 시대를 살아온 피해자 등에게 법원이 뒤늦게나마 법적 신원(伸冤)을 가능케 한 기념비적인 판결로, 일본의 불법적인 지배로 인한 법률관계 중 한국의 헌법정신과 양립할 수 없는 것은 그 효력이 배제된다고 선언한 점에서 큰 의미가 있다고 평가하고 있다.[45)]

김창록 교수는 대법원 판결에 대해 '식민지범죄'의 전형으로서 일본군'위안부' 문제를 포함한 한일 '식민지책임' 추급 전반에 관한 매우 획기적이고도 역사적으로 주목할 만한 '법적 결단'을 담고 있다고 평가하고 특별히 주목해야 함을 강조한다. 일본이 1965년을 비롯하여 현재까지도 "식민지배의 불법성"을 인정하지 않고 있으므로 1965년에는 당연히 '식민지책임'이 해결되지 않았기 때문에 "식민지배와 직결된 불법행위"에 대한 외교적 보호권을 행사하여 자국민의 청구권실현에 나서야 함을 주장하고 있다.[46)]

이장희 교수는 대법원 판결 이후 일본 정부가 한국 주재 피고재산에 대한

---

44) 미국의 한반도 및 동아시아문제 전문가인 대니얼 스나이더 스탠포드대학 아시아태평양연구소(APARC) 부소장의 견해다. Daniel Sneider(2013. 11. 1), "A dangerous stalemate between Japan and South Korea", Washington Post.

45) 석광현(2013. 6), 「강제징용배상에 관한 일본판결의 승인 가부」, 『국제사법연구』 제19권 제1호, 147쪽.

46) 김창록(2012), 앞의 논문, 171~181쪽.

손해배상 집행 문제에 대해 국제법위반을 강변할 것이 아니라 열린 시각과 현대국제법의 발전추세에 부응하여 일제강제징용피해자를 전범피해자로 인정하고 손해배상을 위한 특별 입법조치를 해야 함을 주장한다. 아울러 우리 외교부는 한일청구권협정 제3조 1항에 따른 외교 협상을 통해 일본 정부가 한국의 입장을 수용하도록 해야 할 것을 정책과제로 제시하고 있다.[47)]

### 나. 대법원 판결에 대한 부정설

일제강제징용피해 배상판결에 대하여 부정적인 견해와 관련하여 특이한 것은 일본 정부를 비롯한 일본 내 여론과는 달리 일본학자들의 견해가 거의 제시되지 않고 있다는 점이다.

일본의 정치학자인 아사바 유키[淺羽祐樹] 교수는 대법원 판결에 대하여 한일국교정상화 40주년이던 2005년 민관(일본에서는 '관민'임을 강조)공동위원회 결정에서부터 한일청구권협정에 관한 법적 입장 등 일체의 변경 자체를 부정하는 전제로 "약속은 지켜져야 한다(pacta sunt servanda)"는 법언을 제시하면서, 윤리감과 도덕의식이 높은 일부 세력만이 앞서는 사회관계는 안정되지 못하고 오래 유지되지 못하는 것으로 비판하고 있다. 아사바 교수는 대법원 판결에 대한 일본의 대응방안으로 93%에 이르는 한국의 대외무역의존도를 거론하며, 한일경제관계를 통한 공략을 대안으로 주문하고 있다.[48)]

국내학자로는 이근관 교수와 박배근 교수가 부정설에 입각하고 있으나, 전자가 전면적인 부정론인 반면, 후자는 판결의 결론에는 동의하나 논지에 대해

47) 이장희(2013), 「일제 강제징용피해자 국제법적 구제 논거 및 정책과제」, 『한일 역사문제의 핵심을 어떻게 풀 것인가?』, 지식산업사, 195~223쪽.

48) 淺羽祐樹, 「「反日」化する韓國司法－なぜ「解決済み」の問題が蒸し返されるのか」, http://webronza.asahi.com/synodos/2013082600005.html.

부정하는 견해로 파악된다.

이근관 교수는 한일청구권협정에 대한 일반적인 조약해석상 강제징용피해자의 청구권이 1965년 청구권협정의 물적 대상에 포함되었다고 주장한다. 또한 개인청구권이 협정의 물적 대상에 포함된다고 하더라도 국가가 포기할 수 있는 것은 외교적 보호권에 국한된다는 판지와 관련하여, 개인의 인권 존중이라는 원칙에 입각하고 있으나, 일괄보상협정(lump-sum settlement)이 지금 시점에서도 실정성과 합법성을 널리 인정받는 만큼 한일청구권협정을 통해 개인청구권은 소멸된 것으로 보고 있다. 아울러 외교문제와 관련된 사법자제의 원칙의 논점에 초점을 맞춰 대법원 판결을 비판적으로 분석하고 있다.[49)]

박배근 교수는 강제징용피해자들의 손해배상청구권은 해석문제로 한일청구권협정에 포함되어 있다고 보고 있다. 한일청구권협정에 의해 포기된 것은 외교적 보호권에 한하며 개인청구권의 소멸에 대한 양국 정부의 의사의 합치가 없다는 판결 이유에 대해 비판하는 한편, 상당기간 지속되고 반복적으로 표명된 일본의 '외교적 보호권 한정포기론'을 하나의 관행으로 볼 수 있음을 주장한다. 아울러, 대법원 판결의 집행과 관련하여 이를 국제위법행위로 보는 일본 정부는 한국에 대해 국가책임을 추궁하려 할 것이라고 주장하고 있다.[50)]

### 3. 부정설의 논거에 대한 검토

대법원 판결에 대한 긍 · 부정설의 견해를 검토해 보았다. 필자는 선행연구

49) 이근관(2013. 9), 「한일청구권협정상 강제징용배상청구권 처리에 대한 국제법적 검토」, 『법학』 제54권 제3호, 327~392쪽.

50) 박배근(2013. 9), 「일제강제징용 피해자의 법적 구제에 관한 국제법적 쟁점과 향후 전망 - 2012년 대법원 판결을 중심으로 - 」, 『법학논총』 제30집 제3호, 47~69쪽.

에서 한일조약체제에 있어서의 '식민지책임' 문제에 대해 국제법적 검토를 해 왔으며, 대법원 판결과 관련하여 "1910년 강제병합을 통한 일제강점기 일본의 한반도 식민지배 자체가 불법이라는 것이며, 이를 근거로 한 법률관계는 대한민국의 헌법정신과 양립할 수 없으므로 그 효력을 배제하려는 것으로, 역사적 사실에 대한 법규범적 정의를 천명한 판결"[51]로 평가한 바 있다. 기본적으로 대법원 판결에 대한 긍정설의 입장에서 부정설의 논거를 이근관 교수가 언급하고 있는 바와 같은 노파심[52]으로 검토해 보고자 한다.

### 가. 아사바 유키 교수의 견해에 대한 검토

아사바 유키 교수의 견해는 일본 정부의 견해를 그대로 대변하고 있는 것으로 보인다. 2005년 민관공동위원회의 결정이 한일협정 체결 40년에 발표된 만큼 대법원 판결 역시 한일협정 체결 50년에 대비한 것으로 폄훼하며 한국의 대외무역의존도를 활용한 일본의 대응방안을 주문하고 있다. 아사바 교수는 1910년 이래 식민지배가 합법이라는 전제로 사토 에이사쿠[佐藤榮作] 내각이 체결한 1965년 한일협정에 대해 한국의 2005년 민관공동위원회 결정과 2012년 대법원 판결은 법적 안정성을 침해하는 것으로 비판하고 있다. 그의 주장에 따르면 일본군'위안부', 사할린동포, 원폭, 강제징용, 3 · 1운동, 관동대학살 피해 모두 한일청구권협정으로 완결되었으므로, 한국 사법부의 판결에 대해서는 한일투자협정 등으로 공략해야 한다는 것이다.

아사바 유키 교수의 견해와 관련하여, 먼저, 경제사학자인 운노 후쿠쥬[海野

51) 도시환(2012. 9), 「한일조약체제와 '식민지'책임의 국제법적 조명」, 『국제법학회논총』 제57권 제3호, 38쪽.

52) 이근관(2013. 12), 「외교문제에 대한 사법자제의 원리 - 비교법적 고찰 -」, 『서울국제법연구』 제20권 제2호, 69쪽.

福壽] 교수의 식민지책임론을 제시하고자 한다. "군대위안부 · 강제연행 등 식민지지배하에서 일본이 범한 수많은 위법행위에 대해서는, 법적 심판을 통해 정의를 회복하지 않으면 안 된다. …… 사람이 다른 나라 사람의 의사를 지배하고 민족이 타민족을 종속시켰다는 의미에서, '부당한' 식민지지배에 대해 구식민국 · 종주국은 깊은 반성에 근거한 사죄와 배상을 행하는 것이 '과거의 청산'"[53)]인 것이다.

다음으로, 아사바 교수가 주장하는 1965년 당시 일본의 사토 내각이 식민지배가 합법이라는 전제를 관철한 '한일청구권협정'이라는 것은 대법원 판결에서 지적하고 있는 바와 같이 식민지배와 직결된 불법행위에 대한 책임 자체가 논외였다는 반증인 것이다. 아울러 그러한 전제에서 부정설이 공통적으로 제시하고 있는 합의의사록 2의 (g)항 상의 '대일 8개 청구 요강'에 명시되었다는 전제로, 2005년 민관공동위원회 결정에서 제외된 '강제징용 피해'는 한일청구권협정으로 해결되었다는 주장은 재고의 여지가 있다. 왜냐하면, 그러한 견해가 설득력을 얻기 위해서는 앞서 언급한 일본군'위안부' 피해부터 최근 주일대사관 문서에서 추가적으로 확인된 3 · 1운동과 관동대학살 피해까지 '대일 8개 청구 요강'에 명시되지 않은 식민지배 피해는 한일청구권협정으로 해결되지 않았다는 전제에서 가능한 것이기 때문이다.

그러나 일본은 현재까지도 식민지배가 합법이라는 전제하에 그 모든 책임을 부정하고 있으며, '강제징용 피해'의 경우에는 '강제징용령' 자체를 합법이라는 전제에서 미수금과 보상금을 언급하고 있으나, 이는 일본군'위안부'나 관동대학살 피해와 같은 은폐가 용이하지 않았을 뿐만 아니라 1949년 대일배

53) 海野福壽(1999. 10), 「韓國併合の歷史認識 – 李教授「韓國併合不成立論」を再檢討する」, 『世界』 제666호, 261~262쪽.

상요구조서에서 확인되는 강제징용의 대규모성으로 인해 일본이 불법행위책임의 배제를 전제로 유일하게 명시한 피해로 냉전체제를 원용한 대응전략에 다름 아닌 것이다.

### 나. 이근관 교수의 견해에 대한 검토

먼저, 대법원 판결과 관련하여, "한일청구권협정 제1조에 의해 일본 정부가 대한민국 정부에 지급한 경제협력자금은 제2조에 의한 권리문제의 해결과 법적 대가관계가 있다고 보이지 않는다."는 판지에 관한 이근관 교수의 비판에 대해 검토하기로 한다.[54] 이와 관련하여 1969년 비엔나 조약법협약 제31조 제1항의 조약 해석의 일반 규칙에 따르면 조약은 조약문의 문맥 및 조약의 대상과 목적으로 보아 그 조약의 문맥에 부여되는 통상적 의미에 따라 성실하게 해석되어야 한다는 것을 명시하고 있다.[55]

그런데 강제징용 피해 관련 손해배상청구권이 이 협정의 물적 대상에서 제외되었다고 보기 어렵다는[56] 이근관 교수는 대법원의 판지가 협상과정에서 일본이 식민지배의 불법성을 부인한 것을 기초로 법적 대가관계의 존재를 부정하는 것으로 보고, 이 문제에 대한 한일 양국 정부의 견해 중 일본 정부의 입장에 근접한 결론을 제시하고 있다며 비판하고 있다. 나아가 법적 대가관계의 유무와 청구권 문제의 최종적이고 완전한 해결은 법논리적으로 절연되어

54) 1965년 한일청구권협정 제2조 제1항 : "……청구권에 관한 문제가 1951년 9월 8일에 샌프란시스코시에서 서명된 일본국과의 평화조약 제4조 (a)에 규정된 것을 포함하여 완전히 그리고 최종적으로 해결된 것이 된다는 것을 확인한다."

55) 조약법에 관한 비엔나협약(Vienna Convention on the Law of Treaties)은 1969년 5월 23일에 체결되고 1980년 1월 27일에 발효되었다.

56) 동일한 견해로, 박배근(2013. 9), 앞의 논문, 53쪽.

도 무방함을 강조하고 있다.[57)]

이에 경제협력자금과 청구권 문제와 관련하여 1965년 당시 일본 국회의사록을 보면, 일본은 배상은 물론이거니와 청구권에 기초한 지불 자체를 회피하려고 했음이 확인되고 있다.[58)]

10월 26일 중의원 특별위원회에서 요코미치 세쓰오[橫路節雄] 사회당 의원이 "이것은 청구권 처리를 위한 것입니까? 아니면 저개발국 원조입니까? 그도 아니라면 35년간 한국에 대해 식민지지배를 했다는 의미에서 지불하는 돈입니까?"라는 질의를 하자, 시이나 에쓰사부로[椎名悅三郎] 외무대신은 "그것은 읽은 글자 그대로 경제협력입니다."라고 주저 없이 답변하고 있다.[59)] 또한 요코미치의 청구권 문제의 교섭 경과에 대한 질문에 대해 외무성 조약국장인 후지자키 마사토[藤崎万里] 정부위원은 "재산 청구권 문제는 아무리 해도 종결되지 않는 까닭에 이를 바꾸어 경제협력을 행하고 이와 병행해서 재산청구권 문제를 해결한 것으로 한다는 이해가 형성되어 왔습니다."[60)]라고 답변하고 있다. 청구권 문제는 매듭이 지어지지 않기 때문에 경제협력으로 "바꾸어" 합의한 다음 사후적으로 청구권 문제를 "해결한 것으로 한다."라는 답변에서 양자의 관련성은 없음이 확인되고 있는 것이다.[61)]

요코미치 의원은 아사히저널에 발표한 추가 질문에서, "내가 청구권 문제를 그렇게 집요하게 문제 삼은 것은 한일회담의 중심 과제인 청구권 그 자체의 처리를 하지 않고, 경제협력이라는 모호한 형식으로 매듭짓는 것이 장래

57) 이근관(2013. 9), *supra* note 49, 354~355쪽.

58) 海野福壽(2000), 『韓國併合史の硏究』, 東京: 岩波書店, 27쪽.

59) 『衆議院 日韓特別委員會議錄』 第5號(1965. 10. 28), 15쪽.

60) 위의 회의록(1965. 10. 28), 16쪽.

61) 海野福壽(2000), 앞의 책, 27~28쪽.

반드시 양국 관계에 큰 상흔을 남길 것을 우려했기 때문에 다름 아니다."[62]라고 밝히고 있다. 요코미치는 '과거 청산'의 금전적 표현인 청구권을 배제한 채로는 결말이 나지 않을 것임을 염려했던 것으로, 오늘날 결국 논란이 되고 있는 것이다.

그럼에도 불구하고, '식민지배의 합법성을 전제로 일관하여 법적 책임을 부정해 온 일본 정부의 입장'을 배상판결의 근거로 인용한 대법원의 판지에 대한 비판에 더하여 그러한 전제와 절연하여 청구권 문제의 완결이 가능하다는 논지야말로 식민주의를 합법화하려는 일본의 주장에 동의하는 것으로 법리상 타당한 것인지는 의문이지 않을 수 없는 것이다.

다음으로, 이근관 교수는 한일청구권협정에 의해 포기된 것은 외교적 보호권에 한하며 개인청구권의 소멸에 대한 양국 정부의 의사의 합치가 없다는 판결 이유에 대해 일괄보상협정(lump-sum settlement)이 지금 시점에서도 실정성과 합법성을 널리 인정받는 만큼 한일청구권협정을 통해 개인청구권은 소멸된 것으로 보고 있다. 이에 대해 박배근 교수는 상당기간 지속되고 반복적으로 표명된 일본의 '외교적 보호권 한정포기론'은 비엔나 조약법협약 제31조 제2항(b)의 "조약의 해석에 관한 당사국의 합의를 확정하는 그 조약 적용에 있어서의 추후의 관행"으로 볼 수 있는 여지가 있음을 주장하고 있다.[63]

일괄보상협정과 관련하여, 이근관 교수는 2005년 민관공동위원회의 결정에 대해 한일청구권협정이 '총액결정방식', 즉 '일괄타결방식'에 기초한 외교적 보호권의 행사를 규율하고 있음을 분명히 하면서, 이러한 방식의 국제법적

62) 横路節雄(1965. 11. 28), 「封じられわたしの日韓質問」, 『朝日ジャーナル』, 요미코치는 경제협력이 일본의 對韓 경제침략으로 연결될 가능성이 있음을 실례를 들어 보여줄 예정이었다. 海野福壽(2000), 앞의 책, 28쪽.

63) 박배근(2013. 9), 앞의 논문, 63쪽.

유효성에 대해 아무런 의문도 제기하지 않고 있음을 비판하고 있는데[64] 이와 같은 견해의 변경에 대해서 별다른 설명이 없는 점은 의문이다. 이와 관련하여 이원덕 교수는 일본의 배상정책이 기본적으로 국가를 대상으로 하는 배상 및 청구권 지불방식을 취했기 때문에 전쟁으로 인해 막대한 피해와 손실을 입은 피해자 개인에 대한 보상이 철저하게 배제되었던 한계를 지닌다고 평가하고 이것은 수많은 아시아의 전쟁 피해 희생자들이 일본 정부를 상대로 한 소송제기의 원인이 되었음을 지적하고 있다.[65]

### 다. 박배근 교수의 견해에 대한 검토

박배근 교수는 대법원 판결의 핵심에 해당하는 "일본의 국가권력이 관여한 반인도적 불법행위나 식민지배와 직결된 불법행위"라는 판지와 관련하여 일본이라는 국가에 대한 손해배상청구권이 청구권협정의 대상에서 제외되었다는 이유는 될 수 있어도 일본의 법인에 대한 한국민의 손해배상청구권이 청구권협정의 대상에서 제외되었다고 보는 이유는 될 수 없다고 비판한다.[66] 그러나 이와 관련해서는 피고의 불법행위라고 주장된 행위 중 특히 원고 등의 강제연행이 일본국의 행위이므로 피고의 행위가 일본국의 행위와 함께 공동불법행위를 구성하는가에 대한 문제로 피고가 원고들로 하여금 강제노동에 종사하도록 강요한 것만으로도 불법행위에 따른 책임을 지는 데는 별다른 문제가 없다는 반론이 제기되어 있다.[67]

---

64) 이근관(2011), 「1910년 '한일병합조약'의 무효, 불법성과 일본의 국가책임」, 이장희 공저, 『1910년 한일병합조약의 역사적 · 국제법적 재조명』, 아시아사회과학연구원, 256쪽.

65) 이원덕(2008. 12), 앞의 논문, 32~33쪽.

66) 박배근(2013. 9), 앞의 논문, 57쪽.

67) 석광현(2013. 9), 「강제징용배상 및 임금 청구의 준거법」, 『법학』 제54권 제3호, 301

다음으로, 대법원 판결의 집행과 관련하여 박배근 교수는 이를 국제위법행위로 보는 일본 정부가 한국에 대해 한일청구권협정 제3조상의 중재위원회 구성과 ICJ[68] 제소 검토[69]를 비롯하여 국가책임을 추궁하려 할 것이라고 주장하고 있다.[70] 이근관 교수는 대법원 판결이 확정 · 집행될 경우, 2003년부터 발효된 한일투자협정상의 분쟁해결절차가 발효될 가능성도 배제할 수 없다[71]는 우려를 제시하고 있다.

박배근 교수는 만약 강제징용사건 대법원 판결의 강제집행을 계기로 일본이 한국에 대하여, 강제징용사건 원고의 손해배상청구권이 청구권협정에 의하여 소멸하였는지의 여부에 관한 청구권협정 해석 문제를 청구권협정 제3조상의 분쟁해결절차에 응할 것을 요구한다면, 이미 이 절차의 발동을 일본에 대하여 요구하고 있는 한국으로서는 일본의 이러한 요구를 거절하기가 어려

---

쪽; 이동진(2013. 9), 「강제징용배상책임의 성립여부와 그 범위에 관한 몇 가지 문제」, 『법학』 제54권 제3호, 490~493쪽. 전전(戰前) 일본법상 국가무답책(國家無答責)의 법리와 일본의 주권면제를 고려하면 일본국과 일본 회사 사이에 공동불법행위가 성립할 수 있는가라는 의문이 제기될 수 있으나 그렇더라도 일본 회사의 간접침해가 인정되므로, 전 과정의 손해를 일본 회사에게 귀속시킬 수 있는 것이다.

68) ICJ규정 제38조 제1항은 재판준칙을 규정하고 있는데, (라)호에는 법칙결정의 보조수단으로서의 사법판결 및 제국의 가장 우수한 국제법학자의 학설을 명시하면서, 재판소의 결정은 당사자 사이와 그 특정사건에 관하여서만 구속력을 가진다는 제59조의 규정을 조건으로 하고 있다.

69) 《산케이신문》(2013. 8. 30); 박배근(2013. 9), 앞의 논문, 66쪽.

70) 일본 정부의 ICJ 제소 주장과 관련하여, ICJ 판결의 문제점으로 강행규범(Jus Cogens)과 국가면제(State Immunity) 법리 간 상충이 지적되고 있다. 그러나 특정 사안에 대한 국가면제의 적용이 국제공공질서의 일부로서의 강행규범에 반하는 결과를 야기한다면, 국가면제를 적용하지 않는 것이 타당하다는 비판적 견해가 제기되고 있다. 이성덕(2012. 12), 「강행규범과 국가면제: 2012년 ICJ 관할권 면제 사건을 중심으로」, 『중앙법학』 제14집 제4호, 242쪽.

71) 이근관(2013. 12), *supra* note 52, 68쪽.

울 것이라고 주장한다.

그러나 이것은 역설적으로 일본 정부가 강제징용피해에 대한 개인청구권만을 부정하는 것이 아니라, 일본군'위안부'와 원폭피해를 포함한 모든 식민지 피해가 한일청구권협정으로 완결되었다는 전제로 일본군'위안부'와 원폭피해자의 구제를 위한 헌법재판소의 결정을 이행하고자 하는 우리 외교부의 요청을 거부해 온 입장에서 강제징용피해 문제만을 분리해서 주장하기는 더욱 어려울 것으로 보인다.

아울러, 이근관 교수는 한일투자협정상의 분쟁해결절차에의 회부와 관련하여 적용범위에 사법부의 조치 역시 포함될 수 있으며, 대법원 판결 확정시 일본 기업에 대한 소송쇄도로 일본 기업들은 한국 투자에 대한 위험을 느끼게 될 것이라며 일본의 제소공세와 홍보전이 전개될 가능성을 제기하고 있다. 더하여 당위론, 명분론이 아닌 냉철한 현실인식에 기초한 대책강구를 언급하면서 그러한 해법으로 '사법부자제설'을 강조하고 있으나, 헌법재판소의 부작위위헌 결정과 대법원의 판결이 식민지 피해자의 기본적 인권 구제를 위한 법의 본질적 지향으로 볼 때 그러한 주장의 타당성과 설득력에 대해서는 의문이지 않을 수 없다.

요컨대, 대법원 판결에 대한 일본 정부의 화답이 식민지 피해에 대한 책임으로서 사죄와 배상이 아닌 한일투자협정상의 분쟁 회부일 것이라는 주장에서 확인하게 되는 것은 일본 정부의 식민지배 합법론을 전제로 한 '식민지책임'에 대한 부정이 여전히 현재형이며, 식민주의 논리의 지속적인 관철이 그 본질일 것이다. 그렇다면 그러한 일본의 제소공세와 홍보전에 맞서 역사적 진실과 국제법적 정의를 구현할 수 있는 법리를 제시해 나가야 할 것이다.

# IV. 일제식민지책임 판결과 한일협정체제의 검토

## 1. 일제식민지책임과 대일배상요구조서

한국은 정부 수립 직후인 1949년 2월 대일배상조사위원회를 설치하고 일본에 요구해야 할 배상내용을 조사하고 산정하는 작업을 시작하였다.[72] 그 결과물이 같은 해 9월에 완성된 『대일배상요구조서』다. 이 조서에서 한국 정부가 '식민지책임'문제와 관련하여, 일본 정부에 요구하는 두 가지를 검토할 수 있다. 첫째는 조서의 서문에서 밝히고 있는 대일배상요구의 논거, 둘째는 조서에 명시된 대일배상요구액의 규모에 대한 검토가 될 것이다.

먼저, 조서의 서문인 '대일배상요구의 근거와 요강'에서 배상을 요구하는 '기본정신'을 다음과 같이 서술하고 있다.[73]

> (1) 1910년부터 1945년 8월 15일까지 일본의 한국 지배는 한국 국민의 자유의사에 반한 일본 단독의 강제적 행위로서, 정의 · 공평 · 호혜의 원칙에 입각하지 않고 폭력과 탐욕의 지배였던 결과, 한국 및 한국인은 일본에 대한 그 어떤 국가보다 최대의 희생을 당한 피해자이며, 「한국 인민의 노예 상태에 유의하여, 한국을 자유 독립시킬 결의」를 표명한 카이로 선언이나 또는 이 「선언의 조항을 이행할 것」을 재확인한 포츠담선언에 의하여, 한국에 대한 일본인 지배의 비인도성과 비합법성은 전 세계에 선포된 사실인 것이다.
>
> (2) 대한민국의 대일배상의 응당성은 다시 의심할 여지가 없는 바, 이미

72) 鹿島平和研究所 編, 吉澤淸次郎 監修(1973), 『日本外交史』 28, 鹿島平和研究所出版會, 33쪽; 海野福壽(2000), 앞의 책, 10쪽.

73) 대한민국외무부 정무국(1954), 『대일배상요구조서』, 1~2쪽.

① 포츠담선언, ② 연합국 일본 관리 정책, ③ 포로배상 사절 보고에 명시되어 있다는 것을 명백히 하는 바다.
그러나 우리 대한민국의 대일배상 청구의 기본 정신은 일본을 징벌하기 위한 보복의 부과가 아니며, 희생과 회복을 위한 공정한 권리의 이성적 요구에 있는 것이다.

이와 같이 한국 정부가 주장하는 배상요구의 논리는 전쟁 배상이 아니라, 병합 이래 일본의 지배로 입게 된 피해와 희생에 대한 배상 요구다. 내용에 식민지지배의 책임 · 배상 · 보상이라 표현하지 않은 것은 한국 고유의 조약 무효 · 강점론에 입각함으로써, 이른바 식민지지배에 따른 피해에 대한 배상을 가리킨다. 한국 정부는 대일 강화로 향하는 흐름이 미국의 지침에 따라 무배상 방침으로 전환해가는 가운데, 전승 연합국과는 달리 식민지지배의 피해국으로서 독자의 배상보상 요구를 제출한 것이다.[74] 그러나 동아시아 냉전체제 속에서 식민지책임에 대한 배상요구는 논외로 배척되었다.

다음으로, 조서에 명시된 대일 배상 요구액이다. 금, 은, 서적, 미술품 및 골동품, 선박, 지도 원판, 기타 등 현물반환의 요구를 제외한 배상액 총액은 314억 엔 정도다.[75] 경제사학자인 운노 후쿠쥬 교수는 그 배상액의 기준과 관련하여, 피해 당시와 1949년 당시의 시가 환산 여부는 불분명하지만, 당시 환율기준으로 환산할 때 20억 달러 수준[76]의 배상 요구액으로 과대한 것으로는 볼 수 없는 것으로 평가하였다.[77]

74) 海野福壽(2000), 앞의 책, 11~12쪽.
75) 대한민국외무부 정무국(1954), 앞의 책, 519~523쪽.
76) "한일회담 청구권 총액 '줄다리기'", 《연합뉴스》(2005. 8. 26).
77) 海野福壽 교수는 경제사학자로 중일전쟁과 태평양전쟁에 따른 인적 피해의 산출기초를 검토한 후, 대상자가 1946년 3~9월에 주한 미군정청 보험후생부에 신고한 105,515명(사망자 12,603명 포함)으로, 이는 수백만 명이 넘을 것으로 추정되는 군인

## 2. 한일청구권협정과 '식민지책임'의 검토

일본 정부는 1910년 한일강제병합이 당시의 국제법상 합법적인 '한일병합조약'의 체결로 성립되었으므로 이를 근거로 한 일제강점과 그에 따른 식민지배가 합법이라는 규범적 인식을 전제로 하여, 일본의 국가권력이 관여한 반인도적 불법행위나 식민지배와 직결된 불법행위에 대한 일본의 손해배상책임을 부정할 뿐만 아니라, 1965년 한일청구권협정의 체결로 완전히 최종적으로 해결되었음을 일관되게 주장해 오고 있다.

따라서, 1910년 한일강제병합에서 1945년 광복까지의 35년 간에 걸친 식민지배에 대한 일본 정부의 입장과 관련하여, 1965년 한일청구권협정의 체결시점과 식민지배와 침략을 사죄한 1995년 무라야마 담화 발표시점에서, 일본의 '식민지책임' 및 '개인청구권'에 대한 입장을 검토함으로써, 2000년 미국에서의 일본군'위안부' 소송 이후 1965년 한일청구권협정의 체결로 완결되었다는 일본 정부 주장의 본질에 대해서 규명하고자 한다.

---

강제연행자의 '극소 부분에 불과하다'는 전제에서, "정부 수립 후 철저한 재조사를 고려 중이나 예산 관계로 아직 실시하지 못하고 있다."는 기록을 소개하며, 배상 요구액에 대해 평가하고 있다. 海野福壽(2000), 앞의 책, 10쪽; 일제강점기에 연평균 750만 명이 한반도 안팎에 동원됐고 중복 인원을 빼더라도 약 300만 명이 강제동원 피해를 본 것으로 추정되고 있으며, 최근 주일대사관에서 발견된 자료상 확인된 피해 명부는 『3 · 1운동시 피살자 명부』(1권 630명), 『일본 진재시 피살자 명부』(1권 290명), 『日政시 피징용자 명부』(65권 229,781명) 등이다. "일제 강제징용피해자 67년만에 손배청구 길 열려", 《매일경제》(2012. 5. 25), A33쪽, "징용피해자 '강제저금' 일본은행서 잠잔다", 《한겨레신문》(2012. 5. 29), 1쪽.

### 가. 1965년 한일청구권협정 체결과 '식민지책임'

#### (1) 사토 총리의 식민지책임 부정

1965년 11월 5일 일본과 대한민국 간 조약과 협정 등에 관한 특별위원회에서, 이시바시 마사시[石橋政嗣] 사회당 의원이 "1948년 8월 15일에 효력을 상실한다고 지적되어 있는 병합조약은 대등한 입장에서 자주적으로 체결된 것으로 보는가?"라는 질의에 대해, 사토 에이사쿠 총리는 "양국 간 자유의지와 평등을 기초로 적법한 절차에 따라 병합조약이 체결되었다."[78]고 답변하고 있다.

'한일병합'과 관련하여 이러한 사토 총리의 발언에 대해 이시바시 의원은 제2차 한일협약(을사늑약) 조인에 즈음하여, 이토 히로부미 특파대사의 한국 황제에 대한 강박사실을 적시하며, "그러한 조약을 대등한 입장에서 자주적으로 맺었다는 것과 같은 의식으로는, 이것은 어찌되었건 선린 우호 등과 같은 것을 확립하는 일은 불가능하다는 것을 말하고자 한다."며 총리의 잘못된 인식을 질책하였다.[79]

구로야나기 아키라[黑柳明] 공명당 의원은 사토 총리의 발언을 확인한 뒤, 제2차 '한일협약' 강제조인의 사료를 소개하면서, "도의상으로도 이웃 나라이자 친선관계를 맺어야 할 조선 사람들의 사정을 다시 한번 생각하고, 어디까지나 경제협력과 같은 그러한 하나의 부분적 형식에 그칠 것이 아니라, 좀 더 검토해서 배상금을 지불한다든가 혹은 그에 버금가는 원조를 한다는 생각이

78) 佐藤榮作 총리가 1965년 11월 5일 일본 중의원 日韓特別委員會에서 한 발언으로, 『第50回 國會 衆議院 日本國と大韓民國との間の條約及び協定等に關する特別委員會議錄』 第10號 (1965. 11. 5), 2쪽.

79) 위의 회의록(1965. 11. 5), 2쪽.

여기에서는 나올 수 없는 것인가?"[80]라는 의문을 제기했다. 구로야나기 의원의 입장은 식민지지배에 대한 배상을 불문에 부친 한일기본조약 체결과정에서 배상의 필요를 호소한 수적으로 적은 발언으로 볼 수 있을 것이다.[81]

이와 같이 일본의 조선 지배 책임과 관련하여 한일 간 조약 및 협정 등에 관한 특별위원회의 회의록을 검토해 볼 때, 사토 총리를 비롯한 관계 각료에게는 가해자로서의 자각이 완전히 결여되어 있었음을 확인할 수 있다. 물론 사토 총리는 여러 차례 답변에서 '불행한 과거의 역사'라는 언급을 하고 있다. 그러나 이시바시 의원의 질문에 대해, "과거를 천착하는 것도 과도하면, 이제부터 수립해 가고자 하는 장래에 대해 나로서는 좀처럼 홀가분한 기분을 갖기 어려우므로, 이러한 점을 충분히 고려해 주셨으면 좋겠다."[82]고 답변했다.

사토 총리는 역사를 망각하는 것을 '과거 청산'이라 인식하고 있을 뿐만 아니라, 침략과 식민지배의 책임에 기초한 배상 · 보상을 생각하는 일은 결코 없었던 것이다.[83]

---

80) 『第50回 國會 參議院 日本國と大韓民國との間の條約及び協定等に關する特別委員會議錄』 第9號 (1965. 12. 3), 33쪽.

81) 海野福壽(2000), 앞의 책, 27쪽.

82) 『衆議院 日韓特別委員會議錄』 第10號 (1965. 11. 5), 2쪽.

83) 海野福壽(2000), 앞의 책, 24쪽; 일본인들은 그들의 전후배상 및 청구권 지불을 과거 자신들이 일으킨 침략과 식민지배에 대한 참회와 반성의 의미로 실시했다는 인식을 거의 지니고 있지 않았다. 오히려 배상 및 청구권 지불을 일본이 은혜를 베푸는 차원에서 아시아의 저개발국에 대해 경제협력이나 원조의 의미로 제공했다고 인식하는 경향이 일반적이다. 일본의 배상은 징벌과 복구를 위한 물질적 공여행위라기보다는 아시아 각국의 개발을 위한 경제원조 제공의 의미로 인식하는 경향이 농후했다. 外務省賠償部 監修, 賠償問題研究會 編(1963), 『日本の賠償』, 世界ジャーナル社, 22~23쪽; 이원덕(2008. 12), 앞의 논문, 32쪽.

### (2) 시이나 외무대신의 개인청구권 인정

한편, 개인청구권과 관련하여, 이시바시 의원은 "외무대신은 외교적 보호권을 포기함으로써 개인청구권도 실질적으로 포기한 것으로 인정하고 있기 때문에 내각의 책임을 추궁하고자 합니다. 개인청구권자의 승인도 없이, 정부의 포기행위가 허용됩니까? 실질적인 구제의 길도 없으며, 회복하더라도 그 길은 막혀 있다는 설명까지 이루어지고 있습니다. 이는 당연히 국익을 위해 국민의 재산이 충당됐다는 해석을 취하지 않을 수 없습니다. 배상 여부가 논쟁이 되고 있으나, 국익을 위해 개인의 재산이 희생되고 있습니다. 주한 일본 국민의 재산을 부인할 수 없다면, 당연히 이것은 보상의 문제가 나온다고 생각하는데, 어떻습니까?"[84]라고 질문하고 있다. 이 발언은 일본인의 재한 재산청구권의 포기 또는 그것을 희생해서 한국의 대일청구권과 상쇄한 것이 아닌가 하는 의문이었다.[85]

이에 대해, 시이나 외무대신은 "저는 개인의 청구권을 포기했다는 표현은 적절치 않다고 생각합니다. 미나미 쓰지[南辻] 법제국 상관의 언급과 같이 정부가 이를 일단 장악하고 나서 그것을 포기하였다는 것은 아니며, 어디까지나 정부가 재한청구권(在韓請求權)에 대해 외교보호권(外交保護權)을 포기한 결과 개인의 청구권이란 것을 주장해도 저쪽에서 수용하지 않는 상태를 어떻게 할 수 없음으로 인해 결론적으로 구제할 수 없게 되어, 제가 만약 그것을 포기했다는 것과 같은 표현을 썼다면 이 기회에 정정하겠습니다. 그래서 저는 보상권

---

84) 『衆議院 日韓特別委員會議錄』 第10號 (1965. 11. 5), 18쪽.

85) 이러한 이시바시 의원의 진술과 관련하여 이를 쇼비니즘의 표출로 보는 시각이 있다. 만일 일본에도 대한 재산청구권이 있었다 하더라도 그것은 한국의 대일 재산청구권과는 동질의 것이 아니기 때문이다. 이시바시의 의견에는 가해와 피해의 관계에 대해 파악하는 사고가 결여되어 있다는 의견이다. 海野福壽(2000), 앞의 책, 28쪽.

이라는 것이 도대체 어떻게 되느냐 하는 것에 관해서는 법제국 장관의 해석을 따르고자 합니다."라는 답변을 통해 개인청구권이 존재함을 인정하였다.

### 나. 1995년 일제식민지배 사죄와 '식민지책임'

#### (1) 무라야마 총리의 식민지책임 부정

1995년 8월 15일 무라야마 도미이치[村山富市] 일본 총리는 내각으로서의 역사인식 표명을 목표로 아래와 같은 내용의 담화를 발표, 식민지지배에 대한 반성과 사죄를 표명하였다. '무라야마 담화'는 직전 '부전결의'로 통칭되는 국회결의의 실패에 따른 위기감과 우려에서 나온 것이었다.[86]

> 우리나라는 멀지 않은 과거의 한 시기, 국가정책을 그르치고 전쟁의 길로 국민을 존망의 위기에 빠뜨렸으며 식민지지배와 침략으로 많은 나라들, 특히 아시아 제국의 여러분들에게 다대한 손해와 고통을 주었습니다. 저는 미래에 잘못이 없도록 하기 위하여 의심할 여지도 없는 이와 같은 역사의 사실을 겸허하게 받아들이고 여기서 다시 한 번 통절한 반성의 뜻을 표하며 진심으로 사죄의 마음을 표명합니다.[87]

그러나 무라야마 총리는 1995년 10월 5일 일본 참의원 본회의에서 식민지지배와 침략을 사죄한 무라야마 담화와 '한일병합조약'에 대한 일본 측 해석 사이의 모순점을 지적한 질의에 대한 답변을 통해 강제병합에 대한 역사인식을 표출하였다.

86) 이종원(2013. 6. 21), 앞의 논문, 111쪽.
87) 무라야마 담화의 내용에 대해서는 村山富市(2009), 『村山談話とは何か』, 東京: 角川文庫; 무라야마 담화의 원문은 일본 외무성 홈페이지(http://www.mofa.go.jp/mofaj/press/danwa/07/dmu_0815.html)에 게시된 「戦後50周年の終戦記念日にあたって」(いわゆる村山談話) 참조.

요시오카 요시노리[吉岡吉典] 공산당 의원은 "총리가 8월 15일 담화에서 언급한 '식민지지배와 침략의 반성'이라는 말은 기존에 정부가 말하던 '침략 행위', '침략적 사실'과 같은 뜻인가요, 아니면 전쟁 전체를 침략 전쟁으로 인정하는 새로운 적극적 의사를 담은 것입니까? 일본 정부는 1965년 한일협정을 체결한 이래 조선병합조약을 한일의 자유로운 의사, 대등한 입장에서 맺은 조약이라는 입장과 인식을 거듭 밝혀 왔습니다. 당연히 이것은 조선 식민지지배를 합리화하는 것으로 국내외에서 격렬한 비판을 받아왔는데, 식민지지배의 반성과 관련하여 자민당 정부 아래에서 공시 표명되어 온 입장과 인식을 확실히 전환하고 조선 합방은 조선 인민의 의지와 관계없이 일본이 강제적으로 조선을 식민지지배하에 둔 것임을 인정한 것입니까?"라고 질의하였다.

이에 대해 무라야마 총리는 "지난 8월 15일 나의 담화에서 '침략'이라는 표현과 관련하여, 내가 '침략'이라는 표현을 사용한 것은, 지난 대전에서 우리나라가 많은 사람들에게 다대한 손해와 고통을 준 것에 대한 인식을 솔직하게 말한 것으로, 특히 '침략 행위' 또는 '침략적 사실'과 '침략'을 다른 개념으로 구분하는 것이 아닙니다. 다음으로 한국병합조약에 관한 정부의 입장과 인식과 관련하여, 한국병합조약은 당시의 국제관계 등 역사적 형편 속에서 법적으로 유효하게 체결되고 실시된 것이라고 인식하고 있습니다. 한국병합조약에 따른 통치에 대한 정치적 · 도의적 평가와는 별도의 문제로 깊은 반성과 유감의 뜻을 표명해 온 바입니다."[88]라고 답변하고 있다.[89] 이와 관련하여 사카

88) 『第134回 國會參議院會議錄』 第4號 (1995. 10. 5), 19면.

89) 무라야마 일본 총리의 의회에서의 발언과 관련하여 2009년 8월 22일 제3회 역사NGO세계대회 중 "1910년 '한일병합조약'의 역사적 진실규명과 국제법적 평가"라는 주제의 한 · 일 NGOs 국제학술회의에서 일본측 발표자였던 이토 나리히코[伊藤成彦] 일본 중앙대 명예교수는 개인적인 친분으로 동 발언에 대한 무라야마 일본 총리의 답변을 전언하였다. 무라야마 일본 총리는 자신의 진의와 달리 당시 일본 외무성 관료

모토 요시카즈[坂本義和] 도쿄대학 명예교수는 식민지책임과 관련한 무라야마 총리의 답변에서 '식민지배'가 유효하다는 입장과 천황에 대한 책임추궁의 부재를 본질적 한계와 문제점[90])으로 지적하고 있다.[91])

(2) 야나이 조약국장의 개인청구권 인정

개인청구권의 인정 여부와 관련하여, 시미즈 스미코[清水澄子] 민사당 의원은 "정부 간 관계가 원활한 만큼 민간에서도 원활해야 한다고 생각합니다. 그 동안 청구권은 해결되었습니다만, 향후 민간청구권도 일체 인정하지 않는 방침을 고수할 것입니까?"라고 질의하였다.

이에 대해 외무성조약국장인 야나이 슌지[柳井俊二] 정부위원은 "아시아국장께서 잘 답변하신 것 외에 드릴 말씀이 없다고 생각됩니다만, 굳이 제가 일부 보충하자면, 이른바 한일청구권협정에 있어서 양국 간의 청구권 문제는 최종적이고 완전히 해결한 것입니다. 그것은 한일 양국 간에 존재하고 있던 각각의 국민의 청구권을 포함해 해결했다는 것입니다만, 이것은 한일 양국이 국가로서 갖고 있는 외교적 보호권을 상호 포기했다는 것입니다. 따라서 이른바 개인청구권 자체를 국내법적인 의미에서 소멸시켰다는 것은 아닙니다. 한일 양국 간에 정부로서 이것을 외교적 보호권 행사로 다뤄질 수 없다는 뜻입니

가 작성해준 답변자료를 낭독했을 뿐이라는 것이었다. 그러나 1970년 12월 7일 폴란드를 방문한 빌리 브란트 총리가 바르샤바 게토 소재 유태인 희생자 추모비 앞에서 무릎을 꿇고 사죄함으로써 독일의 역사적 과오에 대한 용서를 구함과 아울러 피해국 희생자들의 트라우마를 치유함으로써 역사적 화해를 구할 수 있었던 것은 지도자의 정의에 대한 철학과 신념, 도덕적 양심에서 우러난 용기의 진정성이라는 측면에서 대비된다고 하겠다.

90) 도시환(2013), 「아베 총리의 '침략' 부정과 식민지책임」, 『일본 아베 정권의 역사인식과 한일관계』, 동북아역사재단, 145~193쪽.

91) "비핵공동체' 전제돼야 '동아시아 공동체' 가능", 《한겨레신문》(2009. 9. 18), 4면.

다."[92]라는 답변을 통해 외교적 보호권의 포기 외에 개인청구권은 존재함을 재확인하였다.

## 3. 일제식민지책임과 한일협정체제[93]

일본의 전후 처리가 미완으로 남게 된 데에는 냉전이 화해의 걸림돌이 됐다는 점에서 미국에도 역사적 책임이 있다는 견해가 동아시아 전문가인 미국 학자에 의해서 제기되고 있다. 대니얼 스나이더 교수는 한일 간 과거사 문제와 일본의 가혹한 식민지배 유산에 대해 미국의 정책 입안자들은 전쟁의 기억이 언젠가는 흐려질 것으로 너무도 오랫동안 믿어왔다고 지적한다. 결국 시간의 경과가 역사적 불의에 의해 만들어진 상흔을 치유하지 못함으로써 동북아의 젊은 세대에서 배태되고 있는 국가주의를 불식시키기 위해서는 현 상황의 실질적인 개선에 대한 공감대가 확산되어야 함을 주장하고 있다.[94]

그러한 전제에서 스나이더 교수는 미국의 지원하에 일본 정부가 1951년 샌프란시스코 강화조약 및 1965년 한국과의 국교정상화조약 체제하에서 배상을 완결했다고 주장하고 있으나, 성노예를 강요당한 '위안부'를 비롯하여 전시 일제 '강제노동시스템'에 의해 희생된 개인들의 피해에 대한 배상을 촉구하고 있다.

샌프란시스코 강화조약 체제하의 일본의 배상정책은 부분적으로 동아시아 피해국들의 경제성장을 촉진한 측면이 있으나 본질적으로는 냉전질서하에서

92) 『第121回 國會參議院豫算委員會會議錄』 第3號 (1995. 8. 27), 3쪽.

93) 도시환(2012. 9), 「한일조약체제와 「식민지」 책임의 국제법적 재조명」, 『국제법학회논총』 제57권 제3호, 17~45쪽.

94) Daniel Sneider(2013. 11. 1), 앞의 글.

일본의 상품시장으로 재편하기 위한 목적에서 실시되었으며,[95] 개인에 대한 배상문제를 비롯하여 일본의 주도하에 '식민지' 피해국인 한국을 전후배상 조약의 당사국에서조차 배제시켰다.[96] 따라서 '식민지책임'과 관련하여서는 한일 간 양자협정을 통해 해결할 문제였으나 일본은 미국의 아시아 냉전전략을 배경으로 이를 회피하였던 것이다.[97]

오타 교수는 일본 정부가 '시혜'론과 '근대화'론[98]에 입각하여 식민지지배는 정당하다고 생각하고 있었기 때문에 식민지책임을 청산할 의사가 애초에 없었으며,[99] 샌프란시스코 강화조약 제4조 a에 규정되었던 '재산' 및 '청구권'에 입각하여 시작된 한일청구권협상은 식민지지배의 책임을 묻지 않았던 것으로, 역설적으로 한일조약체제에는 '식민지책임'이 그대로 남겨지게 되었음을 지적한다.[100]

---

95) 小林英夫(1995), 「日本の東南アジア賠償」, 『季刊 戰爭責任研究』 10號(冬季), 日本戰爭責任資料センター, 10~14쪽.

96) 이에 대한 상세한 연구로는 金民樹(2000. 12), 『對日講和條約と韓國參加問題』, 修士學位論文, 東京大學大學院綜合文化研究科 참조.

97) 이와 관련하여, 1950년대 후반부터 미국 정부는 경기침체로 인해 동북아시아에서의 지역협력체제 구축을 현실화시킬 필요성의 증대와 일본과의 협력체제를 통해 미국의 대아시아 원조의 부담을 경감하고자 하는 1960년대 미국의 대외정책과 관련되어 있었다는 점에서 최근 동북아시아에서의 방위비 분담을 위해 일본의 집단적 자위권에 대한 미국의 용인이 갖는 신냉전적 배경의 유사성에서 일본이 이를 활용하는 측면에 주목해야 할 필요가 있다. 도시환(2012), 「한일청구권협정의 국제법적 문제점에 대한 재검토」, 『한일협정 50년사의 재조명 I』, 동북아역사재단, 94~95쪽; "美 '日 집단적 자위권' 손 들어주다", 《조선일보》(2013. 10. 4), A1면.

98) 허수열(2013. 10. 17), 「한국의 역사인식과 과제 – 식민지개발론의 비판을 중심으로」, 『동북아의 역사화해와 평화구축의 과제』, 동북아역사재단 국제학술회의 자료집, 67~80쪽; 권태억 외(2010), 『일제강점 지배사의 재조명』, 동북아역사재단.

99) 太田修(2013. 10), 앞의 논문, 192쪽.

100) 太田修(2008), 「財産請求權問題の再考 – 脫植民地主義の視角から」, 笹川紀勝 · 李泰鎭 編, 『國際共同研究韓國併合と現代 – 歷史と國際法からの再檢討』, 明石書店,

이에 대해 이종원 와세다대학 교수는 1951년부터 시작된 한일국교정상화 협상은 본래 일본의 식민지 통치라는 과거역사를 총괄하고 새로운 관계를 구축하는 계기가 되어야 했으나, 한일협정 문서에 일본의 식민지지배에 관한 언급 자체가 전무하며, 기본관계조약 전문(前文)에 "양 국민 관계의 역사적 배경과 선린관계"라고 한 것이 "역사"라는 단어를 사용한 거의 유일한 예임을 강조한다.

일본의 식민지배 직후 냉전체제하의 분단국가인 한국으로서는 국가의 생존을 위한 불가피한 선택으로서 공식적으로는 "식민지배 역사의 논리"를 제기하면서도 경제원조 획득을 우선시해 양보와 타협을 거듭했다. 한편 일본도 자신의 안전보장과 관련해 "자유진영"의 한국을 지원한다는 냉전전략상 요청을 고려하면서도, 과거청산에 따르는 막대한 경제적 부담의 회피에 급급했다. 미국의 관심도 베트남 전쟁의 격화를 배경으로 동아시아 냉전체제를 강화하면서도 자신의 전략적 부담을 줄이는 데 집중되었다. 그러나 이처럼 식민지배 책임에 대한 청산을 애매하게 취급하고, '전후보상'의 많은 과제를 뒤로 미룬 것이 오늘날까지 한일관계를 불안정하게 하는 큰 요인이 되고 있는 것이다.[101]

이러한 전제에서 스나이더 교수는 일본인들이 한국 사법부의 판결을 위협으로 볼 것이 아니라, 대부분 생이 얼마 남지 않은 고령의 피해자들을 위해 정의를 실현할 기회로 수용해야 하며, 제2차 세계대전 가해국인 독일이 전후 강제동원 피해배상을 위해 2000년 독일 정부와 민간기업이 총 52억 유로(약 7조 4천 600억 원) 규모의 기금을 출연해 설립한 "기억 · 책임 · 미래 재단"을 통해 생

696~717쪽.

101) 도시환(2013), 「역사적 전환의 조류 속에 있는 동북아, 역사화해의 큰 틀을 모색해야」, 《동북아역사재단 뉴스》 9월호, 7면.

존자 160여만 명에게 보상금을 지급한 선례를 일본이 따라야 할 본보기로 제시하고 있음에 주목하여야 할 것이다.[102)]

# V. 결론

2011년 8월 30일 헌법재판소가 일본군'위안부' 및 원폭 피해자의 헌법소원에서 '한일청구권협정' 제3조상의 외교교섭이나 중재에 정부가 적극적으로 나서야 하는 작위의무 위반에 대해 내린 위헌 결정과, 2012년 5월 24일 대법원이 일제강점기의 강제동원 자체를 합법으로 보는 일본 판결이 우리 헌법의 핵심적 가치와 정면으로 충돌함에도 그 효력을 승인한 원심에 대한 파기·환송 판결을 통해, 일본의 국가권력이 관여한 반인도적 불법행위를 비롯하여 식민지배와 직결된 불법행위로 인한 손해배상청구권이 '한일청구권협정'에 포함되지 않았음을 분명히 천명하는 역사적 판결을 내렸다.

그러한 '식민지책임' 판결이 나오기까지, '사실 인정의 벽, 시간 경과의 벽, 국가무답책의 벽, 정치의 벽' 등 일본의 '전후보상'소송의 한계와 문제점을 비롯하여, 2010년 '1910년 한일병합조약 원천무효'를 천명한 한일지식인 공동성명, 국가주의 철학에서 인권중심 사고로의 국제사회 조류의 변화, 식민주의 청산을 역사적 과제로 선포한 2001년 더반선언 등이 배경으로 존재함을 검토하였다.

그러나 '식민지책임' 판결에 대하여 일본 정부·기업·언론 등은 한일청구권협정을 통해 완전하고도 최종적으로 해결되었음을 주장하며, "정치적인"

102) Daniel Sneider(2013. 11. 1), 앞의 글.

판결"로 비판하고 있다. 더욱이 최근 주일대사관에서 대거 발견된 일제강점기 피해자 명부와 관련하여 일본 외무성 이하라 준이치 아시아 · 대양주국장은 미국을 포함한 연합국과는 샌프란시스코 강화조약을 통해 청구권 문제를 해결하였고, 한국과는 전쟁을 한 것이 아니므로 '식민지배'문제의 해결을 위해 체결한 한일청구권협정으로 완결되었다고 강변하였다.

요컨대, 한국 사법부가 내린 "일본의 국가권력이 개입한 반인도적 불법행위 및 식민지배와 직결된 불법행위"로서의 일제식민지배에 따른 배상판결에 대해, 일본 정부는 "전후 '식민지배'에 대한 별도의 조약으로서 체결된 한일청구권협정으로 모든 청구권이 완결되었다."는 것이다. 바꾸어 말하면, 일본 정부는 강제징용을 비롯하여 일제식민지배에 따른 피해에 대한 개인청구권은 한일청구권협정으로 소멸되었음에도 한국 사법부가 양국 합의를 파기하는 부당하고 정치적인 판결을 내렸다는 주장인 것이다.

그러한 전제에서 '식민지책임' 판결과 이에 대한 긍 · 부정설의 논거를 재검토해 본 결과, 일본 정부는 1910년 한일강제병합이 당시의 국제법상 합법적인 '한일병합조약'의 체결로 성립되었으므로 이를 근거로 한 일제강점과 그에 따른 식민지배가 합법이라는 규범적 인식을 전제로 하여, 일본의 국가권력이 관여한 반인도적 불법행위나 식민지배와 직결된 불법행위에 대한 일본의 손해배상책임을 부정할 뿐만 아니라, 1965년 한일청구권협정의 체결로 완전히 최종적으로 해결되었음을 일관되게 주장해 오고 있다.

그럼에도 불구하고, 이하라 준이치 아시아 · 대양주국장이 주장하는 바와 같이 한일청구권협정이 '식민지배'문제의 해결을 위해 체결한 것인가의 여부와 관련하여, 1965년 한일청구권협정 체결 당시와 1995년 식민지배에 대해 최초로 사죄한 시점에서의 일본 국회의사록을 실증적으로 검토해 본 결과는 다음과 같다.

1965년 11월 5일 '일본과 대한민국 간의 조약 및 협정 등에 관한 특별위원회'에서 사토 총리는 1910년 한일병합조약의 합법적 체결로, 시이나 외무대신은 1965년 한일청구권협정의 체결로 외교적 보호권만 소멸할 뿐 개인청구권은 존재함을 답변하였다. 1995년 8월 15일 식민지배와 침략에 대해 사죄를 표명했던 무라야마 총리는 10월 5일 참의원 본회의에서 1910년 한일병합조약은 법적으로 유효한 체결로, 8월 27일 참의원 예산위원회에서 야나이 슌지 외무대신은 개인청구권은 존재하는 것으로 답변하고 있다.

더욱이 일본 국회회의록을 통해 일본 정부관료의 가해자로서의 자각이 결여되어 있음으로써 '식민지책임'에 대한 인식 자체가 부재하며, 2000년 미국에서의 일본군'위안부' 소송 이전까지, 1965년 한일청구권협정 체결부터 1995년 식민지배 사죄 시점에서도 '외교적 보호권 한정 포기설' 즉, 개인청구권은 일본 정부가 소멸시킬 수 없다는 답변이 확인되고 있는 것이다.

그렇다면 1965년 한일청구권협정에 반영되었어야 할 '식민지책임'의 실체와 관련하여 1949년 9월에 작성된 '대일배상요구조서'는 그 목적을 일본을 징벌하기 위한 보복의 부과가 아니라 희생과 회복을 위한 공정한 권리의 이성적 요구에 있는 것으로 천명하고, 한일강제병합 이래 일제식민지배에 따른 피해와 희생에 대한 배상요구액으로 당시 실제 강제징용 피해자의 1/10선인 미군정청에 신고접수자의 범위에서 분석한 규모가 314억 엔으로 이는 당시 환율기준상 20억 달러 수준이며, 1965년 '경제협력자금'과 비교할 수 있을 것이다.

더욱이 '대일배상요구조서'상의 식민지책임이 한일청구권협정에 반영되지 못한 채 남겨진 원인에는 일본 정부가 미국의 동아시아 냉전전략을 배경으로 '시혜'론과 '근대화'론에 입각하여 식민지지배는 정당하다고 전제하고 있었기 때문으로 식민지책임을 청산할 의사가 애초에 없었으며, 일본의 주도하에 당사국 지위조차 배제된 샌프란시스코 강화조약 제4조 a에 규정되었던 '재산' 및 '청구권'에 입각하여 시작된 한일청구권협상은 식민지지배의 책임을 회피했던, 역설적으로 한일조약체제에는 '식민지책임'이 그대로 남겨져 있는 것이다.

요컨대, 일본의 국가권력이 관여한 반인도적 불법행위를 비롯하여 식민지배와 직결된 불법행위로 인한 손해배상청구권이 '한일청구권협정'에 포함되지 않았음에도 불구하고, 한일청구권협정 체결 당시부터 한일청구권협정상 개인청구권 불소멸론에 입각해 온 일본 정부가 2000년 일본군'위안부' 피해자들의 미국에서의 소송 이후 입장을 변경함에 따라 '정치적인 판결'을 해온 것은 일본 사법부이며, 일본 외무성 이하라 준이치 아시아 · 대양주국장의 '식민지책임' 문제를 해결하기 위해 한일청구권협정이 체결되었다는 강변은 그러한 일본 정부의 입장을 그대로 노정하고 있는 것이다.

따라서 2010년 한일강제병합 100년의 시점에서 한일지식인이 천명한 공동성명은 '식민주의의 역사적 종식'을 담은 2001년 더반선언의 동아시아버전으로서 올바른 역사의 정립을 통한 기반 위에서 진정한 역사화해를 모색해 나가야 한다는 것이었다. 그것은 식민지배와 침략전쟁에 대한 사죄와 배상을 전제로 하는 국제법상의 기본적인 소극적 평화(negative peace)에서 나아가 오늘날 인류보편적 가치로서의 인간의 존엄성과 인권의 존중을 전제로 하는 적극적 평화(positive peace)를 도모함으로써 2015년 한일협정 반세기는 동아시아평화공동체를 함께 실현해가는 진정한 출발점으로서 기여할 수 있어야 한다는 것이다.

• 참고문헌


권태억 외(2010), 『일제강점 지배사의 재조명』, 동북아역사재단.

김대순(2007. 8), 「외교보호의 제쟁점 – 2006년 ILC 외교보호초안을 중심으로 – 」, 『법학연구』 제48권 제1호.

김창록(2012), 「'식민지책임'의 청산과 일본군'위안부' 문제」, 『한일협정 50년사의 재조명 II』, 동북아역사재단.

나가쓰카 아키라(2013), 「'허구의 극'으로서의 〈한국병합조약〉」, 『한일역사문제의 핵심을 어떻게 풀 것인가?』, 지식산업사.

나가하라 요코(2012), 「현대사 속의 '식민지책임' – 아프리카 식민지를 중심으로」, 『한일협정 50년사의 재조명 II』, 동북아역사재단.

대한민국외무부 정무국(1954), 『대일배상요구조서』.

도시환 외(2013), 『한일강제병합 100년의 역사와 과제』, 동북아역사재단.

도시환(2010. 12), 「1910년 '한일병합조약' 체결강제의 역사적 진실규명과 국제법적 조명」, 『국제법학회논총』 제55권 제4호.

도시환(2012), 「한일청구권협정의 국제법적 문제점에 대한 재검토」, 『한일협정 50년사의 재조명 I』, 동북아역사재단.

도시환(2012. 9), 「한일조약체제와 '식민지'책임의 국제법적 조명」, 『국제법학회논총』 제57권 제3호.

도시환(2013), 「아베 총리의 '침략' 부정과 식민지책임」, 『일본 아베 정권의 역사인식과 한일관계』, 동북아역사재단.

도시환(2013), 「한일청구권협정 관련 대법원 판결의 국제법적 평가」, 『국제사법연구』 제19권 제1호(6월호), 한국국제사법학회.

도시환(2013. 3. 19), "일, 국제사회에 위안부 문제 화답해야", 《동아일보》.

도시환(2013), "역사적 전환의 조류 속에 있는 동북아, 역사화해의 큰 틀을 모색해야", 《동북아역사재단 뉴스》 9월호.

도시환(2012), 「'식민지배 합법화 일본판결 효력 우리 헌법상 승인 불가' 대법원 강제징용피해 배상판결, 역사의 정의 향한 물꼬 터」, 『동북아역사재단 뉴스레터』 7월호.

박배근(2013. 9), 「일제강제징용 피해자의 법적 구제에 관한 국제법적 쟁점과 향후 전망－2012년 대법원 판결을 중심으로－」, 『법학논총』 제30집 제3호.
석광현(2013. 6), 「강제징용배상에 관한 일본판결의 승인 가부」, 『국제사법연구』 제19권 제1호.
석광현(2013. 9), 「강제징용배상 및 임금 청구의 준거법」, 『법학』 제54권 제3호.
아다치 슈이치(2013. 6. 21), 「일본 최고재판소 판결의 한계의 문제점 검토」, 『식민지책임판결과 한일협정체제의 재조명』, 국제학술회의 자료집.
아사노 겐이치(2013. 3. 6), "일본[동일본 대지진 2년] '일본 대학 · 언론 비판기능 상실…… 1920년대보다 민주주의 후퇴'", 《경향신문》.
이근관(2011), 「1910년 '한일병합조약'의 무효, 불법성과 일본의 국가책임」, 이장희 공저, 『1910년 한일병합조약의 역사적 · 국제법적 재조명』, 아시아사회과학연구원.
이근관(2013. 9), 「한일청구권협정상 강제징용배상청구권 처리에 대한 국제법적 검토」, 『법학』 제54권 제3호.
이근관(2013. 12), 「외교문제에 대한 사법자제의 원리－비교법적 고찰－」, 『서울국제법연구』 제20권 제2호.
이동진(2013. 9), 「강제징용배상책임의 성립여부와 그 범위에 관한 몇 가지 문제」, 『법학』 제54권 제3호.
이성덕(2012. 12), 「강행규범과 국가면제: 2012년 ICJ 관할권 면제 사건을 중심으로」, 『중앙법학』 제14집 제4호.
이원덕(2008. 12), 「일본의 전후 배상외교에 관한 고찰－국제비교의 관점」, 『동북아역사논총』 제22호, 동북아역사재단.
이장희(1998), 「일본의 전쟁책임에 대한 법적 청산」, 『한일간의 국제법적 현안문제』, 아시아사회과학연구원.
이장희(2012), 「'한일병합' 100년과 한일협정 반세기」, 『한일협정 50년사의 재조명 I』, 동북아역사재단.
이장희(2012), 「리비아 · 이탈리아 '식민지'손해배상책임 사례의 국제법적 검토」, 『한일협정체제와 '식민지'책임의 재조명』, 동북아역사재단.
이장희(2013), 「일제 강제징용피해자 국제법적 구제 논거 및 정책과제」, 『한일 역사문제의 핵심을 어떻게 풀 것인가?』, 지식산업사.

이종원(2013. 6. 21), 「일본의 전쟁 · 식민지 지배 인식과 전후보상 정책의 재검토」, 『식민지책임판결과 한일협정체제의 재조명』, 동북아역사재단 · 대한국제법학회 공동 주최 한일협정 50년사의 재조명 국제학술회의.

최태현(2009), 「미국에서의 일본군 위안부 관련 소송 연구」, 『한일간 역사현안의 국제법적 재조명』, 동북아역사재단.

허수열(2013. 10. 17), 「한국의 역사인식과 과제 – 식민지개발론의 비판을 중심으로」, 『동북아의 역사화해와 평화구축의 과제』, 동북아역사재단 국제학술회의 자료집.

"3 · 1운동, 간토대지진 피살자 배상 안 돼", 《헤럴드경제 신문》(2013. 12. 5).

『3 · 1운동시 피살자 명부』(1권 630명), 『일본 진재시 피살자 명부』(1권 290명), 『日政시 피징용자 명부』.

"60년만에…… 英, 케냐 식민지배 가혹행위 사과", 《동아일보》(2013. 6. 7).

"美 '日 집단적 자위권' 손 들어주다", 《조선일보》(2013. 10, 4).

"비핵공동체' 전제돼야 '동아시아 공동체' 가능", 《한겨레신문》(2009. 9. 18).

《산케이신문》(2013년 8월 30일자 보도).

"英 이어 네덜란드도 과거사 사죄", 《동아일보》(2013. 9. 2).

"일제 강제징용피해자 67년만에 손배청구 길 열려", 《매일경제》(2012. 5. 25).

"일제 징용피해자 명부 · 자료 대거 발견, 아직 안 알려진 의미 있는 내용도 포함", 《서울신문》(2013. 11. 18).

"징용피해자 '강제저금' 일본 은행서 잠잔다", 《한겨레신문》(2012. 5. 29).

"한일회담 청구권 총액 '줄다리기'", 《연합뉴스》(2005. 8. 26).

2011.8.30. 선고, 2006헌마788 결정(대한민국과 일본국 사이의 재산 및 청구권에 관한 문제의 경제협력에 관한 협정 제3조 부작위 위헌 확인 사건).

대법원 2012.5.24. 선고 2009다22549 판결, 선고 2009다68620 판결.

대법원 2012.5.24. 선고 2009다22549 판결, 선고 2009다68620 판결.

부산고등법원 2009.2.3. 선고 2007나4288 판결.

서울고등법원 2009.7.16. 선고 2008나49129 판결.

高橋哲哉(2013. 10. 17), 「右傾化する日本の歴史認識と憲法認識」, 『東北亞の歴史和解と平和構築の課題』, 國際學術會議資料集.

金民樹(2000. 12), 『對日講和條約と韓國參加問題』, 修士學位論文, 東京大學大學院綜合文化研究科.

大口昭彦(2013), 「判決・ホットレポート 戰後補償問題に關する注目すべき韓國司法の動向と意義」, 『法と民主主義』, 8・9號, 通卷 No.481.

都時煥 編著, 笹川紀勝・邊英浩 監修(2013), 『國際共同研究 韓國強制併合100年の歷史と課題』, 明石書店.

鹿島平和研究所 編, 吉澤淸次郎 監修(1973), 『日本外交史』 28, 鹿島平和研究所出版會.

小林英夫(1995), 「日本の東南アジア賠償」, 『季刊 戰爭責任研究』 10號(冬季), 日本戰爭責任資料センター.

外務省賠償部 監修, 賠償問題研究會 編(1963), 『日本の賠償』, 世界ジャーナル社.

田中宏・中山武敏・有光健 編(2012), 『未解決の戰後補償－問われる日本の過去と未來』, 創史社.

中川敏宏(2013. 1), 「判例研究 韓國大法院・舊三菱戰後補償請求事件判決(大法院2012.5.24)」, 『專修ロージャーナル』, 第8號, 法科大學院論集編集委員會 編.

澤羽祐樹, 「「反日」化する韓國司法－なぜ「解決濟み」の問題が蒸し返されるのか」, http://webronza.asahi.com/synodos/2013082600005.html.

村山富市(2009), 「戰後50周年の終戰記念日にあたって」, 『村山談話とは何か』, 東京: 角川文庫.

太田修(2008), 「財産請求權問題の再考－脫植民地主義の視角から」, 笹川紀勝・李泰鎭 編, 『國際共同研究韓國併合と現代－歷史と國際法からの再檢討』, 明石書店.

太田修(2013. 10), 「もはや"日韓請求權協定で解決濟み"ではすまされない: 朝鮮人強制動員被害者への戰後補償をめぐって」, 『世界』, 岩波書店.

海野福壽(1999. 10), 「韓國併合の歷史認識－李教授「韓國併合不成立論」を再檢討する」, 『世界』 제666호.

海野福壽(2000), 『韓國併合史の研究』, 東京: 岩波書店.

橫路節雄(1965. 11. 28), 「封じられわたしの日韓質問」, 『朝日ジャーナル』.

「韓國司法に世論の風壓 戰時徵用・慰安婦…… 融和の壁」, 《日本經濟新聞》(2013. 8. 15).

『第121回 國會參議院豫算委員會會議錄』 第3號 (1995. 8. 27).

『第134回 國會參議院會議錄』 第4號 (1995. 10. 5).
『第50回 國會 衆議院 日本國と大韓民國との間の條約及び協定等に關する特別委員會議錄』 第10號 (1965. 11. 5).
『第50回 國會 參議院 日本國と大韓民國との間の條約及び協定等に關する特別委員會議錄』 第9號 (1965. 12. 3).
『衆議院 日韓特別委員會議錄』 第5號 (1965. 10. 28).
『衆議院 日韓特別委員會議錄』 第10號 (1965. 11. 5).
『衆議院 日韓特別委員會議錄』 第10號 (1965. 11. 5).

Daniel Sneider(2013. 11. 1), "A dangerous stalemate between Japan and South Korea", Washington Post.
Hwang Geum Joo et al. v. Japan, 332 F.3d 679(C.A.D.C.,2003).
Hwang Geum Joo et al. v. Japan, 413 F.3d 45(C.A.D.C.,2005).
Hwang Geum Joo et al. v. Japan, 546 U.S. 1208, 126 S.Ct. 1418(U.S.,2006).
Hwang Geum Joo, et al. v. Japan, 172F. Supp. 2d 52(D.D.C. Oct. 4, 2001).
THE TREATY ON FRIENDSHIP, PARTNERSHIP AND COOPERATION BETWEEN ITALY AND LIBYA(August 30, 2008).
"UK to compensate Kenya's Mau Mau torture victims", theguardian.com(2013. 6. 6).
WAM(여성들의 전쟁과 평화 자료관) 웹사이트(http://wam-peace.org/ianfu-mondai/lawsuit) 내 일본군성폭력 피해자 재판 관련 자료.

# 한일 법원판결의 도달점과 향후 과제

## 일본군'위안부' 및 강제동원 피해자 문제를 중심으로

변호사 **최봉태**

# 한일 법원판결의 도달점과 향후 과제

### 일본군'위안부' 및 강제동원 피해자 문제를 중심으로

변호사 **최봉태**

## I. 문제의 제기

현재 일제 피해자들은 법적으로 보면 한일 간 무법천지에서 고통을 받고 있다고 해도 과언이 아니다. 법치주의 국가에서 누구를 상대로 자신의 피해 회복을 주장하여야 하는지 애매하게 하는 것만큼 중대한 인권침해는 없는 것임에도 한일 양국 정부는 보상책임을 명확히 하지 않고 있어 일제 피해자들은 아직도 한일 간 어느 쪽으로부터도 정당한 구제를 받고 있지 못하다. 이러한 문제의식을 공유하는 한일 양국 변호사회가 2010년 12월 11일 도쿄에서 별지와 같은 공동선언문을 발표하며 문제해결을 촉구하기까지 한 바가 있다.

이렇게 된 것에는 1965년 한일협정체결 당시 외교적으로는 어떻든 법적으로 일제 피해자 문제를 제대로 처리하지 못한 한계에서 기인한다. 특히 한일 청구권협정의 완전최종해결조항의 범위와 그 법적 내용에 대한, 양국 행정부의 일관성 없는 해석과 대응이 위의 한계를 증폭시켜 왔다. 일본 정부(특히 외무성)의 일관성 없는 해석과 태도가 피해자들로 하여금 일본에서의 재판을 통해 사법적 판단을 받게 하였다. 그 결과 일본 법원에서 비록 패소를 하였지만 법리적으로 많은 성과가 있었다.

한편 일본 법정에서 한계를 극복하고자 피해국가인 한국에서 피해자들은 재판 투쟁을 계속하였고, 그 결과 2012년 5월 24일 우리 대법원 판결까지 나오게 되었다.

삼권분립이 된 나라에서 조약과 법률의 해석에 관한 최종적 권한은 사법부에 있는데, 최근 양국 최고사법부의 법적 해석이 한일청구권협정과 관련되어 적어도 강제동원 등 불법행위에 기인한 피해구제문제에서는 법리적으로 수렴되어 가는 것이 아닌가 생각된다. 이번 발표에서는 1965년 한일협정의 법적 한계를 살펴봄으로 인해 일제 피해자 문제가 법적으로 한일 간에 현재 대두할 수 밖에 없는 배경을 검토하고, 이어 한일 간 법원 판결의 도달점을 살펴보면서 그 도달점을 활용하여 일제 피해자들, 특히 현안이 되고 있는 일본군'위안부' 및 강제동원 피해자 문제 해결을 위한 가능성을 모색해 보고자 한다.

## II. 1965년 한일협정의 법적 한계

1965년 당시 한일국교정상화는 2005년 한국에서 공개된 당시 외교문서를 보면 그야말로 냉전에 의해 강요된 국교 정상화였다는 것을 알 수 있고, 그래서 양국 간에 의사의 일치를 보지 못한 실질적 불일치 부분과 형식적 처리상 근본적인 문제점을 남겼다.

우선 실질적으로 보면 한일기본조약상 한국 정부의 관할권과 지위에 대해 양국 정부 간에 근본적인 의사 불일치 문제가 있다. 즉 한일기본조약 제3조에 의하면 대한민국 정부가 국제연합총회의 결의에서 명시된 바와 같이 한반도에서 유일한 합법정부임을 확인한다고 되어 있는데, 이 조항과 관련하여 일본 측은 기본조약의 적용 범위를 정한 것이 아니고 단지 한국 정부의 성격만을 밝힌 것에 불과하다고 주장을 하고 있으나, 한반도에 있어서 유일한 합법 정부의 확인이 가지는 의미에 대해 한국 측은 이와 달리 해석을 하여 왔다. 예를 들어 이동원 전 외무부장관은 국회에서 '대한민국은 한반도에 있어서 유일한 합법 정부라는 사실을 일본 정부가 정식으로 기본조약에서 인정했다'고 답변을 하기도 했고, 아울러 이와 같은 일본의 기본조약 정신은 일본이 장래에 어떤 외교 관계나 그 외 관계도 북측과 맺지 않겠다는 것을 공약한 것이라고 말하기도 했다. 이 문제로 일본 국회에서조차 그 약속에 대한 추궁이 있었고, 아울러 위 제3조의 해석에 대해서 양국 간에 합의의사록이나 교환공문이 없었던 것은 완전한 합의에 이르렀기 때문이었다고 하였다. 아울러 또 하나 법적으로 심각한 의사불일치는 한일기본조약 제2조의 이미 무효조항이다. 한일수교시는 물론이고 현재 진행 중인 북일수교에서도 가장 양 당사자 간 대립이 되고 있다. 즉 한일기본조약 제2조에 의하면 '1910년 8월 22일 및 그 이전에 대한제국과 대일본제국 간에 체결된 모든 조약 및 협정이 이미 무효임을 확인한다'는 조항이 있는 바 이 조항의 무효시점과 관련하여 한일 양국 정부 간 주장은 일치하고 있지 않다. 일본의 주장처럼 구 조약들이 체결 당시 유효하였다는 입장을 취한다면 그 무효 혹은 실효의 시점이 문제가 된다. 일본 정부는 주로 1948년 8월 15일 한국 정부가 성립이 된 때로부터 구 조약이 무효가 되었다고 주장을 하나 북측 정권의 경우 1948년 9월 9일 성립이 되었음을 고려하면 구 조약이 한국 간의 관계에서는 1948년 8월 15일을 기점으로 하여, 북측 과의 관계에서는 1948년 9월 9일을 기점으로 하여 무효가 되었다는 것인지, 하나의 구 조약이 지역에 따라 분리 무효가 될 수 있다는 것인지 근본적인 의문이 대두하게 된다.

한편 샌프란시스코 강화조약 발효로 인하여 구 조약이 무효로 된다면 샌프란시스코 강화조약 발효 이전인 1948년 8월 15일 수립된 대한민국정부의 국제법적인 지위는 무엇인지 하는 문제가 발생한다. 더 나아가 우리 헌법에는 대한민국 정부가 1919년 3 · 1운동으로 건립된 임시정부의 법통을 계승하였다고 선언이 되어 있는 바, 헌법적 가치 체계하에서 이를 부정하는 주장을 하는 정부와 맺은 협정에 대해 헌법 질서상 그 효력을 인정하는 것은 가능한 것인가가 문제가 된다.

한편, 최근에는 한일청구권협정의 주어인 '국민'의 해석과 관련하여서도 회복할 수 없는 분쟁이 발생하고 있다. 즉 도쿄지방재판소의 사할린우편저금반환소송에서 일본 정부는 한일청구권협정 제2조상의 '국민'에 대해 체결 당시의 한국 국민뿐만이 아니라 현 시점에 이를 때까지 언젠가의 시점에서 한국국적을 취득하게 되면 1965년 6월 22일 시점에서 이들의 재산권은 소멸한 것으로 취급하는 것이 합리적이라고 주장을 하고 있으나, 한국 정부는 이러한 해석을 근거가 없는 부당한 것으로 확인하고 있다.

또한 한일청구권협정 제2조 1항의 완전최종해결확인조항과 3항의 청구권주장금지조항의 해석과 관련하여 그 내용과 범위에 대해 서로 다른 해석을 하여 오고 있다. 그 물적 대상에 대해 한일 간에 의사의 불일치가 존재할 뿐만 아니라, 완전최종해결의 의미에 대해서도 일본 측은 2000년대 전까지는 외교적 보호권만의 소멸, 2000년대 이후에는 응할 의무의 소멸 혹은 소권(訴權)의 소멸로 해석하고 있다. 하지만 한국 측은 채권의 소멸 혹은 외교적 보호권의 소멸, 최근에는 청구권 자체를 국가가 수용하거나 포기를 하는 것이 아니라 일본국 또는 일본 국민에 대한 행사의 제한 등으로 해석하고 있는데 이것은 1965년 당시 이에 대한 명확한 의사의 일치가 없었다는 것을 보여 준다.

결과적으로 양 정부의 의사해석 불일치가 냉전 붕괴와 더불어 확대되어 현재는 주어, 목적어, 동사가 모두 불일치하는 상황에 도달해 있다고 할 수 있다.

이처럼 실질적 의사 불일치를 배경으로 하여, 형식적으로 한일청구권협정에 의해 개인의 청구권문제를 처리하려 하였다는 것은 방법적으로 보면 한계를 가지고 있다. 즉 한일청구권협정에 의해 바로 직접적으로 개인의 기본권에 효력이 발생하는가 아니면 그 이후 국내 법률의 제정에 의해 개인의 기본권에 효력이 발생하는가 하는 문제이다. 일반적 법률유보에 의한 기본권 제한은 목적과 형식, 방법과 정도에 대해 규범적 한계를 가지는 바, 특히 형식과 관련하여 보면 조약과 일반적으로 승인이 된 국제법규는 국내법 체계상 법률과 동일한 효력을 가지므로 조약에 의한 기본권 제한은 일단 가능하다 할 것이다. 그러나 이 경우 조약이 그대로의 형태로 국내법으로서 수용이 되기 위해서는 그것이 국가 간의 권리의무가 아니라 개인의 권리의무에 대해 정한 것이고, 권리의무의 발생요건, 효과, 절차 등이 조약에 명확하고 상세하게 정해져 있고, 나아가 이를 보완 · 구체화하는 법령을 필요로 하지 않으며 국내에서 집행 가능한 경우일 것과 체약국이 이를 직접 국내 법원에서 집행 가능하도록 할 의사가 필요하다는 것이 일반적인 해석이다. 하지만 한일청구권협정에 의하면 권리의무의 소멸과 관련된 요건, 효과, 절차 등이 어디에도 정해져 있지 아니하고 이를 보완하는 어느 법령도 없는 상황이다. 따라서 한일청구권협정과 관련하여 한국민의 재산권을 소멸시키기 위해서는 한국 법령에 따라 이러한 권리의 소멸과 관련된 요건, 효과, 절차 등이 추가적으로 있어야 할 것이다. 오히려 일본 내에 이와 관련된 일본 국내법 제144호가 존재하나, 이는 일본 국내 법률의 규율대상은 일본 국민임을 고려할 때 한일청구권협정 체결 후 개인의 청구권과 관련된 양국의 국내 조치는 모두 없다고 보아야 할 것이다. 더 나아가 일본 측이 취한 국내법에 의한 재산권소멸 방식의 문제, 즉 재산 권리 이익과 청구권을 분리하여 재산 권리 이익만을 소멸시킨 일본 국내법의 문제가 있다. 즉 불법행위로 인한 손해배상청구권은 확정되어 있는 권리가 아니므로 일본 국내법에 의해 소멸시키지 않았다고 주장함으로 인해 사법부에 의한 피해구제의 필요성이 대두될 수밖에 없었다.

이러한 실질적 형식적 근본 문제들로 인해 일제 피해자들은 누구를 대상으로 하여 자신의 피해구제를 호소하여야 하는지 모르는 상황에서 일본에서 재판투쟁을 해야 했다. 아래에서는 이들 양국 사법부의 재판투쟁이 우리에게 무엇을 남겼는가를 중심으로 검토한다.

# III. 한일 법원판결의 도달점

## 1. 일본의 경우

일본에서 이루어진 전후보상 재판은 대체로 1990년대 이후 본격적으로 이루어졌다. 그 상세한 경위에 대하여는 관련 논문의 분석에 맡기고 이 글에서는 재판의 도달점을 중심으로 논하기로 한다. 일본 전후보상 재판과 관련하여 크게 몇 가지의 벽이 논의되었다. 하나는 사실인정의 벽이고, 또 하나는 시간의 벽이며, 다른 하나는 조약의 항변이라는 벽이다. 이외에도 국가무답책론, 별개 회사론 등이 큰 벽으로 주장되었다. 이러한 벽들에 막혀 피해구제가 이루어지지 않았다고 볼 수 있다. 국가무답책론이란 행위 당시 국가 공권력의 행사에 기인하는 손해에 대해서는 국가가 배상책임을 지지 않는다는 법리인데, 이 벽은 가해행위가 공권력의 행사로 인정할 수 없다든가, 이 법리 자체가 현재의 재판규범으로 사용할 수 없다는 판결이 나오면서 현재는 큰 장애물이 되지 못하고 있다. 예를 들어 별개 회사론의 경우에도 나고야 미쓰비시 여자 근로정신대 고등재판소 판결의 경우, 구 미쓰비시와 피고 사이에는 실질적 동일성이 있으며 피고가 구 회사의 위법행위에 대해서 일체 관여하지 않고 책임지지 않는다는 취지의 주장을 하는 것이 신의칙상 용서할 수 없다고 해석할 여지가 있다고 하는 형태로, 별개 회사론도 일본에서 점차 극복이 되었다고 할 수 있다.

앞에서 언급한 사실인정, 시간, 조약의 항변 이 세 가지 벽은 어떠한가? 실제 이 세 가지 벽을 재판을 통해 극복해 간 것이 일본에서 전후보상 재판투쟁의 역사라 할 것이다.

우선 일본군'위안부' 재판의 경우 10건 중 8건에서 구체적인 피해의 배경과 원고들의 피해가 사실인정 되었다. 지금도 일본에서 일본군'위안부' 피해사실 자체를 부정하는 자들이 많이 있다는 것을 감안하면 재판을 통해 사실인정이 된 것은 큰 의미를 지닌다. 판결에서 사실인정은 재판 과정에서 많은 증언과 서증 등 입증활동을 통해 이루어진다. 아울러 일본군'위안부' 재판에서 피해사실의 인정 이외에도 이러한 피해를 입힌 일본군의 행동이 당시 국제법 및 국내법에 위반한 위법이라는 것이 인정되었다. 그중에서는 나치의 만행에 준하는 중대한 인권침해로 판단된 것도 있다.

시간의 벽과 관련하여 일본 민법의 경우 불법행위는 장기 20년의 기간설정이 있는데 최고재판소가 제척기간으로 판단하고 있다. 이러한 시간의 벽은 강제동원 사건을 통해 극복이 되었다고 보인다. 즉 강제동원 사건의 경우에는 정의 공평의 관점에서 제척기간의 적용 자체를 제한하는 판결이 거듭되면서 시간의 벽은 허물어져 갔다고 볼 것이다(일본군'위안부' 재판에서는 이런 판결이 없는 실정임).

일본군'위안부' 판결과 관련하여 최종 승소판결은 없지만 판결 가운데에는 정부에 대해 해결을 촉구한 것이 있고 이러한 부언 판결을 통해 '전시성적강제피해자문제 해결 촉진법률안'이 성안되어 입법적 해결의 방향성이 제시된 것이 최종적 성과라 할 것이며, 일본군'위안부'의 피해구제를 직접 목적으로 하는 것은 아니지만 원고들 중 1인으로 참가하여 한일회담문서공개소송을 일본에서 제기하여 2012년 10월 11일 도쿄지방재판소에서 일부 승소판결을 받아 그 이후 비밀문서가 공개되어 가고 있는 것도 주목할 만한 성과라 할 것이다.

강제동원피해의 경우에는 소송과 관련하여 개별적 화해를 이룬 것이 나름대로 성과라 할 것이다. 한국인 피해자들의 경우 신일본제철, 일본강관, 후지코시 등에서 화해가 이루어졌다. 중국인 피해자들과 관련하여서는 개별적 화해를 넘어서 집단적으로 하나오카기금 같은 집단적 화해가 이루어졌다는 점이 큰 도달점이라 생각한다.

필자는 일본 전후보상재판의 도달점과 관련하여 일본 최고재판소 2007년 4월 27일 니시마쓰 판결을 검토하고자 한다.

이 건에 대해서는 아다치 변호사의 발표와 중복되므로 여기서는 상세한 설명은 줄이고 조약의 항변이라는 벽과 관련하여서 살펴본다.

결론만 말하면, 일본 최고재판소는 '샌프란시스코 강화조약의 틀'이란 이론을 도입하여 이 틀 안에서 이루어진 청구권의 포기가 가진 법리적 의미는 청구권을 실체적으로 소멸시키는 것까지를 의미하는 것이 아니고 당해 청구권에 기해 재판상 소구(訴求)할 수 있는 권능을 잃게 하는 것에 머문다고 해석하였다. 이에 대해서는 국제인도법상 중대한 위법행위인 일본군'위안부'나 강제동원 피해에 대해 강화조약을 통해 일본 정부는 면책시킬 수는 없다는 비판이 강하지만, 새로운 입법 등에 의해 정부가 자발적으로 보상을 하는 것은 아무 문제가 없다는 것이 되었다. 종래 일본 국회 법제국에서 샌프란시스코 강화조약 체제 아래에서는 개인에게 하는 입법은 조약에 저촉되기 때문에 못 한다고 주장하여 왔는데 이것이 근거가 없다는 것이 명확해진 것은 의미가 있다.

한편으로는 이 판결에서 '상고인을 포함한 관계자들에 대해 피해자들의 구제를 위해 노력할 것을 기대한다'고 덧붙여 이 부언을 살려 2009년 10월 23일 히로시마 야스노[安野] 사건과, 2010년 4월 26일 시나노가와[信濃川] 사건에서 집단적 화해가 성립하였다.

결국 일본의 전후보상재판을 통해 일본군'위안부'의 경우에는 입법적 해결을, 강제동원의 경우에는 기업과의 화해 나아가 일본 정부를 포함하여 해결하도록 촉구되었다는 것이 현재까지의 도달점이 되고 있다.

## 2. 한국의 경우

한국의 경우 일본군'위안부' 피해자들이 당사자가 되어 이루어진 재판과 관련해서는 2004년 2월 서울행정법원에서 나온 정보공개소송 판결과 2011년 8월 헌법재판소의 부작위위헌 결정이 있다. 정보공개소송을 통해 한국에서는 2005년 한일회담문서가 전면 공개되고 그 문서공개를 통해 한일회담 당시 한국 정부의 책임이 명백히 밝혀지는 성과로 국외강제동원 피해자지원법이 만들어지게 되었고, 일본군'위안부'와 관련하여 한국 정부가 민관공동위원회의 법적 견해로 일본군'위안부' 피해 문제에 대해 한일청구권협정에도 불구하고 일본 정부의 법적 책임이 남아 있다고 밝히는 성과를 얻게 되었다. 이후 그 연속선상에서 일본군'위안부' 피해 문제가 한일청구권협정을 통해 일본 측에 법적 책임이 남아 있는가 여부에 대해 발생한 해석상의 분쟁을 한국 정부가 한일청구권협정 제3조에 따라 해결하여야 하는 작위의무를 다하지 않는 부작위가 헌법 위반이라는 결정이 나와 한국 정부로 하여금 문제해결을 위해 노력하게 만드는 성과를 얻었다고 할 수 있다.

강제동원 피해자들의 소송과 관련하여서는 앞서 살펴본 2004년 2월 서울행정법원 판결을 통해 한국 정부의 책임을 밝혀 피해자지원법을 만들게 한 것이 주목할 만한 성과이며 피해자지원법의 적용과 관련된 소송을 통해 지원법의 적용 확대 혹은 지원법의 한계를 극복하려는 노력이 계속되고 있다는 점, 특히 1엔당 2,000원으로 환산하여 지급하도록 되어 있는 미수금지원금 조항을 헌법재판을 통해 위헌이라 다투는 것을 계기로 헌법상 보장된 정당한 보상을 받으려는 노력이 주목된다. 아울러 청구권자금을 사용한 포스코를 상대로 손해배상소송을 제기하여 포스코가 일제 피해자들을 위해 출연하도록 만든 것이 큰 성과로 보인다.

한국에서 강제동원 피해자들의 법적 투쟁의 성과와 관련하여 그 도달점으로 작년 5. 24 대법원 판결이 있다. 이 판결은 현재 원심파기 되어 진행 중이다. 강제동원 책임 기업인 일본 기업들을 상대로 손해배상을 구한 건으로 우리 대법원은 책임 인정취지의 판결을 하였고 어떻게 강제동원 피해자 문제를 해결할 것인가 현재 현안이 되고 있다. 필자는 위 대법원 판결은 일제 피해자들이 오랜 기간 한일 양국의 법정에서 투쟁한 성과를 집약한 것이며 이를 계기로 강제동원 문제를 포괄적으로 해결하여야 한다는 문제의식을 가지고 있다. 그러기 위해서는 이 대법원 판결의 의미를 한일 간에 공유하는 노력이 무엇보다 중요한 작업이 아닌가 생각한다. 그래서 이번 대법원 판결과 관련되어 항을 달리하여 검토하기로 한다.

## 3. 불법행위에 기인한 피해구제 문제상 법리적인 수렴 가능성

우리 대법원은 한일청구권협정에도 불구하고 원고들 개인의 손해배상청구권은 소멸하지 않았다고 판단하면서 그 근거로 (가) 한일청구권협정의 본질론, (나) 한일청구권협정 제1조의 자금과 제2조의 법적 인과관계론, (다) 협상과정 해석론, (라) 국가 및 개인의 독자적 법 주체론에 기한 한일청구권협정 조문론, (마) 한일청구권협정과 국내법 분리론 등 크게 5가지를 근거로 하고 있다. (가)는 한일청구권협정은 일본의 식민지 배상을 청구하기 위한 협상이 아니라 샌프란시스코 강화조약 제4조에 근거하여 한일 양국 간의 재정적 민사적 채권 채무를 해결하기 위한 것에 불과하다는 것이고, (나)는 한일청구권협정 제1조에 의해 일본 정부가 제공한 경제협력자금은 제2조에 의한 권리문제의 해결과 대가관계가 있다고 보이지 않고, (다)는 한일청구권협정 협상과정에서 일본 정부는 식민지배의 불법성을 인정하지 않은 채 강제동원 피해의 법적 피해 배상을 원천적으로 부인하여 이에 따라 한일 양국 정부는 일제의 한반도 지배의 성격에 대해 합의에 이르지 못하였는데 이러한 상황에서 일본의 국가권력이 관여한 반인도적 불법행위로 인한 손해배상청구권이 청구권협정의 적용대상에 포함되었다고 보기 어렵고, (라)는 국가가 조약에 의해 개인청구권을 소멸시킬 수 있다고 하더라도 국가와 국민 개인이 별개의 법적 주체임을 고려하면 조약에 명확한 근거가 없는 한 조약 체결로 국가의 외교적 보호권 이외에 국민의 개인 청구권을 소멸하였다고 볼 수 없을 것인데 한일청구권협정에는 개인청구권의 소멸에 관하여 한일 양국 정부의 의사의 합치가 있었다고 볼 충분한 근거가 없고, (마)는 일본이 한일청구권협정 직후 일본 국내에서 대한민국 국민의 일본국 및 그 국민에 대한 권리를 소멸시키는 내용의 재산권조치법을 제정 시행한 조치는 한일청구권협정만으로 대한민국 국민 개인의 청구권이 소멸하지 않음을 전제로 할 때 비로소 이해될 수 있다는 점을 명백히 하였다.

이번 대법원이 든 5가지는 모두 법리적으로 일본의 사법부 재판례 및 행정부의 종래 주장과 궤적을 같이 하고 있다. 즉 (가), (나), (다)는 현재까지 일본 정부가 견지하고 있는 태도이며 북일 간 국교정상화 협상에서도 그대로 관철되고 있는 논리다. 특히 (나)는 한일협정 체결 후 일본 정부가 발행한 해설서에도 명백히 법적 인과관계가 없다고 서술되어 있다. (마)의 논리 역시 일본에서 전후 보상 소송을 담당하여 온 변호사들의 주장 및 관련 판결의 판단 근거였다고 할 수 있다. 따라서 우리 대법원의 판결은 일본 측과 이 점에서는 동일하다고 볼 것이다. (라)의 논점 역시 일본 최고재판소와 동일하다. 즉 일본 최고재판소는 2007년 4월 27일 니시마쓰건설 사건에서 샌프란시스코 강화조약의 틀 안에 이루어진 전후 처리에 관해 법적 견해를 밝히며 청구권을 실체법적으로 소멸시키는 것이 아니라 단지 소구(訴求)할 수 있는 권능을 상실할 뿐이라고 판단하면서 채무자들의 자발적 이행을 촉구한 바 있다.

우리 대법원도 청구권이 소멸한 것이 아니라고 본 점에서는 일본 최고재판소와 동일하나 단지 자발적 이행을 권고받은 채무자들이 자발적 이행을 하지 않고 있기에 그에 대해 강제하는 판결을 한 것으로 일본 사법부 최고재판소의 권위를 담보하여 주었다고 평가할 수도 있다고 본다. 그럼에도 불구하고 마치 서로 대립이 되는 판단이 나온 것인 양 보도되는 것은 극히 유감스러운 일이다. 그런 점에서 이번 판결로 한일 간에 법치주의가 성숙해 가고 있다고 보는 것이 타당할 것이다.

## IV. 과제에 대한 구체적 검토

### 1. 일본군'위안부' 문제

일본군'위안부' 문제 해결과 관련하여서는 일본 사법부에서 입법을 통한 해결을 제시한 바가 있고, 2007년 4월 27일 일본 최고재판소는 청구권이 실체적으로 살아 있으며 일본 정부의 자발적 책임 이행을 촉구한 바 있다. 아울러 앞서 최고재판소의 판결을 통해 입법적 해결에 아무런 법적 장애물이 없어진 상황이다. 그럼에도 불구하고 일본 정부가 입법적 해결을 거부하는 것은 양국 사법부의 판단에 저촉되는 것이다. 실제 일본 정부는 일제 피해자에 대해 피해자로서 인정을 할 경우 입법적 구제를 하여 왔다. 원폭피해자 손진두 사건에서 일본 최고재판소는 1978년 3월 30일 피폭자 의료법이 사회보장의 성격을 가진 법률임과 동시에 국가보상 성격을 가진 법률이기에 한일청구권협정에도 불구하고 일본 정부로부터 보상을 받을 권리가 존재함을 전제로, 이를 부인하는 일본 정부를 상대로 법률 적용을 요구하여 온 원고의 손을 들어주며 외국인인 한국인 피해자에게도 보상적 성격의 법률인 피폭자의료법이 적용되어야 한다는 취지의 판결을 함으로써 한일청구권협정에도 불구하고 피해자들에게 법에 의한 구제의 길을 연 바가 있고(최고재판소는 구 식민지 출신의 피폭자인 한국인 피폭자에게 보상을 하는 것은 국가적 도의라고 결론지음), 일제시대 인권침해의 한 유형인 한센병 한국인 피해자에게도 한일청구권협정에도 불구하고 입법에 의한 보상을 한 바 있다. 아울러 재일 한국인 전쟁부상자 및 희생자들에게도 입법을 통한 구제를 한 바가 있기 때문에 일본군'위안부' 문제에 대해 입법적 해결을 거부할 아무런 법리적 장애물도 없고 선례적 위험성도 없는 상황이다.

따라서 한국 정부는 청구권협정 제3조에 따른 외교적 협의를 일본 정부와 하면서 일본에서 진행 중인 '전시성적강제피해자문제 해결 촉진법률안'의 통과를 위해 노력을 하는 것이 순리다. 일본 사법부의 판단의 핵심은 입법을 통한 피해자 구제이며, 어느 판결도 기금 혹은 총리의 담화를 통한 피해자 구제를 언급한 적은 없다. 만약 위 법률안의 개별 조항이 문제가 된다면 협의 수정을 통해 해결하면 되는 것이다. 최근 언론 보도에 의하면 민주당 정권 당시 한일 간에 일본군'위안부' 문제 해결을 위해 협의한 결과 타결 일보 직전까지 갔다고 한다. 타결 일보 직전의 내용을 중심으로 위 법률안을 수정하는 것도 해결 대안의 하나일 것이다. 이런 해결안이 결국 피해자들이 한일 양국 법정에서 투쟁해 온 성과물을 살려내는 것이다.

만일 그럼에도 불구하고 일본 정부가 이를 거부한다면, 주권면제 이론의 벽을 넘어 한국 법원에서 일본 정부를 상대로 한 손해배상소송을 통해 피해자들에게 정의를 구현하는 것도 마지막 수단으로 본격 검토해 보아야 할 것이다.

## 2. 강제동원피해자 문제

강제동원피해자 문제로 현재 한일 양국 사법부의 투쟁을 통해 얻은 최고 도달점은 기업별 평화우호기금의 설립이다. 이런 점에서 개별적 평화우호기금 설립을 통한 집단적 화해의 길을 모색하거나 한국에서 설립될 예정인 가칭 일제피해자지원재단에 대한 출연을 통한 해결이 단기적이며 현실적인 대안으로 생각된다. 장기적으로는 일본 법률에 의한 독일식 '기억 책임 미래' 재단의 설립을 통한 집단적 해결이 바람직할 것으로 보인다. 이것이 한일 양국 사법부의 지혜를 살리는 길이라 생각된다.

아울러 현재 헌법재판소에서 피해자 지원법에 규정되어 있는 1엔당 2,000

원으로 환산한 미수금지원금 조항의 위헌성이 다투어지고 있다. 이 미수금과 관련하여 피해자 지원법이 만들어질 때 피해자들은 그 보상책임이 한국 정부에 있는지를 확인하기 위해 일본 정부에게 질의를 한 적이 있다. 현재 일본은행에 보관되어 있는 미수금은 현금 1억 6,779만 1,400엔, 유가증권 4,735만 5,600엔으로 이 돈이 1965년 당시 무상자금 3억 달러에 포함되어 있는가 하는 질문에 대해 아베 총리는 그 논의의 상세에 대해서는 북일 간 교섭에 줄 영향을 고려하여 답변을 할 수 없다는 무책임한 입장을 현재까지 취하고 있다. 그 결과 한국에서 만들어지는 지원법에 미수금 보상금이 아니라 지원금으로 타협을 할 수밖에 없었던 것이다.

이 미수금과 관련되어 그 후 발전되어 온 양국 사법부의 판단을 집약하면, 우선 서울행정법원의 판단에 의하면 한일청구권협정은 국민의 일본국에 대한 미수금 청구권을 국가가 수용하는 것을 내용으로 하는 것은 아니지만 채무자인 일본국에 대한 채권행사를 금지하여 사실상 채권을 수용하는 것과 유사한 효과를 가져오므로 이에 대한 보상은 완전한 보상에 가까운 것이어야 한다고 판단하고 있고, 일본 최고재판소의 최근 입장에 의하면 자발적으로 이를 채무자에게 돌려주어 자신의 채무를 이행하여야 할 것으로 해석된다. 이 공통점을 실현하는 노력을 한일 간 상호하여야 할 때가 되었다고 본다.

특히 사할린의 경우 1998년 3월 19일 제142회 일본 국회 중의원 예산위원회 제2분과회에서 센고쿠 요시토[仙石由人] 의원은 '사할린잔류 한국인의 미불 우편저금, 간이보험이 몇 가지 존재하고 있는가'라는 질문에 대해 우정성 저금국 업무과장 나카자와 긴조[中澤欣三]는 '사할린에서 이용되고 있는 우편저금 등의 구좌수와 현재 잔고는 1997년 3월 말 현재로, 우편저금에 대해서는 구좌수로 약 59만 건, 현재 잔고는 약 1억 8,700만 엔, 간이생명보험에 관해서는 건수로 약 22만 건, 금액은 약 7,000만 엔으로 되어 있다'고 답변한 바 있다. 이 사할린 우편저금 및 간이보험에 대해서는 1990년 4월 18일 제118회 일본 국회 중의원 외무위원회에서, 당시 이가라시 고조[五十嵐廣三] 의원의 질문에 대해 우정성 저금국 업무과장 다나카 히로시[田中博]는 '사할린에 주재하고 있는 분의 우편저금에 관하여는 확정채무이고 청구가 있으면 지불하지 않으면 아니된다고 생각하는 바입니다. 이 지불의 이행에 관하여는 현재 관계청과 조정을 하고 있는 바이므로, 속히 결론을 지어, 가능한 한 빨리 해결하고자 노력하고 있다'고 답변한 바 있다. 그럼에도 불구하고 그 후 일본 정부는 입장을 바꾸어 사할린에서 한국으로 영주 귀국한 자의 일본국에 대한 재산권 혹은 배상 청구권이 소멸되었다고 주장을 하여 한국 정부의 입장과 명백한 해석상의 분쟁을 새롭게 일으키고 있다.

한국 정부가 한일청구권협정 제3조에 따라 분쟁해결절차로 나아갈 경우 일본국에 의한 보상 혹은 기금 설립이 될 가능성이 충분히 있다고 보아 사할린 피해자들은 한국 정부의 작위의무 이행을 촉구하며 헌법소원이 제기하여 현재 헌법재판소에서 계류 중이다. 참고로 사할린 우편저금 소송에서는 액면의 2,000배의 금액 지급을 구하였다(다케우치 씨에 의하면 적어도 5,000배는 되어야 할 것으로 주장하며 후생연금탈퇴수당으로 99엔이 지급된 근로정신대피해자들의 경우에도 약 50만 엔 정도는 지급되어야 할 것이라 함).

한일청구권협정 체결 당시 경제협력의 형태로 피해자 개인 구제를 하지 않았던 양국 정부가 양국 사법부의 판결의 도달점을 재확인하여 미불 우편저금, 미불 공탁금을 개인 보상을 위한 기금 설립의 밑천으로 삼아 공동으로 추진하는 것이 양국 사법부의 지혜를 살리는 길이라 생각한다.

## V. 남은 과제들

이러한 양국 법원의 판결의 도달점을 살려 해결하기 위해서는 일본 측의 여론 조성이 중요하다. 한국에서 일제 피해자들에 대한 지원 움직임이 가시화된 것에는 여러 원인이 있겠지만 한일회담문서공개를 통해 드러난 한국 정부의 책임을 한국 언론이 여론화한 것이 큰 원동력이었다고 생각한다. 이런 점에서 보면 현재 일본 정부가 도쿄지방재판소의 승소판결에도 불구하고 문서공개를 완전히 하지 않고 있다는 것이 큰 장애물이고, 그나마 일부 공개되고 있는 문서에 대해서도 일본 여론이 비밀로 하여 온 배경이 무엇인지를 여론화하지 못하고 있는 것이 문제해결을 막고 있다고 생각한다. 이에 대한 한일 양국의 관심을 촉구하면서 이 글을 마치기로 한다.

# 조선인 강제연행론의 계보(1945~1955년)

## 식민지지배 책임론의 계보작성의 일환으로서

도시샤대학 사회학과 교수 **이타가키 류타**

# 조선인 강제연행론의 계보(1945~1955년)

**식민지지배 책임론의 계보작성의 일환으로서**

도시샤대학 사회학과 교수 **이타가키 류타[板垣竜太]**

## I. 식민지지배 책임론의 계보

영어로 'colonial responsibility'로도 번역되는 '식민지지배 책임'이라는 개념은 종종 오해를 받기 쉽다. 이 개념은 말할 필요도 없이 '식민지를 지배할 책임', 다시 말해 '백인의 책무' 같은 것이 아니다. 혹은 '책임' 개념이 가지는 식민지적 바이어스를 지적하는 것 같은 일반적인 비판 이론을 전개하려고 하는 것도 아니다. 먼저 간결하게 요점을 정리해 두면, '식민지지배 책임'은 적어도 역사적으로는 '전쟁 책임'에서 파생된 개념이다.[1] 일본을 포함한 동아시

1) 지금까지 나는 '식민지지배 책임'이라는 개념에 대해서 다음과 같은 글을 공동 출간한 적이 있다.
板垣龍太 · 中野敏男他 編(2005), 「植民地支配責任を定立するために」, 『継續する植民地主義』, 青弓社; 板垣龍太, 金富子 · 中野敏男 編(2008), 「脫冷戰と植民地支配責任の追及」, 『歷史と責任』, 青弓社; 이타가키 류타 · 나카노 도시오 · 김부자 편저, 「탈냉전과 식민지지배책임의 추급」, 『역사와 책임: '위안부' 문제와 1990년대』, 선인; 이타가키 류타 · 미야지마 히로시 외(2011), 「日韓會談反對運動と植民地支配責任論」, 『思

아에 있어서, '전쟁 책임'은 아시아 태평양전쟁에 있어서의 일본군 · 일본 정부의 전쟁 범죄와 방대하고 다양한 피해에 대한 사죄, 진상규명, 책임 추궁, 배상 · 보상, 기타 미해결문제와 관련되어 개념화되어 왔다. 그렇지만 '전쟁 책임'은 '전쟁'에 대해서만 적용되어 왔다는 한계를 안고 있다. 예를 들면 1919년의 3 · 1운동에 대한 가혹한 탄압을 떠올려 볼 때, 그것은 분명히 아시아 태평양전쟁의 일부가 아니며, 주권국가 간의 전쟁도 아니다. 그렇다고 해서, 장 폴 사르트르(Jean-Paul Sartre)의 식민주의론에 있어서의 절묘한 표현을 빌려 말하자면, 그것은 '일련의 우연한 사건'이 아니라, '하나의 시스템'으로서의 식민주의로 인해 야기된 것이다.[2] 일본의 조선 식민지지배의 문제가 전쟁 책임의 문제로 환원되었다고 한다면, 우리는 식민지화의 프로세스나 식민지지배하에서 일어난 방대한 비인도 행위를 놓치게 될 것이다. 식민지지배란 과연 '평시'인가 하는 물음도 충분히 검토할 가치가 있다. 그렇기 때문에 식민지지배 책임이라는 개념이 필요한 것이다.

나는 식민지지배 책임을 묻기 위해서는 적어도 세 가지 준비작업이 필요하다고 생각한다. 첫번째는 법학적인 준비작업이다. 즉, '평화에 대한 죄'나 '인

---

想』, 岩波書店(「한일회담 반대운동과 식민지 지배 책임론」, 『일본, 한국병합을 말하다: 일본의 진보 역사학자들이 말하는 한국 강제 병합의 의미』, 열린책들); 板垣龍太 · 徐勝 · 前田朗 編(2011), 「植民地支配責任を考える」(강연록), 『文明と野蠻を超えて』, かもがわ出版; 板垣龍太(2012), 「認識の玄界灘をこえて: 植民地主義と冷戰の現在」, 『インパクション』 183호.
이 원고의 '1'은 이미 출간된 글과 중복되는 부분이 있다는 점을 이해해 주길 바란다. 또 전쟁책임론과 관련해서 식민지지배 책임론을 통사적(通史的)으로 좇는 시도로 吉澤文壽, 永原陽子 編(2010), 「日本の戰爭責任論における植民地責任」, 『「植民地責任」論: 脫植民地化の比較史』, 青木書店 참조.

2) ジャン-ポール · サルトル, 多田道太郎 譯(2000), 「植民地主義は一つの體制である」, 『植民地の問題』, 人文書院에 수록.

도에 대한 죄', '제노사이드' 등 기존의 전쟁 범죄에 관한 개념과 식민지독립 부여선언(1960년) 등 국제적 합의를 기초로 하면서, 식민지지배 책임을 사법적으로 개념화해 가는 작업이다. 그것은 동시에 20~21세기의 국제법 질서 안에서 왜 식민지지배 책임이 단죄되어 오지 않았는가 하는 반성이 따르는 것이어야 한다. 두번째는 역사학적인 준비작업이다. 즉, 식민지지배의 피해 · 가해의 역사적 사실 및 그 구조를 실증적으로 확정해 가는 작업이다. 세번째는 식민지지배 책임론의 계보 작성이다. 이것은 첫번째와 두번째의 준비 작업 사이에 위치하여 양자를 이어주는 것이라고 생각한다. 이하에서 이 세번째의 점에 대해서 부연하고자 한다.

식민지지배 책임이란 완전히 새로운 개념이 아니다. 최근 일본에서 나온 공동연구를 통해 알 수 있는 바와 같이, 세계 각지에서 개념으로서 명시적으로 사용하게 된 것은 최근의 일, 특히 1990년대 이후다.[3] 그러나 그것은 다양한 형태로 계속해서 문제되어 왔다. 일본에서는 늦어도 1960년대에는 용어로 확인된다. 이것은 한일회담 반대운동 과정에서 식민지 문제를 중시한 운동체가 제기한 것이었다.[4] 앞으로 살펴볼 바와 같이 용어로서 성립하기 이전부터 식민지지배 책임론이 문세 제기로 존재하고 있었던 것은 말할 필요도 없다. 유럽으로 눈을 돌려보더라도, 1950년이라는 시기에 마르티니크의 에메 세제르(Aimé Césaire)는 "이 나치즘이라는 것을, 그것이 자신들에 대하여 맹위를 떨칠 때까지는 허용하고, 면죄하고, 눈을 감고, 정당화해 왔다 – 왜냐하면, 그때까지는 비유럽인에 대해서밖에 적용되지 않았기 때문이다."라고 논하였다. 즉, 그때까지 식민지 주민에게로 향해 있던 '인도에 대한 죄'가 유럽 내부에서

3) 永原陽子 編(2010), 『「植民地責任」論』, 青木書店; 板垣龍太 · 金富子 · 中野敏男 編(2008), 『歴史と責任』 참조.

4) 板垣龍太(2010), 앞의 글, 「日韓會談反對運動と植民地支配責任論」.

행해졌을 때야 비로소 규탄 대상이 된 것을 신랄하게 비판한 것이다.[5)]

그러나 일본에서는 아시아 태평양전쟁 '패전'의 충격이 너무나 컸기 때문인지, 식민지지배 책임론은 전쟁 책임론의 그늘에 가려지면서 주변적인 존재가 되었다. 전후(戰後) 일본 국내외에서 식민지지배 책임론이 제기되어 왔지만, 그것은 하나의 목소리로 조직화되지 못하고, 다양한 입장에서 나온 여러 가지 목소리가 제각각이었다. 그 때문에 그러한 목소리가 일본 내부에서 논의의 주류를 이루지 못하였다. 프랑스에서는 1998년 전 재무장관인 모리스 파퐁(Maurice Papon)이 과거에 비쉬 정권하의 유대인 강제 이송에 관여하였다 하여 '인도에 대한 죄'로 재판받았고, 유죄판결을 받았다. 이 재판이 있으면서 파리 경시총감 시절이었던 1960년 알제리인의 폭동에 대한 유혈진압으로 많은 사망자를 낸 사실도 동시에 화제가 되었지만, 결국 이것은 심판대상이 되지 않았다.[6)] 유럽 내에서는 '전승국'에서조차 적극적으로 책임을 물었던 '인도에 대한 죄'가 알제리를 비롯한 유럽 외의 식민지 문제에 적용될 때는 갑자기 무뎌지는 것이다. 그러한 점에서 보면, 식민지지배 책임론은 세계 각지에서 부단히 제기되어 왔지만, 근대 세계 시스템 속에서 최근에 이르기까지 구조적으로 주변화되어 왔다고 할 수 있겠다.

그렇기 때문에 식민지지배 책임론의 계보를 짚어보는 것은 유럽에서 시작되는 주권국가 간의 국제법 체제의 이면에 숨어 있었던 또 다른 국제관습법이라고도 말할 만한 수맥을 찾아내고 재구축하기 위해서도 필요한 작업이다. 다

5) エメ・セゼール, 砂野幸稔 譯(2004),『歸鄕ノート・植民地主義論』, 平凡社ライブラリー, 137쪽. 또 세제르는 다음과 같이 단언한다. "죄 없는 식민지화 같은 것은 없으며, 죄를 뒤집어쓴 식민지화 같은 것은 없다."(같은 책, 142쪽).

6) 平野千果子(1999),「第二次世界大戰とフランス植民地:「克服すべき過去」とは何か」,『思想』 1월호.

시 말해, 식민지지배의 책임을 둘러싸고, 어떤 운동과 요구가 있어 왔고, 말들이 던져져 왔을까? 각각의 배경은 무엇이고, 어떤 관계성을 갖고, 어떤 구체적인 언어적 표현으로 이의 신청이 나왔는가? 이의 신청은 어떠한 힘에 의해 무시, 부인, 왜곡, 주변화되어 왔는가? 책임을 묻는 목소리들 간에 어떤 연결고리를 찾을 수 있는가? 반대로 어째서 조직화되지 못하고 제각각이었을까? 그러한 것들을 집적한 아카이브[7]는 기존의 국제법을 탈구축(脫構築)하고, 식민지지배 책임을 정립해 나갈 때의 원천이 된다. 식민지지배 책임론의 계보가 식민지시대에 일어난 일에 관한 역사적인 사실 규명과 현재에 있어서의 법적인 정식화의 작업을 이어주는 위치에 있다는 것은 이상에서 말한 것과 같은 의미에서다.

일본과 한반도와의 관계에 관련된 식민지지배 책임론의 계보에 대해서는 이미 몇 가지가 규명되었다. 1945년부터 몇 년 동안에 관해서 말하사면, 패전 직후 일본 정부의 식민지 인식의 형성과정을 추적한 미야모토 마사아키[宮本正明]의 연구, 재일조선인운동이 식민지 문제와 관련하여 도쿄재판을 동시대에 비판했던 것을 밝힌 정영환(鄭榮桓)의 연구, 대한민국 정부가 샌프란시스코 강화회의에 참가하는 것을 거부당하는 과정을 식민지 문제로 규명한 김민수(金民樹)의 연구 등이 주목된다.[8] 가장 실증적이고 결실 있는 성과가 나오고 있는 것은 한일회담연구다. 한국에서 한일회담문서가 전면 공개되기 이전부터 오

7) '계보'나 '아카이브'라는 개념에 대해서는 미셸 푸코(Michel Foucault)의 고찰이 유익하다. ミシェル・フーコー, 伊藤晃 譯(2006), 「ニーチェ, 系譜學, 歴史」, 『フーコー・コレクション3』, ちくま學芸文庫.

8) 宮本正明(2006), 「敗戰直後における日本政府・朝鮮關係者の植民地統治認識の形成」, 『研究紀要〈世界人權問題研究センター〉』 11호; 鄭榮桓(2008), 「東京裁判をめぐる在日朝鮮人發行新聞・機關紙の論調」, 『日韓相互認識』 1호; 金民樹(2002), 「對日講和條約と韓國參加問題」, 『季刊國際政治』 131호.

타 오사무나 요시자와 후미토시[吉澤文壽] 같은 연구자는 정부나 민간에서의 식민지 인식을 역사학적으로 탐구한 학술서를 내놓았고,[9] 그 후 자료 공개에 따라 수많은 연구가 나오고 있다. 그러한 '전후'의 묻혀 있던 논의를 일본과 한반도와의 관계에 입각해서 끄집어내어, '식민지지배 책임론의 계보'라고도 할 만한 것을 실증적으로 다시 짚어보는 일은 한일조약의 귀결이 오늘날에도 여전히 계속해서 문제가 되고, 북일 국교정상화 협상이 암초에 걸려 있는 현재 상황에서도 중요한 의의를 가진다.

이 글에서는 그러한 식민지지배 책임론의 계보 작성의 일환으로 조선인 강제연행론을 다루고자 한다.[10] 조선인 강제연행은 일본의 식민지 통치로 인해 야기된 심각한 비인도 행위로 지금까지도 진상규명, 보상 등에 있어서 미결된 문제가 있으며, 논의가 계속되고 있다. 조선인 강제연행은 그것이 전시 총동원 체제의 일환이었다는 점에서는 전쟁 책임의 문제이자, 식민지 주민의 대규모 동원이었다는 점에서는 식민지지배 책임의 문제이기도 하다. 1965년에 초판이 출판된 박경식(朴慶植)의 『조선인 강제연행의 기록』(未來社)은 말할 필요도 없이 전시 중 조선인의 강제적인 동원에 대해서 처음으로 정리가 이루어진 저작이다. "'한일회담'이 강행되고 있는 현재"에 대한 비판에서 쓰기 시작한 이 책은 그 후의 '한일협정체제'에 있어서의 진상규명운동과 연구의 출발점이 되었다. 그와 동시에 이 책은 그때까지 이루어졌던 논의의 도달점의 하나였다. 이 책이 나오기 이전부터 다양한 장에서 전시하의 조선인 강제동원을 조사하

9) 太田修(2003), 『日韓交渉: 請求權交渉の問題』, クレイン; 吉澤文壽(2005), 『戰後日韓關係: 國交正常化交渉をめぐって』, クレイン.

10) 이 글에서는 모집 · 관 알선 · 징용 등 동원 형태는 불문하며, 또 연행 후의 강제노동도 포함하는 용어로서 광범위하게 사용되고 있는 '조선인 강제연행'을 채용한다. 주로 노동 동원을 대상으로 하는데, 병사 · 군속이나 '위안부'로서의 군사 동원이 동시에 언급되고 있는 자료도 많아 그것을 포함해서 언급하는 경우도 있다.

거나 논하는 움직임이 있었다. 그러한 것들은 어떠한 장에서, 누가, 무엇을 목적으로 쓰게 된 것인가, 거기에 무엇이 담기고, 무엇이 문제시 되었는가? 이 글의 과제는 여기 있다.

이 글에서 나는 조선인 강제연행론 계보의 대략적인 그림의 일부를 제시하겠다. 조선인 강제연행이 전후에 어떻게 논의되어 왔는가 하는 점에 대해서는 야마다 쇼지[山田昭次]가 좁은 의미에서의 '연구사'에 한정하지 않은 연구사를 정리하고 있어, 많이 참고된다.[11] 단 1965년 이전에 대해서는 단편적인 기술에 머무른다. 지금까지 내가 조사를 진척시킨 범위 내에서 말하면, 재일조선인운동사를 중심으로 다음과 같이 시대구분을 할 수 있을 것이다.

① 1945~1949년 : 재일본조선인연맹(조련)이 활동하던 시대. 조련에 의한 기업에 대한 보상 요구, 재일조선인운동의 극동국제군사재판(도쿄재판) 비판, 재일조선인이 주제가 된 조선사 서술 등에서 논의된다.

② 1949~1955년 : 조련의 강제 해산(1949년 9월)으로부터 민전(재일조선통일민주전선, 1951년 1월 결성)을 거쳐, 재일본조선인총연합회(총련)로 노선 전환(1955년 5월)할 때까지의 시기. 운동의 재편에 관한 논의, 도쿄 도립 조선인학교의 존속을 둘러싼 운동 과정에서 문제제기가 이루어진다.

③ 1955~1958년 : 총련 결성으로부터 소위 '귀국운동'이 본격적으로 시작되는 1958년 9월 이전의 시기. 총련에 한 때 존재했던 조선연구소에

11) 山田昭次는 적어도 세 번에 걸쳐 연구사를 정리한 적이 있다. 山田昭次(1979), 「朝鮮人・中國人强制連行研究史試論」, 『朝鮮歷史論集』 下卷, 旗田巍先生古希記念會, 龍溪書舍; 山田昭次(1993), 「朝鮮人强制連行研究史覺書」, 『朝鮮人强制連行論文集成』, 明石書店; 山田昭次(2005), 「朝鮮人戰時勞働動員史研究の步み」, 山田昭次他, 『朝鮮人戰時勞働動員』, 제1장, 岩波書店.

서의 연구전개와 좌절, 오무라[大村]수용소에서의 수용과 송환을 둘러싼 문제, 조선인 유골 문제 등을 통해서 논의가 제시된다.

④ 1958~1959년 : 귀국 운동의 시작에서부터 소위 '귀국사업'이 본격적으로 시작되는 1959년 말까지의 시기. 재일조선인의 북한(조선민주주의인민공화국)으로의 '귀국'을 둘러싼 공방 속에서 상이한 입장에서의 논의가 제기된다.

⑤ 1960~1965년 : 한일회담 반대운동이 전개되고 있있던 시기. 중국인 강제연행 조사와의 연계, 북한의 성명, 한일회담 반대운동 속에서 논의와 조사가 진전된다.

이 글에서는 ①~②의 시기, 1945~1955년으로 좁혀서 조선인 강제연행론의 계보를 짚어보겠다. 또, 남북한에 있어서의 논의에 대해서도 언급하겠지만, 주로 일본에서 나온 것에 초점을 맞추었다. 통사적인 기술보다는 다소 단편적일지 모르지만, 각각의 시기에서 상징적이라고 생각되는 자료를 선택하여 거기에서 기록된 말을 분석하는 데에 중점을 두려고 한다.

## II. 보상, 처벌, 역사서술 : 1945~1949년

일본의 '패전'과 조선의 '해방'으로 일본 각지에 동원되어 있던 조선인들은 귀환을 서둘렀고, 그와 동시에 각지의 광산과 공장 등에서 보상을 요구하며 일어났다. 박경식에 따르면, 1945년 8~9월에 45~52곳의 탄광사업소에서 조선인 · 중국인이 조기귀국과 보상을 요구하기 위해 일어났다.[12] 1945년 10월에 결성된 조련이 가장 먼저 착수한 활동의 하나는 100만 명이 넘는 조선인의 귀국문제와 각지의 노동현장에서의 보상요구였다.[13] 조련의 중앙위원회 총무부의 보고(1946년 10월 19일)에 따르면, 조련이 실질적으로 노동분쟁을 해결한 것은 340건, 인원으로는 43,314명, 금액으로는 26,876,844엔에 상당하는 것이었다.[14] 이러한 각지에서의 일어난 조련의 보상요구에 대해서는 고쇼 다다시[古庄正]의 연구에 자세한데,[15] 이 시점에서 강제연행은 당연히 아직 '역사'가 되지 않았고, 강제동원된 당사자와 그를 지원하는 조련에 의한, 시급을 요하는 운동이었다. 1946년에 작성된 두 개의 자료를 살펴보자.

우선 1946년 1월 7일자의 조련중앙총본부가 노동부장 명의로 니혼건설공업통제조합[日本建設工業統制組合]에 진정했던 '각서'다.[16] 우선 '각서'는 조선인이 "일본 제국주의 침략전쟁"의 "굴욕적 노예 상태"에서 해방되어, "민족적 국제적 인격적으로 자유평등의 권리를 탈환"하는 데 이르렀음에도 불구하고, 기업 측은 "노동자의 무지를 이용해서 책임 회피를 꾀하는 것 같은 비인도적 포학 행위"를 하고 있으며, 이것은 "전쟁범죄적"이라고 단정하였다. 거기에

---

12) 朴慶植(1989), 『解放後在日朝鮮人運動史』, 三一書房, 46쪽.

13) 「「朝連」はいかに斗つているか」, 『朝鮮人生活權擁護委員會ニュース』 특집호 제17호(1947. 4. 5)는 '조련 속성 이해'로서 이제까지 활동을 10점에 걸쳐 정리 · 소개하고 있다. 그중 첫 항목이 노무자를 중심으로 한 '귀국문제'이며, 두번째가 '노동분쟁과 재산 접수', 세번째가 '계획수송문제'였다.

14) 在日本朝鮮人聯盟(1983), 「總務部經過報告」, 『朝鮮問題研究叢書』 第9卷, 93쪽. 앞의 「「朝連」はいかに斗つているか」에서는 77건, 13,244명, 8,011,101엔으로 훨씬 적은 숫자가 소개되고 있다.

15) 古庄正(1993), 「日本製鐵株式會社の朝鮮人强制連行と戰後處理」, 『駒澤大學經濟學論集』 25-1; 古庄正(1995), 「足尾銅山 · 朝鮮人强制連行と戰後處理」, 『駒澤大學經濟學論集』 26-4; 古庄正(2005), 「政府と企業の戰後處理」, 『朝鮮人戰時勞働動員』, 岩波書店, 제7장.

16) 日本建設工業會華鮮勞務對策委員會(1947. 6), 『華鮮勞務對策委員會活動記錄』, 일본어판에 수록. 한글판은 在日朝鮮人聯盟(1983), 앞의 글 안에 게재되어 있다.

서 조련은 "귀사의 이러한 죄악적 폭상(暴狀)과 배덕적(背德的) 행위의 책임을 철저하게 물어 '포츠담선언'에 따라 보장된 조선인의 복리와 권위를 옹호한다." 고 주장하였다. 그런 다음, A. 종합적인 정보의 제공, B. 현재자(現在者)에 대한 대우(해고 수당, 귀국까지의 생활비 부담, 귀국 비용), C. 자유귀국자 · 행방불명자에 대해서도 B를 적용해 조련에 일임할 것을 요구하였다.

다음 자료로는 박흥규(朴興圭)가 조련중앙총본부 문화부의 종합잡지 『조련문화』에 기고한 「강제노동자」(한글)이다.[17] "日本帝國主義侵略戰爭의 遂行에 必要한 勞務者의 不足을 補充키 爲하야" 노예적인 강제노동이 이루어졌지만, 이 "冷酷한 過去에 對허야 눈물과 寒心만으로 滿足할 것이 안이라 實質的으로 對策을 講究치 않으면 안 될 것이다." 그러기 위해서는 민주주의적인 '조선인민공화국'을 건설하는 동시에, "帝國主義의 侵略思想과 그 根據를 世界的으로 淸掃하야 弱肉强食의 積弊를 根絕식힐" 필요가 있다. 그 당면 문제로서 "徵用과 募集으로 雇傭되여 잇든 同胞의 利益을 爲하야 鬪爭"해야 한다고 하였다. 그리고 퇴직수당, 징용해제수당, 노동연금, 전재(戰災)위로금 등의 각종 수당, 강제저금 · 각종 적립금, 전재사(戰災死) · 부상사(負傷死) · 병사자에 대한 유족부조료(遺族扶助料) · 장제료(葬祭料), 사망특별급여금, 공상사(公傷死)특별급여금, 향화료(香花料), 노무보국회 경조비, 전재사망상해보험, 간이보험 등의 지불을 요구하였다. 그것은 고국으로 돌아간 동포와 유족들의 위로가 되는 동시에, 국가 건설에도 도움이 된다고 논하였다.

이렇게 해방, 귀국, 건국 준비라는 1945년 직후의 생생한 상황 속에서 피해 당사자를 중심으로 강제연행에 대한 무수한 보상요구의 말들이 쏟아지고

17) 朴興圭(1946. 4), 「强制勞働者」, 『朝聯文化』 창간호(朴慶植 編, 『在日朝鮮人關係資料集成』 〈戰後編〉 제9권에 수록).

있었다. 그러한 운동은 일본 열도로만 끝나지 않고, 한반도에서도 전개되고 있었다. 예를 들면 군산에서는 1,000명에 가까운 조선인이 부청(府廳)을 포위하고, 이노우에[井上] 부윤(府尹)에게 면회를 요구하고, 응징자(應徵者)와 군속의 냉혹한 대우를 언급하면서 "이 손해를 일본국에 요구한다."하여 1명당 3,000엔, 합계 약 742만 엔을 요구하였다. 최종적으로는 미군의 개입도 작용하여 일본인 관련의 세금 등에서 일부 쟁취하게 되었다.[18] 인천에서도 응징사원호회(應徵士援護會)가 결성되어, 일본인세화회에 "일본 국가에는 응징사의 구제를 할 책임이 있다. 따라서 인천 일본인에게도 책임의 일단을 분담해 주길 바란다."고 제의해 행동하였다.[19] 그 밖에 전주, 목포, 나주 등에서도 같은 종류의 운동이 있었다.[20] 그 후 귀환자나 사망자 유족의 일부는 태평양동지회, 가라후토[樺太]·지시마[千島]재류동포구출위원회, 중일전쟁·태평양전쟁전국유가족동인회 등을 결성하여, 대일보상 요구운동을 전개하게 되었다.[21]

이러한 상황과 병행해서, 도쿄에서는 연합국에 의한 전범의 심판이 시작되고 있었다. 1945년 9월부터 곧 용의자의 체포가 시작되었고, 다음 해인 1946년 5월부터 1948년 4월까지 극동국제군사재판(도쿄재판)의 심리가 진행되어, 1948년 11월에 피고에게 판결이 선고되었다. 이 도쿄재판에서는 일본의 침략전쟁에 대해서 "평화에 대한 죄"라고 전면적으로 재판되었지만, 조선의 식민지지배 문제에 대해서는 심리 대상이 되지 않았다. 이 문제에 대해서는 1970년대 이후 서서히 일본 연구자 사이에 논의되고 있었지만, 도쿄재판 당시에

18) 光富嘉八(1954. 3~4), 「群山日本人の引揚」, 『同和』 제75·76호.

19) 小谷益二郎(1952), 『仁川引揚誌』, 大紀産業; 森田芳夫·長田かな子 編(1980), 『朝鮮終戰の記錄 資料篇 第二卷』, 巖南堂書店, 229~230쪽.

20) 森田芳夫(1964), 『朝鮮終戰の記錄: 米ソ兩軍の進駐と日本人の引揚』, 巖南堂書店, 309~312쪽.

21) 太田修(2003), 앞의 책, 32~34쪽.

일본인 가운데 확실하게 논한 사람은 거의 전무에 가까웠다.[22] 그렇지만 정영환이 당시의 재일조선인이 발행하고 있던 신문 · 기관지의 도쿄재판에 관한 논조를 검토한 바, 조선의 식민지지배 책임의 추궁이 불충분하다며 비판하는 것을 많이 찾아냈다. 정영환은 이에 대해서 "1970년대 이후의 연구에서 '발견'된 문제군을 동시대에 먼저 다루고 있었다."고 평하고 있다.[23]

이 중에 전시중 강제연행을 언급하고 있는 것은 조련의 지방기관지 『조련 가나가와[神奈川]』의 논설과 민단계의 조선건국촉진청년동맹의 기관지 『조선신문』의 논설이다.[24] 양자의 정치적 방향성은 다르지만, 공통된 것은 조선 총독이었던 미나미 지로[南次郎]와 고이소 구니아키[小磯國昭]가 조선에서 저지른 죄가 도쿄재판의 판결에서 심판되지 않은 것에 대한 비판이다. 두 명 다 도쿄재판에서 종신금고형이 선고되었지만, 그 죄상에 조선통치는 포함되어 있지 않았다. 『조련 가나가와』는 종신금고형으로도 "우리 조선인의 그들에 대한 유감과 미움은 조금도 줄어들지 않았다."고 하면서, 정치탄압, 조선어금지, 창씨개명 등과 함께, "우리 조선 인민에게는 차별적으로 탄광이나 기타 위험한 중노동 사업장으로 배치하고, 마치 개나 가축같이 취급한" 징용을 2명의 '폭정'의 예로 들고 있다. 판결에서 "조선에서 폭정을 폈다"는 조항이 왜 포함되지 않은 것인가, "우리는 이 이상한 수수께끼가 완전히 풀리는 날을 확신하며 이를 악물고 싸워나가야 한다."고 맺고 있다. 『조선신문』도 또한 미나미 총독이나 고이소 총독 시대에 실시된 지원병제도와 징용제도를 언급하면서, 1948

22) 吉田裕(1997), 「占領期における戰爭責任論」, 『現代歷史學と戰爭責任』, 青木書店.

23) 鄭榮桓(2008), 앞의 논문.

24) 「歷史的東京裁判おわる」, 『朝聯神奈川』(1948. 12. 1); 「戰犯の要求と韓國の要求」, 『朝鮮新聞』(1948. 12. 3). 모두 프란게문고(G. W. Prange Collection)에 수록되어 있다.

년 11월 22일에 한국의 외무부장 장택상(張澤相)이 "1주일 이내에 전 조선총독이었던 미나미, 고이소 두 피고를 한국 법정에서 인도에 대한 죄에 대하여 재판할 것을 요청한다."고 발언한 것에 대해서,[25] 도쿄재판에 "조선의 판사 대표가 출석하지 않았기" 때문에 "한국으로서는 당연한 요구"라고 평가하였다. 마지막으로 한국에서의 심판이 한일 양국뿐만 아니라 "세계 민주주의 제국(諸國)의 우호와 친선에도 기여하는 바가 크다."고 결론짓고 있다.

조련의 보상요구, 재일조선인운동의 도쿄재판 비판과 함께, 이 시기에 주목받는 것은 재일조선인이 쓴 역사서다. 여기에서는 김두용(金斗鎔)의 『조선근대사회사화(朝鮮近代社會史話)』와 임광철(林光澈)의 『조선역사독본』을 검토해 보겠다.[26]

김두용의 책은 조선역사의 전반을 논한 것이 아니라 '일본의 조선에 대한 침략사'를 중심으로 쓴 것이다.[27] 강제연행에 관한 서술은 조신침략사의 최종 부분인 '공업 조선하의 노동자'에 담겨 있다. 재일조선인 노동자의 노동 조건에 대해서는 '우리들 일본에 살고 있는 자'로서 "대체로 이를 잘 알고 있을 것이다."라고 하면서도, 1945년 10월 후쿠시마현[福島縣]의 조반(常磐)탄광에 파업 해결을 위해 갔을 때에 본 징용 · 모집의 실정을 6쪽에 걸쳐 상세하게 기술

---

25) 「小磯南等戰犯 韓國서 嚴罰要求」, 『東亞日報』(1948. 11. 30); 「韓民族을 搾取한 元兇 小磯國昭와 南次郎을 引渡하라」, 『自由新聞』(1948. 11. 30).

26) 金斗鎔(1947. 8), 『朝鮮近代社會史話』, 鄕土書房; 林光澈(1949. 11), 『朝鮮歷史讀本』, 白揚社.

27) 같은 책 서론(1947년 4월자)에 따르면, 성립 사정은 다음과 같다. 1930년에 치안유지법 용의로 투옥된 김두용은 1934년에 출옥한 후, 조선에 관한 독본을 집필하였다. 그런데 1936년의 출판사 및 본인에 대한 탄압으로 인해 이 원고가 압수되어 버렸다. 1945년 말에도 팸플릿을 썼으나 발행되지 못하였다. 1946년 여름 이래 각지에서 조선 역사를 강의했는데, 그때마다 출판을 요구받았다. 그래서 일주일간만 시간을 내서 집필한 것이 이 서적이라고 한다.

하였다. 그리고 "조선의 공업은 완전히 이들 조선인 노동자의 희생하에서만 발달하게 할 수 있었던 것이다."라고 맺었다.

임광철의 책은 이청원(李淸源)의 『조선역사독본』의 개정판으로 구상된 조선 통사다.[28] 조선 사회를 '동양적 고대'(삼국시대, 신라왕조), '중세 사회의 동양적 구성'(고려시대, 조선시대), '근대화로의 길'(개항기 이후)로 발전해 온 것으로 파악하고, 마지막의 '노동계급의 성장'이라는 절에서 강제연행에 대해 논하였다. 다시 말해, 1930년대 이후의 "일본의 군수산업의 이식"에 따라 노동계급이 급증하였고, "착취자 · 수탈자에 대한 혁명적 항쟁은 근대적인 치열함을 동반하게" 되고, "인민에 의한 세계사적 민주혁명은 민족통일전선의 형태를 취할 수 있는 조건을 성숙"시키게 되었다. 임광철은 "조선 사회의 이러한 진화"에 대해 가해진 "파시즘화한 일본 제국주의의 폭력"의 하나로 "소위 '전시 동원'에 의한 징용, 강제노동자"를 들면서 "젊은 노동계급의 근대 프롤레타리아트로서의 자각을 방해한" 것이라고 비판하였다.

이상과 같이, 강제연행의 피해 당사자에 대한 보상, 책임자에게 대한 처벌의 요구, 그리고 역사 서술 속에서의 의미 부여라는, 오늘날에 있어서도 중요한 논점들이 이 시기에 빠짐없이 나오고 있었던 것은 주목할 만하다. 그럼에도 불구하고 이러한 목소리가 당시의 일본인들에게 진지하게 받아들여졌다고는 하기 어렵다. 마지막에 다룬 2권의 책의 기술을 제외하고는 대부분 현장에서 나온 말이거나, 재일조선인 단체의 기관지에서 기록되어 있거나, 한글로 되어 있는 등 일반 일본인이 접하기 어려웠다는 점도 있을 것이다. 그러나 조선인을 '삼국인' 등으로 부르며, 오히려 피해자 의식을 강화하고 있던 일본인

28) 李淸源(1936), 『朝鮮社會史讀本』, 白揚社와의 관계 등 경위는 '후기'에 상세히 기록되어 있다. 최종적으로는 메이지대학[明治大學]에서 1949년에 조선역사 강의를 진행하면서 원고를 정리하였다고 한다.

이 이러한 말을 접하였다고 한들, 받아들이는 것이 가능했을지는 의문이다. 실제로 앞에서 말한 조련의 보상요구서를 받은 기업 측은 이를 '피해'라고 표현하면서, 오히려 내무성에 잇달아 보고를 올리고, 점령군으로 하여금 '진압'하게 하였다.[29)]

## III. 도항사를 이야기한다는 것 : 1949~1955년

1949년 9월, 연합국군 점령하의 일본 정부는 같은 해에 제정된 '단체 등 규정령'에 근거하여, 조련을 '반민주주의적'이며 '폭력주의적'인 단체로서 해산시키고 재산을 몰수하였다. 각지에 생겨났던 수백 개나 되는 조련계의 조선인 학교도 폐쇄하거나 개조(改組)할 수밖에 없었다. 일본 정부에 농락당하여, 최대의 재일조선인 단체와 교육 기반을 상실한 가운데, 재일조선인운동을 해나가면서 기회 있을 때마다 조선인이 왜 일본에 있는 것인지를 일본인에게 설명해야만 하는 상황이 생겼다. 이 장에서는 조련의 해산(1949년 9월)에서부터 민전(재일 조선통일민주전선)의 활동기(1951년 1월~1955년 5월)에 작성된 것을 대상으로 정리하겠다.

조련 해산에서부터 민전 결성까지의 시기에 작성된 문장 가운데, 여기에서는 이 글의 관심에 입각하여, 조련 시기부터 계속된 종합잡지 『민주 조선』에 1950년에 게재된 두 개의 논고를 검토하고자 한다. 하나는 『민주 조선』 창간자의 한 사람이기도 한 원용덕(元容德)의 「요시다[吉田] 정부에 보내는 공개장」이

29) 日本建設工業會華鮮勞務對策委員會(1947. 6), 앞의 책, 139쪽.

다.[30] 이것은 "조련, 민청(民青)의 해산이 얼마나 부당한 것인지"를 호소하는 기사로, 조련 형성의 역사적 의의를 설명하기 위해서 재일조선인의 형성사를 논하고 있다. 조선에 대한 일본의 경제적 침략으로 인해 생활이 파탄난 인민의 일부는 '임금 노예'로서 일본으로 건너갔다. 또 침략전쟁이 시작되자, "국민총동원령이다 징용령이다 제멋대로 만들어" 조선인을 '강제적으로 징용'해 왔다. 거기에는 후생성 근로국의 자료로서 1939~1944년의 통계도 게재되어 있다. 1945년에 그러한 '살인강도적 제국주의 일본'에서 해방되었는데도, 일본 군국주의자와 악독한 고용주는 조선인에게 더욱 잔학한 처사를 가하였다. 그렇기에 '우리의 힘'으로 잔류 동포의 인권과 권익을 옹호하기 위해 조련이 결성되었다고 말을 이으면서, 조련 해산 지정의 부당성을 주장하였다.

임광철의 「도항사(渡航史)」는 일본인과 조선인의 두 민족이 만들어가야 할 관계를 고찰하기 위해 재일조선인의 형성사를 쓴 것이다.[31] 아마도 전 조련의 활동가가 일본공산당의 틀 내에서 일본인과 함께 활동할 수밖에 없었던 상황을 염두에 둔 것이라고 생각된다. 임광철은 우선 조선인 도항의 역사란 "제국주의 단계에 있는 자본주의 문제의 일국면"이며, "세계적으로 연결된 제국주의의 하나의 표출"이라고 규정한다. 그리고 조선인이 비약적으로 증가한 시기(1915~1918년, 1922~1924년, 1932년~)에 주목하면서, 어느 쪽의 증가나 모두 '세계 제국주의의 반목' 속에서 '일본 자본가'의 요구에 의한 것이라고 하였다. 이 세 번째 시기 가운데 "태평양에 있어서의 제국주의 전쟁" 시에 "조선의 청년이 징용 노동 내지는 근로 동원이라는 명목으로 헤아릴 수 없을 정도가 일본에 강제적으로 연행되었다."고 강제연행의 의미를 부여하고 있다. 이렇게

30) 元容德(1950. 5), 「吉田政府への公開狀」, 『民主朝鮮』.
31) 林光澈(1950. 7), 「渡航史－竝にその性格－」, 『民主朝鮮』.

형성된 재일조선인은 "제국주의에 대한 본능적이라고도 할 수 있을 정도의 육체적인 적개심을 가지는데", 일본인 프롤레타리아트와 생활 조건이 다르기 때문에, '룸펜'적이고 '무정부주의적'이며 '민족주의적 편향'을 가지게 된다. 이를 어떻게 의식적으로 극복하고, "조선인 대중을 일본의 전위적 혁명세력으로 결집"시킬지가 과제라고 하면서 맺는다.[32)]

민전 결성 후의 중요한 움직임으로, 여기에서는 강제송환반대운동 속에서 이야기된 도항사에 주목하고자 한다. 일본 정부 및 점령군은 1951~1952년에 걸쳐 재일조선인의 법적 지위에 있어서 중대한 정책을 펼쳤다. 즉, 1951년 10월 4일에 외국인의 퇴거강제 등을 정한 출입국관리령(입관령)이 공포되었고(11월 1일 시행), 이듬해 1952년 4월 28일에는 지문등록 등을 신규로 규정한 외국인등록법(외등법)이 공포 · 즉일시행(卽日施行)되면서, 샌프란시스코 강화조약의 발효와 함께 재일조선인 · 대만인은 일본 국적을 상실하고, 입관령 · 외등법의 적용 대상이 되었다. 재일조선인을 일본 국민을 대상으로 한 권리 체계에서 배제하고, 감시체제를 강화하면서, 경우에 따라서는 치안적 관점에 입각하여 일본에서 추방할 수 있는 제도가 확립된 것이다. 그러한 상황하에서 민전은 강제송환반대운동을 전국적으로 전개하였다.[33)] 임광철이 『개조(改造)』에 기고한 「강제송환은 절대사절이다!(強制送還なら眞っ平だ!)」는 그러한 상황에서 나오게

32) 임광철(1953. 7), 『歷史學硏究』 특집호, 「朝鮮史の諸問題」에서 「在日朝鮮人問題 : その歷史的發展について」라는 논문을 실어 새로운 '민족 문제'를 생각하기 위해 역사를 돌이켜보고 있다.

33) 강제송환반대운동에 대해서는 朴慶植, 『解放後 在日朝鮮人運動史』, 三一書房, 305~309쪽; 外村大(2005), 「한일회담과 재일조선인: 법적지위와 처우 문제를 중심으로」, 『역사문제연구』 제4호 및 이 책에 수록된 太田修의 논문을 참조할 것. 강제송환반대운동은 민전뿐만 아니라 한국 민단과 재일화교단체도 전개하였다.

된 것이다.[34] 임광철은 1948년의 한신교육투쟁 당시에 조선인을 강제송환하겠다고 언명한 미 제8군 사령관 아이켈버거(Eichelberger) 이래, 일본의 지배자는 무슨 일이 있을 때마다 강제송환론을 들고 나온다고 말한다. 그리고 그러한 논의에 설득당하기 쉬운 '정치 문제에 관심이 적은 일본인'들에게 '전시동원'을 포함한 한국병합 이래의 도항사를 이야기한다. 오늘날의 조선인 문제는 이러한 전전의 프로세스가 내포하고 있던 문제가 "표면화된 것이며, 계속되고 있는 것이다."라고 한다. 재일조선인에게 있어서는 '평화적으로 통일되면서 독립한 조국'과 일본의 "주권이 민주주의자들의 수중에 있게 될" 필요가 있지만, 그러한 정당한 요구를 두려워하는 요시다[吉田] 정부가 강제송환을 서두르고 있는 것이라고 말한다. 필요할 때는 '강제동원', 필요 없어지면 '강제송환'하려고 하는 일본 지배계층에 대한 역사적인 비판으로 이루어져 있다.

이상은 각각 운동 단체의 존재 의의 증명을 위해, 노동자의 연대를 형성하고 강제추방을 항의하기 위해서 도항사를 정리한 글이라고 할 수 있는데, 또 한 가지 이 시기에 특징적인 것은 도쿄도립 조선인학교 존속을 위한 운동이다. 1949년 조선인학교가 폐쇄되고도, 재일조선인들은 각지에서 다양한 형태로 교육시설을 재건해 갔다. 그 중 도쿄도[東京都]에서는 1949년부터 조선인학교가 '잠정조처'라고 하여 도립학교로 운영되게 되었다. 약 5년 동안만 계속된 도립 조선인학교에서는 학교장은 일본인으로 하고, 조선어 · 조선역사는 과외 수업으로 자리하게 되었다.[35] 이 때 임광철은 도립 조선고등학교 · 중학

34) 林光澈(1952. 7), 「强制送還なら眞っ平だ!」, 『改造』.

35) 「朝鮮人學校取扱要綱」, 『東京都立朝鮮人學校に關する資料』(1949. 12. 20), 東京都教育廳學務部, 1954. 6). 또 도립 조선인학교에 대해서는 小澤有作(1973), 『在日朝鮮人教育論 歷史篇』, 亞紀書房, 302~414쪽에 자세하다.

교의 교무주임이었으며, 박경식은 이 학교의 사회 · 역사과 교원이었다.[36] 그런데 1952년 4월의 샌프란시스코 강화조약과 함께 재일조선인이 정식으로 일본 국적을 상실한 것을 계기로, 정부는 조선인학교에 대한 공비 지출을 중지하고 사립으로 이관할 방침을 내세웠다. 같은 해 여름에는 매스컴이 캠페인을 벌여, '빨갱이 조선인', '미치광이 병원' 같은 말로 된 식민지시대 이래의 멸시와 반공주의가 혼합된 표현으로 공격당하게 되었다.[37] 도쿄 도립 조선인학교 교직원조합(조교조) 등은 학교 존속을 위해서 다양한 노력을 하였고, 그 일환으로서 공간된 제 문서 가운데, 강제연행을 포함한 재일조선인사가 쓰이게 되었다.

조교조가 재일조선인학교 PTA 전국연합회와 함께 낸 팸플릿 『교육의 자유를 지키기 위해서』는 사립 이관에 반대하는 논거를 제시한 것이다.[38] 거기에서는 우선 재일조선인이 "일본 지배자 때문에 어쩔 수 없이 일본으로 이주할

36) 『一九五一년도 학교보고서』 도쿄조선고등학교, 도쿄조선중학교, 1952년 4월 30일 현재(『在日朝鮮人關係資料集成 〈戰後編〉 제7권』). 1952년도 보고서에서 임광철은 '교장'이라고 기록되어 있는데, 조선인 교원 측의 교장이라는 의미로 여겨진다. 후술할 가지이 노보루, 시로타 노보루도 이 학교의 교원이다.

37) 《요미우리신문[讀賣新聞]》은 「빨갱이 조선인에게 먹히는 혈세(赤い朝鮮人に食われる血稅)」(1952. 8. 7), 「조선학교 나는 "미치광이 병원"이라고 부른다(朝鮮學校 私は"氣違い病院"と呼ぶ)」(1952년 8월 22일), 「빨갱이 교련의 거점(赤い教練の據點)」(1952. 8. 24), 「극좌의 지령으로 움직이는 조선인학교(極左の指令で動く朝鮮人學校)」(1952. 8. 26) 같은 보도를 반복하고서 사설(1952. 8. 27)에서 "조선인 문제는 현재 일본의 큰 암이다." 같은 말을 논하였다.

38) 在日本朝鮮人學校PTA全國連合會 · 東京都立朝鮮人學校教職員組合(1952. 6), 『教育の自由を守るために: 在日本朝鮮人青少年教育問題について』. 그밖에 PTA 전국연합회는 1952년 8월부터 기관지 『평화와 교육(平和と教育)』을 창간했는데, 그 모두(冒頭)에 "조선인교육 탄압에 단호히 반대한다."고 내세우고 있다. 거기에서는 "조선인이 좋아서 고향을 떠난 것이 아니다."라고 썼는데, 그런 가운데 '강제징용, 강제징병'이 언급되어 있다.

수밖에 없었던" 역사가 정리되어 있고, 그 가운데에서 "아침에 자고 있을 때, 낮에 밭에서 일하고 있을 때 갑자기 순사가 와서 어디로 가는지도 알려주지 않고 그대로 징용해 간" 경험 등이 소개되어 있다. 게다가, "교육상의 민족 고유의 권리"를 박탈하고 있었기 때문에, 일본 정부는 "적극적으로 조선인 자제 교육의 책임을 지고, 그 교육을 원조하고 보호하며, 그렇게 함으로써 과거의 비행의 책임을 져야 한다."고 논하였다.

이 시기 재일조선인의 교육기관에 일본인 교원이 들어가는 특수한 상황의 산물로서, 일본인으로부터도 이러한 문제제기가 이루어졌다. 도립 조선인학교의 일본인 교원 중 한 사람이었던 가지이 노보루[梶井陟]는 1952년의 반재일조선인교육 캠페인을 보고, 1953년 1월에 열린 일본교직원조합(일교조)의 제2회 전국교육연구대회(교연대회)에 조교조를 대표해서 보고하게 되었다.[39] 이 보고에서 가지이는 "과연 재일조선인 교육의 문제는 지금까지의 상업신문의 기사나 정부의 언명 등에서 보이는 바와 같이, 일본에 있어서 도저히 손댈 방법이 없는 암적인 존재인 것일까."라고 물은 뒤, 재일조선인의 도항사와 교육사를 돌이켜보았다. 교연회에 파견하는 데 있어서는 주변의 조선인 교직원이 자료를 많이 제공한 것으로 생각되는데, '강제징용'을 포함한 도항사에 대해서는 원용덕 논문에 의거하면서 후생성의 통계표 등도 게재하였다.[40] 이 보고를 시작으로 일교조, 역사교육자협의회(역교협), 향토교육전국협의회, 역사학연구회 등을 통해서 재일조선인사가 이야기되게 되었다. 예를 들면, 역교협이 향토교육전국협의회와 함께 내고 있던 잡지 『역사지리교육』에서는 스즈키 료

39) 이때의 전말은 梶井陟(1974), 『朝鮮人學校の日本人教師』, 亞紀書房에 상세하게 기록되어 있다.

40) 東京都教職員組合連合(1953), 「平和教育の一環としての在日朝鮮人教育の實態とその在り方」, (第8分科 會發表 要項), 『日教組第二回全國教育研究大會 東京都報告書』.

[鈴木亮]가 「왜 일본에는 조선인이 많이 있는가」라는 글을 기고하여, 전시 중의 '징용 노동자' 문제도 포함해서 개설을 기록하고 있는데, 그 말미에는 "자료를 박경식 선생님에게서 제공받았다."고 명기하였다.[41] 임광철이나 박경식 등과 동료였던 시로타 노보루[代田昇]도 일교조의 기관지에 '강제징용'을 포함한 재일조선인사를 「수기(手記)」로 쓴 것 이외에, 재일조선인학교 PTA 전국연합회가 내고 있던 일본어 홍보지 『민족교육』에도 "정부의 헛소문과 중상에 반박하기" 위해 도항사를 포함한 글을 보냈다.[42]

이러한 가운데, 1954년 10월 도쿄도 교육청이 다음 해 3월 폐교를 '통달'하였다. 이에 대하여 조교조를 비롯한 재일조선인운동 단체는 다시 여러 가지 방법으로 대처를 시도하였다. 여기에서는 이 시기에 내놓은 강제연행의 증언, 팸플릿 『민족의 아이(民族の子)』(1954년), 영화 「조선의 아이(朝鮮の子)」(1955년)의 세 가지에 주목하고자 한다.

폐교 통달 후, 『조교조 뉴스』(일본어)에서는 「교사 · 부형 · 어린이의 기록 특집」을 구성하였다.[43] 거기에는 '식민지', '도일', '강제징용', '태평양전생', '8 · 15', '독립 해방', '도립시대'로 나누어서 기록이 게재되어 있다. 교사와 어린이의 기록은 본인이 쓴 것이지만, 부형의 기록은 조교조 제1지부(아라카와[荒川] 지구)의 교원이 교육연구활동의 일환으로 실시한 실태조사에 근거한 것이었다. 이 중 '강제징용'의 기록 두 가지는 모두 보호자의 증언에 따른 것이었

41) 鈴木亮(1954. 7), 「なぜ日本には朝鮮人がたくさんいるか」, 『歴史地理教育』 창간호. 이 논문 속의 도항사는 향토교육전국협의회의 중심인물인 桑原正雄(1955)가 낸 문고본 『郷土をしらべる』(國土社)에서도 활용되었다.

42) 代田昇(1954. 11), 「歴史的にみた在日朝鮮人教育 朝鮮人學校(日本人)教師の手記」, 『日教組教育情報』 292호; 代田昇(1954. 1. 25), 「朝鮮人は日本人の血税を喰つているか?」, 『民族教育』 4호.

43) 『朝教組ニュース』 No.8(1954. 11. 24).

다. 한 명은 규슈[九州]의 탄광에 징용되었다가 도망쳐 온 사람이었고, 또 한 명은 필리핀에 동원되었던 사람이다. 이밖에 '모집'으로 갔던 후쿠오카[福岡]의 탄광에서 있었던 '생생한 지옥'의 상황을 서술한 교사의 작문도 있다. 절박한 상황 속에서 이러한 기록을 운동으로서 정리하고 있었던 점은 주목할 가치가 있다.

팸플릿 『민족의 아이』[44]는 조선인 교육의 객관적인 역사를 제시하는 것으로 "일본 국민 제형(諸兄)이 아시아 우호의 입장에서 조선인 자제 교육 문제에 대해서 일본의 침로(針路)에 플러스가 될 것 같은 판단과 이해를 갖게 하기 위해서 정리한 것이다."라고 일본 국민에게 이해를 구하기 위해서 편집하였다는 취지를 밝히고 있다. "조선인은 언제 어찌하여 일본으로 건너왔는가." 하는 부분에서는 '조선인의 강제징용', '육해군인 군속'에 대해서 통계를 가지고 설명한 뒤, "징용은 아침에 아직 자고 있을 때, 낮에 일하고 있을 때 갑자기 순사가 와서 행방도 알리지 않고 그대로 끌고 가버린 자가 많고, 남자뿐만 아니라 수천 명의 여성도 이렇게 해서 모아져 전쟁터에서 위안부로 삼아졌다."라고 일본군'위안부'제도에 대해서도 언급하고 있다.

다카야나기 도시오[高柳俊男]가 말한 바와 같이, 영화 「조선의 아이」[45]는 도립 조선인학교 폐교 반대운동과정에서 기획된 것이며, 시기로는 민전에서 총

44) 「民族の子: 朝鮮人學校問題」, 東京都立朝鮮學校教職員組合情報宣傳部(1954. 11. 30).

45) 영화 「朝鮮の子」(1955), 제작=재일조선인학교 PTA 전국연합회, 재일조선인교육자동맹, 재일조선영화인집단, 연출=아라이 히데오[荒井英郎], 교고쿠 다카히데[京極高英], 여운각(呂運珏), 임건(林健), 윤효택(尹孝鐸). 이 영화는 당시의 전단지(시가[滋賀]현립대학 · 박경식문고 소장)에 따르면, 1954년 12월 20일경부터 촬영을 시작해 1955년 2월 중순에 공개 예정이라고 기록되어 있다.

련으로 전환되는 때에 제작 · 공개되었다.[46] 영화 속에서 조선인학교에서 배우는 '민자(敏子[도시코])'가 작문을 낭독하는 인상적인 장면이 있다. 고베[神戸]에서 온 치마저고리를 입은 할머니를 본 친구에게서 "너 조선인이었니?"라는 말을 듣고 민자는 "그 할머니를 미워했습니다."라고 이야기한다. 그런데 할머니는 조선인의 도항사를 이야기하기 시작한다. 그 가운데에는 "이웃에 살던 김영매는 장가를 가는데 때리쳐서 징용이라고 헌병이 와서 다려가고, 이 서방은 밭에서 일하는 것을 도라크로 실어가고"라는 말도 있었다. 이것을 듣고 민자는 처음으로 조선인의 내력을 알고, 조선인을 얕보고 있었던 것을 후회한다. 낭독이 끝나고 교실에는 박수가 울려 퍼진다. 다카야나기가 말한 바와 같이 이 장면에서 낭독된 작문은 도립 조선인중학교에 다니고 있던 강민자(姜敏子)의 작문이 기초가 된 것이다. 영화제작 이전에 강민자의 작문은 박경식의 활동을 통해 역사학연구회의 특집호(1953년)에 게재되었고,[47] 『민족의 아이』에서도 소개되고 있었다. 다만 깅 도시코의 원래의 작문에서는 할머니에게서 도항사를 들은 것이 아니라 조선인학교에 편입해서 처음으로 재일조선인 형성사를 배우게 된다. 그런 의미에서 이 이야기는 도립 조선인학교의 교육 실천을 형상화한 것이라고 할 수 있을 것이다.[48]

단, 영화 「조선의 아이」는 당시 그다지 상영될 기회가 없었다. 때마침 영화

---

46) 高柳俊男(1989. 7~11), 「枝川の歴史をつくった人びと: 在日朝鮮人一世の證言から」 13~17, 『記錄』 No.124~128; 高柳俊男(1993), 「映畵『朝鮮の子』とその時代」, 坂崎武彦 編, 『動く繪の作家 荒井英郎』, 講談社出版サービスセンター; 高柳俊男(1995), 「映畵『朝鮮の子』: 民族教育の原点として」, 『ほるもん文化』 5.

47) 「祖國はどこ : 在日朝鮮人兒童の作文」, 『歷史學硏究』 별책 특집호(1953. 7).

48) 또 북한에서 나온 조선력사편찬위원회(1949), 『조선민족해방투쟁사』(김일성종합대학)을 1952년에 박경식 · 임광철 · 이은직이 일본어로 번역 출판하였다(『朝鮮民族解放鬪爭史』, 三一書房). 이것이 구체적으로 교육 실천과 어떻게 관련 있었는지는 확실하지 않지만, 이 책에서는 강제연행이 독립운동사 안에 자리매김되어 있다.

가 완성되었을 때, 민전에서 총련으로 노선전환이 이루어져, 일본의 국민교육 제도내에서 민족교육을 하면서 일본의 민주화를 위해 일본인과 공동 투쟁한다는 기존의 운동의 방향성이 '과오'로 여겨졌다.[49] 그 결과, 다카야나기가 총련 관계자로부터 들은 이야기에 따르면, 이 영화는 '의붓자식'과 같은 것으로 '불우'한 취급을 받은 것이다.[50] 만일 일본인이 보고 있었다고 한들, 이 장면이 공감을 얻을 수 있었을지는 의문이다. 사실 영화 잡지 『키네마순보』의 소개 기사에서는 "왜 조선인인 자신이 일본에서 태어났는가, 다시 말해 일본의 조선 정책 등을 배워서 개심(改心)?의 작문을 교실에서 읽어 박수를 받지만, 우리 일반에게는 명확하지 않다."고, 아주 중요한 부분에 있어서 영화의 함의를 이해하지 못하고 있다.[51]

이밖에 이 시기에는 아키타현[秋田縣]의 하나오카[花岡]사건을 둘러싼 중국인 · 조선인 · 일본인의 공동 투쟁 속에서 몇 가지의 작품이 나왔고,[52] 다나가와[多奈川]사건(오사카부[大阪府] 센난군[泉南郡] 다나가와초[多奈川町] 재일조선인 촌락에서의 밀주 일제 적발)을 둘러싸고, 그 촌락이 애당초 가와사키조선[川崎造船]의 함선공장에 강제 동원되면서 생겼다는 사실이 이야기되기도 하였다.[53] 그러나 그것은 역시 일본 사회 내에서 주변적인 인식에 머물렀다고 하지 않을 수 없을 것이다. 더불어 1955년은 재일조선인운동이 노선전환하고, 도립 조선인학교가 폐교가

49) 李東準(1956), 『日本にいる朝鮮の子ども：在日朝鮮人の民族教育』 春秋社, 四－1.

50) 高柳俊男(1993), 앞의 글, 212쪽.

51) 「朝鮮の子」, 『キネマ旬報』 118호(1955. 5. 1).

52) 日中友好協會(1951), 『花岡ものがたり』, 日中友好協會文化部; 松田解子(1953), 『地底の人々』, 世界文化社. 이 작품들의 배경에 대해서는 야마다 쇼지의 앞의 연구사를 참조하길 바란다. 또 하나오카사건의 추도식에 대해서 당시의 민전계(民戰系) 기관지 『해방신문』이 기사화했던 것도 여기에서 부기해 둔다(제477호=1953. 4. 2, 제478호=1953. 4. 4).

53) 白佑勝(1952. 5), 「ルポルタージュ 多奈川事件を解剖する」, 『朝鮮評論』 제3호.

되었을 뿐만 아니라, 일본공산당이 7월의 제6회 전국협의회에서 무장투쟁 노선을 포기하면서 일본의 혁명운동에 있어서도 전환점이 된 해이기도 하다. 그러한 귀결로서 1955년 이전의 운동 경험에 대해 이야기를 이어나가는 장이 주변화된 측면도 있을 것이다. 어쨌든 강제연행을 포함한 재일조선인형성사에 대한 인식은 일본 사회에서는 아직 심화되지 않았다.

## IV. 맺음말

조선인 강제연행론의 '계보'라고 할 때, 그것은 족보처럼 연속적 · 계통적으로 계승되어 가는 것이 아니다. 오히려 그 시대의 권력 관계와 정치적인 다툼의 어느 국면에서 과거의 일이 상기되고 조사되면서 이야기되어 왔다고 해야 할 것이다. 노동현장에서의 보상요구, 전쟁범죄의 심판에 식민지지배라는 죄가 포함되지 않은 것에 대한 비판, 민족사의 재구축, 일본 정부의 조련 해산에 대한 비판, 혁명의 연대 형성, 강제송환의 위협에 대한 항의, 일본 정부의 민족교육에 대한 탄압과 그에 대한 저항 같은 것들 속에서 조선인 강제연행의 경험이 이야기되어 왔다.

이러한 말들은 누구를 향해서 한 것이었는지를 생각해 보면, 재일조선인을 독자로 상정하고 있었던 것으로 생각되는 박홍규의 글이나 김두용의 책을 제외하면, 일본 기업, 재조일본인, 일본 정부, 일본인 활동가, 일본인 교원 등 일본인을 대상으로 해서 일본어로 된 것이다. 그것은 항의와 요구이거나 이해를 구하려는 것이었는데, 그 배경에는 조선인이 왜 일본에 살고 있는 것인가, 대일본제국이 예전에 어떤 비인도 행위를 저질렀는지에 대한 일본인의 무지, 몰이해가 존재하고 있었다고 할 수 있겠다. 조선인 강제연행에 관한 본격적인 조사가 시작된 것은 1960년 전후인데, 직접 동원된 적이 없는 많은 재일조선인들에게 있어서도 강제연행은 친족을 비롯해 주변에서 알고 있었던 구체적인 경험이며,[54] 새삼 조사할 것까지도 없는 사실이었다. 그러한 조선인과 일본인 사이에 있는 갭이 이 글에서 언급한 언설의 배경에 있다.

마지막으로 식민지지배 책임을 묻는 방향에 대해서 말해 두고 싶다. 강제동원피해 당사자나 조련이 해방 직후에 한 요구는 기업의 금전적인 보상 조치로서 그 책임을 다할 것을 촉구하는 것이었다. 또, 조선의 식민지 통치를 도쿄재판에서 범죄로 심판할 것을 요구하는 것은 책임자 처벌에 속한다. 그러나 보상과 처벌뿐만 아닌 책임을 지는 방법도 제기되고 있다. 도립 조선인학교의 사립 이관 반대운동이나 폐교 반대운동이 요구한 것은 재일조선인 형성사와 교육권의 박탈이라는 역사에 기초하여, 일본 정부가 민족교육을 보장하는 것이었다. 또, 밀주를 일제 적발했던 다나가와사건(1952년)에서 트럭 10대에 나누어 탄 100명의 검거반에게 주민은 "우리는 전쟁 중에 끌려왔다가 종전으로 내팽개쳐져서, 먹고 살길이 없기에 살기 위해서 술을 만들고 있는 것이다. 이 술을 가져가는 것은 우리의 목숨을 빼앗는 것으로 우리를 죽이는 것이다."라고 말하고, 타이어의 공기를 빼면서 저항하였다.[55] 이 사건을 취재한 조선인 기자는 "일자리를 돌봐주지 못한다면 [술 빚기를] 공인된 정업(正業)으로 인정해야

54) 일례로 전시 중에 경북 예천에서 교토에 와있던 유학생은 기타큐슈[北九州]의 탄광에서 가혹한 노동조건 속에서 노동을 강요당하고 있던 숙부를 방문하고 있는 것 외에, 공출로 인해 "시시해서 농사는 못 하겠다."고 생각한 같은 동네 청년들이 8명이나 홋카이도[北海道]·규슈[九州] 등의 탄광으로 가 버린 것을 일기에 남겼다(앞의 글(2013), 「故郷の夢: 在京都朝鮮人留學生日記(1940~43年)にみる植民地經驗」, 『コリア研究(立命館大學コリア研究センター)』 제4호).

55) 大阪府警察史編集委員會(1973), 『大阪府警察史』 제3권, 大阪府警察本部, 329쪽.

할 성질의 것"이라고 생활권의 문제로 제기하였다.[56] 조선인 강제연행론이 다양한 투쟁의 장에서 이야기되었다는 것은 그 책임을 추급하는 방법도 다양할 수 있다는 점을 시사하고 있다. 식민지지배 책임의 계보를 짚어보는 것은 과거를 극복할 가능성의 폭을 넓히는 것이기도 하다.

56) 白佑勝(1952. 5), 앞의 글, 29쪽.

• 참고문헌


エメ・セゼール, 砂野幸稔 譯(2004),『歸鄕ノート・植民地主義論』, 平凡社ライブラリー.

ジャンーポール・サルトル, 多田道太郎 譯(2000),「植民地主義は一つの體制である」,『植民地の問題』, 人文書院.

ミシェル・フーコー(2006),「ニーチェ, 系譜學, 歷史」,『フーコー・コレクション3』, ちくま學芸文庫.

高柳俊男(1989. 7~11),「枝川の歷史をつくった人びと：在日朝鮮人一世の證言から」13~17,『記錄』No.124~128.

高柳俊男(1993),「映畫『朝鮮の子』とその時代」, 坂崎武彦 編,『動く繪の作家 荒井英郎』, 講談社出版サービスセンター.

高柳俊男(1995),「映畫『朝鮮の子』：民族教育の原点として」,『ほるもん文化』5.

古庄正(1993),「日本製鐵株式會社の朝鮮人强制連行と戰後處理」,『駒澤大學經濟學論集』25-1.

古庄正(1995),「足尾銅山・朝鮮人强制連行と戰後處理」,『駒澤大學經濟學論集』26-4,

古庄正(2005),「政府と企業の戰後處理」,『朝鮮人戰時勞働動員』, 岩波書店.

光富嘉八(1954. 3~4),「群山日本人の引揚」,『同和』제75・76호.

宮本正明(2006),「敗戰直後における日本政府・朝鮮關係者の植民地統治認識の形成」,『研究紀要〈世界人權問題研究センター〉』11호.

吉田裕(1997),「占領期における戰爭責任論」,『現代歷史學と戰爭責任』, 青木書店.

吉澤文壽(2005),『戰後日韓關係: 國交正常化交涉をめぐって』, クレイン.

吉澤文壽(2010),「日本の戰爭責任論における植民地責任」, 永原陽子 編,『「植民地責任」論: 脫植民地化の比較史』, 青木書店.

金斗鎔(1947. 8),『朝鮮近代社會史話』, 鄕土書房.

金民樹(2002),「對日講和條約と韓國參加問題」,『季刊國際政治』131호.

代田昇(1954. 1. 25),「朝鮮人は日本人の血稅を喰つているか？」,『民族教育』4호.

代田昇(1954. 11),「歷史的にみた在日朝鮮人教育 朝鮮人學校(日本人)教師の手記」,『日教組教育情報』292호.

大阪府警察史編集委員會(1973), 『大阪府警察史』 제3권, 大阪府警察本部.
東京都立朝鮮學校教職員組合情報宣傳部(1954. 11), 「民族の子: 朝鮮人學校問題」.
鈴木亮(1954. 7), 「なぜ日本には朝鮮人がたくさんいるか」, 『歴史地理教育』 창간호.
李東準(1956), 『日本にいる朝鮮の子ども：在日朝鮮人の民族教育』 春秋社, 四－1.
李淸源(1936), 『朝鮮社會史讀本』, 白揚社.
林光澈(1949. 11), 『朝鮮歷史讀本』, 白揚社.
林光澈(1950. 7), 「渡航史－竝にその性格－」, 『民主朝鮮』.
林光澈(1952. 7), 「强制送還なら眞つ平だ!」, 『改造』.
梶井陟(1953), 「平和教育の一環としての在日朝鮮人教育の實態とその在り方」, 第8分科 會發表 要項, 『日教組第二回全國教育研究大會 東京都報告書』, 東京都教職員組合連合.
梶井陟(1974), 『朝鮮人學校の日本人教師』, 亞紀書房.
朴慶植(1989), 『解放後在日朝鮮人運動史』, 三一書房.
朴興圭(1946. 4), 「强制勞働者」, 『朝聯文化』 창간호, 朴慶植 編, 『在日朝鮮人關係資料集成』, 「戰後編」 제9권.
白佑勝(1952. 5), 「ルポルタージュ 多奈川事件を解剖する」, 『朝鮮評論』 제3호.
森田芳夫(1964), 『朝鮮終戰の記錄: 米ソ兩軍の進駐と日本人の引揚』, 巖南堂書店.
森田芳夫・長田かな子 編(1980), 『朝鮮終戰の記錄 資料篇 第二卷』, 巖南堂書店.
小谷益二郎(1952), 『仁川引揚誌』, 大紀產業.
小澤有作(1973), 『在日朝鮮人教育論 歷史篇』, 亞紀書房.
松田解子(1953), 『地底の人々』, 世界文化社.
永原陽子編(2010), 『植民地責任論』, 靑木書店.
外村大(2005), 「한일회담과 재일조선인: 법적지위와 처우 문제를 중심으로」, 『역사문제연구』 제4호.
元容德(1950), 「吉田政府への公開狀」, 『民主朝鮮』 5월호.
日本建設工業會華鮮勞務對策委員會(1947. 6), 『華鮮勞務對策委員會活動記錄』.
日中友好協會(1951), 『花岡ものがたり』, 日中友好協會文化部.
在日本朝鮮人聯盟(1983), 「總務部經過報告」, 『朝鮮問題研究叢書』 第9卷.
在日本朝鮮人學校PTA全國連合會・東京都立朝鮮人學校教職員組合(1952. 6), 『教育の自由を守るために: 在日本朝鮮人靑少年教育問題について』.

鄭榮桓(2008), 「東京裁判をめぐる在日朝鮮人發行新聞・機關紙の論調」, 『日韓相互認識』 1호.

太田修(2003), 『日韓交涉: 請求權交涉の問題』, クレイン.

板垣龍太(2008), 「탈냉전과 식민지지배책임의 추급」, 나카노 도시오・김부자 편저, 『역사와 책임 : '위안부' 문제와 1990년대』, 선인.

板垣龍太(2010), 「日韓會談反對運動と植民地支配責任論」, 『思想』1월호, 岩波書店.

板垣龍太(2012), 「認識の玄界灘をこえて: 植民地主義と冷戰の現在」, 『インパクション』 183호.

板垣龍太・金富子・中野敏男 編(2008), 「脫冷戰と植民地支配責任の追及」, 『歷史と責任』, 青弓社.

板垣龍太・미야지마 히로시 외(2011), 「한일회담 반대운동과 식민지 지배 책임론」, 『일본, 한국병합을 말하다』, 열린책들.

板垣龍太・徐勝・前田朗 編(2011), 「植民地支配責任を考える」, 강연록, 『文明と野蠻を超えて』, かもがわ出版.

板垣龍太・中野敏男他 編(2005), 「植民地支配責任を定立するために」, 『繼續する植民地主義』, 青弓社.

平野千果子(1999), 「第二次世界大戰とフランス植民地: 「克服すべき過去」とは何か」, 『思想』1월호.

「小磯南等戰犯 韓國서 嚴罰要求」, 《東亞日報》(1948. 11. 30)

「歷史的東京裁判おわる」, 『朝聯神奈川』(1948. 12. 1), G. W. Prange Collection.

「戰犯の要求と韓國の要求」, 《朝鮮新聞》(1948. 12. 3), G. W. Prange Collection.

「韓民族을 搾取한 元兇 小磯國昭와 南次郎을 引渡하라」, 《自由新聞》(1948. 11. 30).

「祖國はどこ : 在日朝鮮人兒童の作文」, 『歷史學研究』 별책 특집호(1953. 7).

「朝鮮の子」, 『キネマ旬報』 118호(1955. 5. 1).

「朝鮮人學校取扱要綱」(1949. 12. 20), 『東京都立朝鮮人學校に關する資料』, 東京都教育廳學務部, 1954. 6.

『朝教組ニュース』 No.8(1954. 11. 24).

「'朝連'はいかに斗つているか」 제17호(1947. 4. 5), 『朝鮮人生活權擁護委員會ニュース』 특집호.

# 일본의 역사인식과 전후보상 정책의 재검토

와세다대학 대학원 아시아태평양연구과 교수 **이종원**

# 일본의 역사인식과 전후보상 정책의 재검토

와세다대학 대학원 아시아태평양연구과 교수 **이종원**

## I. 머리말 – 역사인식의 조류와 역류

'전후(戰後) 레짐(regime)의 탈각(脫却)'을 내세운 아베[安倍] 정권의 부활로 일본은 역사인식 면에서 또 다시 커다란 분기점을 맞이하고 있다. 올해 7월의 참의원 선거까지는 정권 기반을 굳히기 위해 경제정책을 전면에 내세우는 전략을 취하고 있다. 그러나 높은 지지율을 배경으로 '자주헌법'으로의 헌법 개정 등 보수 우파의 이념적 지향이 서서히 표면화되고 있다. 참의원 선거에서 아베 자민당이 승리할 경우, 일본 국가가 지향하는 방향성과도 얽히면서 역사인식이 정치적 쟁점으로 등장하게 될 것이다.

역사인식의 관점에서 보면, 1990년대 이후 일본은 일대 전환기를 겪고 있다고 할 수 있다. 세계적인 냉전 종결 후, 변동하는 국제정세 속에서 일본이라는 국가가 어떠한 미래상을 지향할 것인지, 나아가 아시아 지역의 질서 형성에서 어떠한 역할을 해야 할 것인지를 둘러싸고, 서로 대립되는 이념과 세력이 힘겨루기를 거듭하고 있는 것이 현재 모습이다. 한편에서는 1990년대 이후, 전쟁과 식민지지배를 둘러싼 일본의 역사인식은 일정한 '전진'을 이룬 것이 사실이다. 급속히 진행되는 동아시아의 경제적 지역 통합이라는 현실이 아시아 여러 나라와의 역사 화해의 필요성을 부각시키고, 또 이를 실현하는 배경으로 작용했다. 그러나 다른 한편으로는 이러한 '전진'에 대한 반동이라는 측면을 동반하면서, 전후 일본의 평화체제 자체를 부정하려는 움직임에도 박차가 가해졌다.

글로벌화 시대에 탈국경적인 가치나 이념의 공유가 새로운 역사인식의 형성을 촉발함과 동시에, 복고적인 내셔널리즘과 같은 배타적인 '아이덴티티의 정치(identity politics)'를 유발하는 양면성을 가지는 것은 도처에서 보여진다. 일본의 경우, 이러한 일반적인 현상뿐만 아니라, '전후 일본'을 지탱해 온 제도와 체제 그 자체에 내포된 역사인식의 한계에도 주목할 필요가 있을 것이다.

이 글에서는 '침략전쟁'을 둘러싼 정치적 공방과 전후보상 재판을 중심으로 일본의 역사인식이 어떠한 상황에 있는지를 검토해 보고자 한다.

## II. '침략전쟁'과 '식민지지배'를 둘러싼 공방

### 1. '침략전쟁'을 인정한 호소카와 발언

1990년대 이후 일본에서는 전쟁과 식민지지배를 둘러싼 역사인식의 문제가 정치적 쟁점으로 부상했다. 이를 둘러싼 정치적 공방이 현재 아베 총리의 '침략전쟁 부정' 발언에까지 이어지고 있는 것이다. 아베 총리의 일련의 발언은 1990년대부터 시작된 '침략'에 대한 '반성'의 흐름을 차단하고, 그것을 되돌리려는 움직임의 연장선상에 있다고 할 수 있다.

1990년대 들어 역사인식 문제가 쟁점화되기 시작한 데에는 몇 가지 배경이 있다. 한국 등 아시아 여러 나라의 민주화에 따른 전후보상 문제의 분출, 미소 냉전의 종결이라는 국제정치의 격변, 일본의 정권교체와 비자민당 정권의 탄생 등의 정치 · 구조적인 요인에 더해, 1995년에 전후 50년을 맞이한다는 시대적 전환기의 인식이 역사의 평가를 둘러싼 논쟁을 촉발하는 직접적인 계기가 되었다.

1993년 8월 자민당 장기정권에 종지부를 찍고, 비자민 연립정권을 탄생시킨 호소카와 모리히로[細川護熙] 총리는 '침략전쟁'이라는 인식을 공식적으로 밝힌 첫 총리로 기록된다. 8월 10일 취임 직후의 기자회견에서 호소카와 총리는 "나는 앞서의 대전을 침략전쟁, 잘못된 전쟁이라고 인식하고 있다."고 발언해 주목을 끌었다. 개인적인 견해라고 전제했지만, 그때까지의 역대 총리에 비해 가장 명확한 표현으로 일본의 전쟁을 '침략'이라고 인정하는 공식적인 발언을 한 것이다.

종래 자민당 정권은 '침략'에 대해서 애매한 표현과 자세로 일관했다. 역내 총리들 중 다나카 가쿠에이[田中角榮]에서 스즈키 젠코[鈴木善幸]까지는 '침략'이라는 말을 피했고, 나카소네 야스히로[中曾根康弘] 총리는 "국제적으로 침략이라는 엄격한 비판을 받고 있는 사실은 충분히 인식할 필요가 있다."는 '간접적인 형태'로 밖에 '침략' 사실을 인정하지 않았다.[1] 이러한 나카소네 총리의 답변 패턴은 1982년의 역사교과서 문제를 외교적으로 수습하는 과정에서 형성된 것이었다. 1982년의 역사교과서 문제는 '침략'이 정치 · 외교적 쟁점화 하는 직접적 계기가 되었다. 그 해 6월 고교 일본사 교과서의 검정 결과, 몇몇 교과서에서 일본군의 중국에 대한 '침략'을 '진출'로 표기를 변경한 것에 대

1) 《朝日新聞》(1993. 8. 11).

해, 중국과 한국 정부는 강한 비판과 항의를 제기하였다. 그를 외교적으로 수습하는 과정에서, 일본 정부는 역사교과서 검정 기준의 하나로 '근린제국조항'을 마련했고, "근린 아시아 각국과 사이에 있었던 근현대의 역사적 사상(事象)을 다룸에 있어, 국제이해와 국제협조의 견지에서 필요한 배려가 행해질 것"을 규정했다. 동시에 나카소네 총리는 국회 답변을 통해서 '침략'을 간접적으로 인정하는 발언을 했다. 그 해 12월 참의원 예산위원회에서 나카소네 총리는 "태평양전쟁의 평가는 역사가가 판정할 것"이지만, "일본의 행위에 관해서 관계 각국 혹은 세계의 역사가는 침략행위가 있었다, 침략적 전쟁이었다는 판정을 우리에게 하고 있다. 그것을 깊이 반성하고, 또 이를 기반으로 하여 재출발해야 한다."고 말했다.[2] 즉, 전쟁의 역사적 평가는 역사가가 해야 하지만, 외국으로부터 '침략전쟁'이라고 비판받고 있는 현실을 받아들인다는 것으로 '간접화법'을 통한 '침략'에 대한 인정이었다. 나아가 나카소네 총리는 제2차 내각 때인 1985년에는 "태평양전쟁, 대동아전쟁이라고도 하는데, 이것은 해서는 안 될 전쟁, 잘못된 전쟁이다. …… 중국에 대해서는 침략도 있었다"면서 중일전쟁에 대해서는 '침략'을 인정하였다.[3]

1993년의 호소카와 발언은 중일전쟁에 국한되지 않고, 일본이 행한 전쟁 전체를 명확히 '침략전쟁'이라고 공식으로 인정했다는 점에서 나카소네 발언에서 한 걸음 전진한 것이었다. 또한 호소카와 총리는 8월 15일의 전몰자 추도식에서 총리 식사(式辭)로는 처음으로 '아시아 근린제국의 전쟁 희생자'에 대하여 '애도의 뜻'을 표했다. 기존에 추도의 대상은 '일본 국적'을 가지는 전몰

2) 參議院予算委員會會議錄(1982. 12. 22), http://kokkai.ndl.go.jp/ ; 波多野澄雄(2011), 『國家と歴史-戰後日本の歴史問題』, 中公新書, 139쪽.

3) 衆議院予算委員會會議錄(1985. 10. 29), http://kokkai.ndl.go.jp/ ; 波多野澄雄(2011), 위의 책, 172쪽.

자로 한정되어 있었다.[4] 그러나 이러한 호소카와 정권의 움직임에 대하여 일본유족회 등 보수 우파에서 거센 비판이 쏟아졌고, 전후보상 문제로 확대될 것을 우려한 관료들의 반대와 견제도 심해졌다. 호소카와 총리 개인적으로는 이 문제에 강한 관심이 있었지만, 작은 정당들을 끌어 모은 연립정권으로서 정치적 기반이 약했기 때문에, 그의 발언은 서서히 후퇴했다. 8월 23일 첫 소신 표명 연설에서는 "과거 우리나라의 침략 행위와 식민지지배 등이 많은 사람들에게 참기 어려운 괴로움과 슬픔을 초래한 것에 다시 깊은 반성과 사과의 마음"이라는 표현을 썼다.[5] '침략전쟁'이 '침략 행위'로 바뀐 것은 보수파의 반발에 따른 타협이었다.

'침략전쟁'을 인정한 호소카와 발언은 보수파의 심한 공격에 노출되었다. 1993년 10월 중의원 예산위원회에서 이시하라 신타로[石原愼太郎] 의원이 한 질의에는 '침략전쟁'을 부정하는 보수파의 인식과 논리가 집약되어 있다. 이시하라는 일본의 전쟁에 대해서 ① "국제법상으로는 합법적으로 획득한 중국 대륙의 권익을 둘러싼 분쟁이 긴 전쟁으로 발전"한 중일전쟁, ② 아시아를 놓고 같은 식민지주의끼리 충돌한 미국 · 영국 · 프랑스 등 열강과의 전쟁, ③ 중립 조약을 깬 소련과의 전쟁 등 세 가지로 대별할 수 있다고 한 뒤, "어느 나라에 사죄하는 것인가"라고 압박했다.[6] 일본의 전쟁을 몇 가지 측면으로 나누고, 각각을 정당화하는 논리는 현재의 침략 논쟁에서도 되풀이해 등장한다.

호소카와 총리의 소신 표명 연설(8월 23일)은 '침략전쟁' 대신 '침략'이라는 표현을 쓰면서 다소 후퇴하였다. 그러나 '식민지지배'에 대해서 "깊은 반성과

---

4) 《朝日新聞》(1993. 8. 16); 波多野澄雄(2011), 앞의 책, 173쪽.

5) 《朝日新聞》(1993. 8. 23).

6) 衆議院予算委員會會議錄(1993. 10. 5), http://kokkai.ndl.go.jp/; 波多野澄雄(2011), 앞의 책, 174~175쪽.

사과"를 표명한 점에서 큰 의의를 가진다. 전후 일본 정부의 지도자가 공식 연설에서 '식민지지배에 대한 반성'을 명백히 언급한 최초의 예라고 할 수 있다. 그 이전에도 '과거'에 대한 언급은 있었지만, '불행한 한 시기'나 '다대한 고난' 등 추상적이고 간접적인 표현이 일반적이었다. 예를 들면, 1984년 9월 전두환 대통령의 방일 시에 쇼와(昭和) 천황은 "금세기의 한 시기에 양국 간에 불행한 과거가 존재한 것은 정말로 유감스러우며, 다시 되풀이되어서는 안 된다."고 발언했다. 행위의 주체나 의미를 의도적으로 애매하게 표현한 문장임은 말할 필요도 없다. 1990년 5월 노태우 대통령 방일 시에는 현재의 천황이 "우리나라에 의해 초래된 이 불행한 시기에 귀국(貴國)의 사람들이 겪은 고통을 생각하며, 나는 통석의 염을 금하지 못한다."고 말했다. 쇼와 천황의 발언보다는 행위의 주체를 명확히 하고, '유감'에서 '통석의 염'으로 표현은 다소 강화되었지만, '식민지지배'의 '반성'이라는 명확한 역사인식을 회피하고 있다는 점에서는 기본적으로 일관된 것이었다. 또한 이러한 '조금씩 내놓는' 표현을 외교적 수단으로 행사한 것이 오히려 일본 정부의 역사인식에 대한 불신감을 증폭시킨 면도 부정할 수 없다.

호소카와 총리는 1993년 11월 한국 방문 시에 '식민지지배'의 문제를 보다 전면에 내세웠다. 11월 6일, 경주에서 이루어진 김영삼 대통령과의 정상회담에서 호소카와 총리는 한일 간의 과거 문제에 대해서 "우리나라의 식민지지배로 인해 한반도의 사람들이 모국어 교육의 기회를 빼앗기고, 성명을 일본식에 바꾸도록 강요당하고, 또 위안부, 강제 연행 등 여러 가지 형태로 참기 어려운 고통과 슬픔을 경험된 것에 대해서 가해자로서의 비도(非道)한 행위를 깊이 반성하고, 진심으로 진사(陳謝)한다."고 발언했다. 이러한 문언은 외교 당국이 준비한 수준을 넘어서는, 호소카와 총리 스스로의 결단에 의한 것이었다. 그러한 경위에 대해서 호소카와는 자신의 일기에 "4일의 방한(訪韓) 학습회에

서, 사무 당국이 작성한 문안에 창씨개명, 모국어 교육 등 구체적인 예를 추가했고, 비행기 안에서 한 걸음 더 나아간 표현을 검토한 결과, '사죄[お詫び]'가 아니라, '비도한 행위', '진사'라는 말을 쓰게 되었다."고 기록하고 있다.[7)]

## 2. '무라야마 담화'라는 도달점

이러한 호소카와 총리의 일련의 발언은 공식성은 높지만, 어디까지나 총리 개인의 행위였다. 이것을 일본 국가의 방침으로까지 발전시키고자 하는 과정에서 성립한 것이 1995년 8월에 발표된 전후 50년 국회결의와 '무라야마 담화'였다.[8)] 호소카와 연립정권의 일익을 담당했던 사회당은 도이 다카코[土井たか子] 위원장 시절인 1988년 이래, 식민지지배와 가해자로서의 반성과 사죄를 표명하는 국회결의를 추구해 왔고, 호소카와 정권을 거쳐 1994년 6월 사회당을 중심으로 하는 무라야마 연립정권이 탄생함으로써 국회결의는 구체적인 과제가 되었다. 무라야마 연립정권을 구성하는 여당 3당의 정책합의에도 "전후 50년을 계기로 과거의 전쟁을 반성하고, 미래의 평화에 대한 결의를 표명하는 결의 채택이나 기념사업의 실시 등에 적극적으로 대응한다."는 것이 포함되었다.

그러나 그 추진 과정에서 연립여당 자민당의 유력한 집표 조직이기도 한 일본유족회 등 보수 우파를 중심으로 맹렬한 반대운동이 전개되어, 국회결의는 당초 계획보다 크게 후퇴한 내용으로 바뀌었다. 추진파인 사회당은 자민당이나 일본유족회 등과의 절충 과정에서 많은 부분을 타협할 수밖에 없었고,

7) 細川護熙(2010), 『内訟録-細川護熙總理大臣日記』, 日本經濟新聞出版社, 157쪽.
8) 전후 50년 국회결의와 무라야마 담화의 경위에 관해서는 波多野澄雄(2011), 앞의 책, 176~188쪽 참조.

결의 제목도 '역사를 교훈으로 평화에 대한 결의를 새롭게 하는 결의'라는 애매한 형태로 바뀌었다. 초점이었던 역사인식에 관해서는 "세계 근대사상의 수많은 식민지지배나 침략적 행위를 상기하며, 우리나라가 과거에 행한 이러한 행위와 타국민, 특히 아시아 제국의 국민에게 준 고통을 인식하면서 깊은 반성의 뜻을 표명한다"고 했다. '식민지지배'에 대한 '깊은 반성'을 표시하고는 있지만, "식민지지배는 일본만 한 것이 아니다."라는 문맥을 강조하는 것이었다. '침략전쟁'이 아니라 '침략적 행위'라는 표현이 사용된 것도 '침략'의 역사인식에 대한 보수파의 저항의 완강함을 보여주고 있다. 이렇게 핵심이 빠진 결의였지만, 그래도 6월 9일의 표결에서 중의원 의원 502명 가운데 241명이 결석하고, 251명이 투표, 230명이 찬성해서 간신히 결의가 성립되었다. 연립 여당인 자민당에서도 다수 의원이 결석했다.[9] 일본의 역사인식의 '전진'을 의도한 국회결의였지만, 결과적으로 '후퇴'된 현실이라는 것을 여실히 보여주는 결과가 되었다.

'무라야마 담화'는 이러한 상황에 대한 우려에서 나온 것이었다. 국회결의의 실패에 위기감을 느낀 무라야마 총리는 내각의 입장에서 역사인식을 표명할 것을 목표로 하고 총리 담화 준비에 착수했다. 문안은 총리 관저(구체적으로는 내각 관방의 외정심의실)를 중심으로 작성되었다.[10] 그러나 자민당과의 연립정권이라는 현실 때문에 이 과정에서도 타협은 피할 수 없었다. 무라야마 총리는 후에 "'침략적 행위'와 '침략 행위', 아니 더 솔직하게 '침략전쟁'으로 할 것인가 하는 논의는 있었다. 다만 '침략전쟁'이라고 하면 저항이 너무 거세진다. 그래서 '침략에 의해'라는 형태의 안으로 정리되었다."라고 술회했다.[11] 최종적인

9) 波多野澄雄(2011), 앞의 책, 181쪽.

10) 薬師寺克行 編(2012), 『村山富市回顧録』, 岩波書店, 217쪽.

11) 村山富市 · 佐高信(2009), 『「村山談話」とは何か』, 角川書店, 48~49쪽.

문언에서는 전쟁 책임에 관해서 '무라야마 담화'는 "우리나라는 멀지 않은 과거의 한 때 국책을 그르쳐 전쟁으로의 길을 걸어서 국민을 존망의 위기에 빠뜨렸고, 식민지지배와 침략으로 인해 많은 각국, 특히 아시아 제국의 사람들에게 막대한 손해와 고통을 주었습니다. …… 이에 다시 한 번 통절한 반성과 반성의 뜻을 표하고, 진심으로 사죄의 마음을 표명하겠습니다."라고 표현했다. '무라야마 담화'는 각의결정되어, 일본 정부의 공식 입장이라는 위상을 부어받았다.

이후 '무라야마 담화'는 역대 총리에 의해 기본적으로 계승되었고, 전후 60주년을 맞이한 '고이즈미[小泉] 담화'에서도 같은 문언이 사용되었다. 1998년 10월 김대중 대통령과 오부치 게이조[小淵惠三] 총리의 '한일 파트너십 선언', 2002년 9월 김정일 총서기와 고이즈미 준이치로[小泉純一郎] 총리의 '북일 평양 선언'에도 같은 인식이 담겼다. 1998년 10월 8일 한일 정상회담 시에 발표된 '한일 파트너십 선언'에서 일본의 오부치 총리는 "우리나라가 과거의 한때 한국 국민에게 식민지지배를 통해 막대한 손해와 고통을 주었던 역사적 사실을 겸허하게 받아들이고, 이에 대하여 통절한 반성과 진심의 사죄"를 표명했다. 기본적으로 무라야마 담화에 따른 표현이지만, 전후 한일 정부 간의 공식 문서에서 처음으로 '식민지지배에의 대한 반성'이 명기된 문서라는 의미를 가진다. 1965년 한일협정의 제 문서에는 역사에 관한 인식이나 표현이 전혀 없다. 기본 관계 조약의 전문에 "양 국민 간의 관계의 역사적 배경과 선린관계 및 주권의 상호존중의 원칙에 입각한 양국 관계의 정상화"라는 부분이 '역사'라는 단어가 사용된 거의 유일한 예다. "식민지지배가 막대한 손해와 고통을 주었다."는 사실을 공식적으로 한마디 명기하기까지 해방으로부터 반세기 이상의 세월이 소요된 것이다.

2009년 9월 정권교체로 탄생한 일본 민주당 정권은 한일관계의 전반적인 확대 강화를 위해 역사문제와 역사인식의 면에서 한 걸음 더 나아간 '전진'을 시도했다. 문화재 일부 반환을 규정한 한일도서협정, 일본군'위안부' 문제에 대한 대응과 함께, '병합 100년'을 맞아 새로운 총리 담화로서 2010년 8월 10일 '간[菅] 담화'를 발표했다. '간[菅] 담화'는 "식민지지배가 초래한 막대한 손해나 고통"에 대한 "통절한 반성과 마음 속으로부터의 사죄"라는 표현은 무라야마 담화와 같지만, "3 · 1독립운동 등 심한 저항에서 나타난대로, 정치적 군사적 배경 아래, 당시의 한국인들은 그 뜻에 반해서 행해진 식민지지배로 인해 나라와 문화를 빼앗기고, 민족의 자긍심에 깊은 상처를 입었습니다." 라고 명기해, 식민지지배의 강제성을 언급한 것이 새로웠다. 그러나 '한일병합조약' 자체의 강제성을 인정한 것이 아니라는 점에서 한국의 인식과는 큰 격차가 있었다. '간[菅] 담화'는 병합에 대해서는 이른바 '합법 부당성'이라는 입장에 가까운 것이라고 할 수 있다.

## 3. 되돌리기의 시도

호소카와 발언에서 간 담화에 이르기까지 침략과 식민지지배를 둘러싼 일본 정부의 역사인식은 한계를 지니면서도 조금씩 '전진'해 왔다. 그러나 동시에 그 전진을 막으려는 보수파의 반동이 심화되는 과정이기도 했다. 2000년대에 들어 중국의 대두로 동아시아에서의 지정학적인 파워 밸런스가 변화하고, 일본의 상대적인 저하가 명백화 됨에 따라 일본 정치와 사회 전반적으로 '우경화' 경향이 현저해졌다. 일본 경제의 침체가 장기화된 것에 따른 불안과 불만의 증대, 사회경제적 격차의 확대 등 국내적인 요인도 그에 박차를 가했다. 그런 가운데 침략과 식민지지배에 대한 반성을 명시한 무라야마 담화나 일본군'위안부'에 대한 군 관여를 인정한 고노[河野] 담화는 보수파 공격의 표적이 되었다.

아베 총리는 이러한 과정에서 소위 '자학사관'에 반발하는 의원 그룹의 핵심으로서 일관되게 무라야마 담화나 고노 담화를 비판해 왔다. 그러나 2006년 총리에 취임하자, 외교와 경제에 미칠 영향에 대한 우려에서 종래 입장을 바꾸고, 두 담화를 '계승'한다는 뜻을 표명했다. 아베 총리로서는 당시의 정세를 고려한 일종의 전략적 판단이었다. 그러나 그 후 일본군'위안부' 문제를 둘러싸고 '협의(狹意)의 강제성'을 부정하는 발언 등으로 미국을 포함해 국제적인 비판이 집중되자, 건강 문제를 이유로 재임 1년이 못되어서 스스로 사임하는 사태에 이르렀다. 이같은 좌절을 딛고 정치적으로 부활해, 2012년의 총선거를 통해 다시 총리의 자리에 오르자, 보수 우파로서의 이념적 입장을 보다 선명하게 내세우게 되었다.

최종적으로는 평화헌법의 개정을 정치적 과제로 내걸고 있지만, 역사인식 면에서는 무라야마 담화와 고노 담화의 재검토에 초점을 맞추고 있다. 2012년 9월 자민당 총재선거에서 '고노 담화와 무라야마 담화를 대신할 새로운 담화의 각의결정'을 사실상의 공약으로 내걸고, 기존 일본 정부의 입장을 변경할 의향을 명백히 했다. 자신의 지론임과 동시에 센카쿠[尖閣]제도나 독도 문제를 둘러싼 중국, 한국과의 마찰로 고양된 일본 국내의 내셔널리즘을 지지기반으로 확보하기 위한 정치적 선택이기도 했다.

제1차 정권기와 마찬가지로 이러한 역사수정주의적인 움직임에 대해서는 한국 · 중국 등 아시아 근린제국뿐만 아니라, 미국에서도 강한 비판이 쏟아졌다. 특히 일본의 우경화를 우려하는 미국 오바마 정권은 다양한 형태로 외교적인 압력을 가했다고 전해진다. 그러한 상황에서 아베 총리는 역사인식에 관한 발언을 애매하게 바꾸고 있지만, 무라야마 담화를 사실상 수정하려는 자세는 일관된 것으로 보인다. "전체적으로 계승한다."고 하면서도, 핵심이 되는

'침략'에 대해서는 이를 부정하는 방향성이다.

아베 총리는 취임 직후부터 '아베 담화'를 발표할 방침을 거듭 표명했다. 새로운 담화를 냄으로써 무라야마 담화 등을 사실상 수정하려는 것이다. 담화 시기는 조금 보류해서 2015년 전후 70년을 목표로 한다고 하고 있다. 아베 정권이 출범한 직후인 2012년 12월 26일의 기자회견에서 스가 요시히데[菅義偉] 관방장관은 무라야마 담화를 비롯해 "역대 내각의 입장을 계승한다."고 하면서도 "21세기에 어울리는 미래지향적인 담화를 발표하고 싶다"고 진술했다. 아베 총리 자신도 같은 해 2월 1일 참의원 본회의에서 그 내용에 관해서 "우리나라는 예전에 많은 나라들, 특히 아시아 제국의 사람들에게 막대한 손해와 고통을 주었다. 그러한 인식은 역대 내각의 입장과 같다."고 설명했다. 주목할 것은 '손해와 고통'은 언급하지만, '침략'이라는 용어는 의식적으로 회피한다는 점에 있다.[12)]

7월 참의원 선거가 다가옴에 따라 아베 총리의 발언은 한발 더 나아가는 형태로 바뀌어 '침략' 인정이 정치적 쟁점으로 부상했다. 4월 22일 참의원 예산위원회에서 아베 총리는 무라야마 담화에 대해서 "아베 내각으로서 그대로 계승하는 것은 아니다."라고 말해, 이를 변경할 방침을 강하게 시사했다. 다음날인 23일에는 같은 참의원 예산위원회에서 무라야마 담화와 관련해서 "침략의 정의는 학술적으로도 국제적으로도 확립되어 있지 않다. 나라와 나라의 관계에서 어느 쪽 입장에서 보는가에 따라 다르다."고 말해 '침략'을 사실상 부정하는 발언을 했다. 기존의 신중한 자세를 바꾸어 자신의 보수파적 역사인식을 전면에 내세운 것이었다.

---

12) 《朝日新聞》(2013. 2. 2). 아베 총리는 2월 21일자 미국 《워싱턴 포스트》지와의 인터뷰에서도 같은 취지의 발언을 했다. 《朝日新聞》(2013. 2. 12 석간).

그를 계기로 미국에서도 아베 총리의 역사인식에 대한 경계심이 높아졌고, 주요 각종 신문의 비판과 더불어, 5월 1일에 공표된 미의회조사국(CRS) 보고서는 아베 총리에 대해 "침략의 역사를 부정하는 수정주의자적 견해를 가진다." 고 우려를 표했다. 이러한 국제적인 비판에 직면해, 일본 정부 내에서는 사태를 진정시키려는 움직임이 나타났다. 외무성은 총리 관저와 협의해, "과거의 대전에서 침략은 없었다고 정부가 표명한 적은 없다."는 내용의 답변안을 준비하여 아베 총리에게 제출했다. 그러나 아베 총리의 자세는 기본적으로 변함이 없었다. 5월 8일의 참의원 예산위원회에서 아베 총리는 "특히 아시아 사람들에게 막대한 손해와 고통을 주었다. 과거의 내각과 같은 인식을 가지고 있다"고 말하면서도 '침략'에 대한 언급은 의식적으로 피했다. 외무성이 준비한 답변안도 언급하지 않았는데, 이것은 '총리의 판단'에 따른 것이었다고 한다.[13] 5월 15일 참의원 예산위원회에서는 "무라야마 담화를 전체적으로 계승한다"고 하면서도 과거의 중일관계와 관련해서 "큰 피해, 고통을 준 것에 통석(痛惜)하게 생각하고 있다. 침략하지 않았다고 말한 적은 한 번도 없다."고 말했다.[14] 위의 답변안을 중국으로 국한시키는 형태로 부분적으로 언급한 것이다.

이상과 같이 국제적인 비판에 직면해 아베 총리의 발언이 흔들리고 있는 것처럼 보이지만, '막대한 손해와 고통'을 인정하면서도, '침략' 사실에 대한 인정은 완고하게 거부한다는 것이 아베 정권의 기본 자세이며, 아마도 2015년의 '아베 담화'에서도 그것을 명문화함으로써 무라야마 담화 이래의 역사인식을 사실상 수정하려고 하는 것으로 생각된다. 만약 아베 정권이 장기집권에

13) 《朝日新聞》(2013. 5. 10).
14) 《日本經濟新聞》(2013. 5. 15).

성공해 2015년에 '아베 담화'가 구체화되면, 다시 전쟁을 둘러싼 일본의 역사 인식이 국내 및 국제 정치의 큰 쟁점이 될 것이다. 일본 국내에서는 헌법 개정 문제에 비해, 침략을 둘러싼 역사적 논의에 있어서는 말싸움같이 보이는 측면, 일본 사회에 뿌리 깊은 보수적인 역사 인식 등을 배경으로 비판적 여론이 그다지 강하지 않다. '침략'이 정치적 쟁점이 되는 것도 중국이나 한국, 특히 미국의 비판이 계기가 되는 경우가 많다. '우경화'를 억제할 수 있는 국내 정치의 세력이나 기반이 취약한 상황에서 향후에도 국제적인 연대를 통한 대응이 중요한 요소가 될 것이다.

2015년은 한일 간의 역사인식 문제에서도 큰 전기가 될 것이다. 한일 국교 정상화 50년과도 겹쳐서, 1998년의 '한일 파트너십 선언', 2010년의 '간 담화'를 계승하고, 한층 발전시키는 공동 작업이 바람직하지만, 현재 일본의 정치 상황을 생각하면, 오히려 양국의 역사인식이 충돌하고, 한층 대립이 심화되는 결과로 이어질지도 모른다. 2010년 일본 민주당 정권이 추진한 '간 담화'가 보수파의 비판을 증폭시키기만 했지, 한일관계의 진전으로 이어지지 않았다는 인식이 일본의 정계나 관료의 사이에 뿌리 박혀 있어 역사인식 문제에 관한 정치 외교적 이니셔티브(initiative)의 장애가 되고 있다. '침략전쟁'에 비해서 '식민지지배'의 문제성에 관한 인식이 전반적으로 더 취약한 상황에서는 '침략'에 관한 국제적인 연대하에 구체적인 과거사 청산의 과제와도 관련지으면서, 일본 사회 전반을 시야에 넣은 포괄적인 문제 제기가 필요할 것이다.

## III. 전후보상 문제의 현상과 전망

'전후보상'이라는 용어는 1990년대 무렵부터 일본의 전쟁책임을 묻는 시민운동 속에서 생겨났고 정착했다. "일본의 침략전쟁과 식민지지배로 인해 발생한 아시아 사람들에게 대한 개인 보상"을 의미하고, 배상과 보상 등을 포함하는 넓은 개념으로 사용되고 있다.

전쟁배상 및 전후보상의 문제에 대해 전후 일본 정부는 일관되게 "샌프란시스코 강화조약 및 한일, 한중 등의 2개국 간 협정에 의해 완전히 그리고 최종적으로 해결했다."는 입장을 취하고 있다. 미국의 아시아 냉전전략을 배경으로 배상 문제에서 유리한 형태로 체결된 샌프란시스코 강화조약을 토대로 아시아 각국과의 협상에서도 전후 부흥이나 내진 등의 긴급한 과제에 직면했던 아시아 각국의 약한 입장을 이용하면서, 배상의 부담을 최소한으로 억제하는 데에 성공했다. 또한 기본적으로 국가간 배상에 국한되었으며, 개인의 피해에 대한 보상은 국가 간의 힘의 관계 속에서 억제되었다.

그러나 1980년대 후반 이후, 미소 냉전의 종결, 아시아 각국의 민주화 등 국제정세의 변화와 더불어 아시아 각지의 피해자들이 목소리를 내면서, '전후보상'을 요구하는 움직임이 국경을 넘는 연대하에 폭넓게 전개되었다.

일본의 시민운동 조직인 전후보상 네트워크의 아리미쓰 겐[有光健] 대표가 정리한 바에 따르면, 아시아 각국에서 일본의 정부나 기업에 해결을 촉구하고 있는 전후보상 과제는 아래와 같이 다양한 분야에 걸쳐 있다.[15)]

① 전시 성폭력 피해 : 일본군'위안부', 강간 피해(한국, 북한, 중국, 대만, 필리핀, 인도네시아, 파푸아뉴기니, 네덜란드 외)

② 강제 연행, 강제 노동 : 미불 임금, 공탁금 등(한국, 북한, 중국)

15) 田中宏 · 中山武敏 · 有光健 編(2012), 『未解決の戰後補償−問われる日本の過去と未來』, 創史社, 13~15쪽.

③ 전 군인 군속 : 전몰자, 전상병자, 유골 미반환, 시베리아 억류 등

④ 전 BC급 전범(한국, 대만)

⑤ 연합국 포로 · 민간 억류자(미국, 영국, 호주, 뉴질랜드, 캐나다, 네덜란드 등)

⑥ 학살 피해(중국, 필리핀, 인도네시아, 파푸아뉴기니, 싱가포르)

⑦ 731부대 세균전 · 인체 실험 피해(중국 외)

⑧ 독가스, 포탄, 유기화학무기 피해(중국)

⑨ 무차별 공중폭격 피해(중국)

⑩ 사할린 잔류 한국인

⑪ 재외 원폭 피해자(한국 등)

⑫ 경제 피해 : 군표(軍票) 등(홍콩, 대만, 필리핀, 말레이시아 외)

⑬ 인도네시아 피징용자 : 병보(兵補), 노무자 등

⑭ 토착민 피해 : 대만 고산족 등

이 밖에 일본 국내에서 보상이 요구되고 있는 문제로는 ① 시베리아 억류, ② 중국 잔류 고아, ③ 원폭 피해자, ④ 민간 공습 피해자, ⑤ 오키나와 주민 피해, ⑥ 일본군 유기독가스, ⑦ 연금 결격 등이 있다.

당초 피해자들은 일본 정부나 해당 기업에 직접 호소했다. 그러나 국가 간의 제 조약이나 협정으로 "완전하면서 동시에 최종적으로 해결했다."는 일본 정부의 완고한 태도와 기업의 소극적인 자세에 직면하면서, 사법의 장에서 해결하고자 정부나 기업을 상대로 소송을 제기하는 방향으로 전환했다.

아리미쓰 겐의 집계에 따르면, 2012년 7월 현재 전후보상 관련 재판은 합계 90건에 달한다(〈표 1〉 참조). 그 중 1990년대 이후에 제기된 소송은 약 70건에 이른다. 전후보상 재판의 첫 번째 예는 원폭의료법의 재한(在韓) 피폭자에 대한 적용 여부를 따지는 1972년의 손진두(孫振斗)재판이었다. 그 후 대만인 전

군속관련 재판이 몇 건 제기되었는데, 1990년의 사할린 잔류 한국인 보상청구 소송을 계기로 전후보상 재판이 급속히 증가했다. 이러한 재판을 통해서 이를 지원하는 일본 시민운동의 네트워크가 형성되었고, 또 전후보상 문제의 존재가 일본 사회에 알려지게 되었다는 점에서는 일정한 의의를 가진다.

그러나 20년 이상의 세월이 흐른 지금, 대부분 판결이 확정되었지만, 거의 대부분 패소했고, 기업 상대의 소송에서 화해에 이른 것이 7건 있을 뿐이다.[16] 재판 과정에서 여러 판결이 피해의 사실관계는 인정했지만, 보상에 관해서는 '시효 제척'이나 '국가무답책(國家無答責)' 혹은 개인에게는 청구권이 없다는 등의 이유로 청구를 기각했으며, 최고재판소는 소송 이외의 길로 해결할 것을 촉구했다.

일본의 사법 판결의 경향에도 일정한 변화가 보였다. 전후보상 소송이 본격화된 1990년대 이래, 당초 사법부는 원고의 청구를 기각할 때, 한일청구권협정 등에 의한 청구권의 소멸이 아니라, '시효 제척'이나 '국가무답책'을 주된 이유로 드는 판결이 많았다.[17] '국가무답책'이란 "자국 국민에 대한 국가의 행위에 대해서는 그 책임을 묻지 않는다."는 개념이며, 전전(戰前)의 대일본제국헌법하에서는 개인재산권의 보장은 인정하고 있었지만, 명문화된 손실보상 규정은 없었고, 국가는 피해자에 대하여 '무답책'이라는 것이 일본 학계의 지배적인 견해였다. 이러한 사고에 입각하여 많은 전후보상에 대한 소송이 기각된 것이다.[18]

당초 일본 정부도 제 조약이나 협정에도 불구하고, 개인청구권은 소멸하지

16) 有光健(2011. 8), 「戰後補償−歴史の清算と救濟を」, 『ひろばユニオン』第594號, 32쪽.
17) 矢野秀喜(2011. 7), 「戰後補償立法運動(對韓國人被害者)のための覺書」, 『市民の科學』第3號, 128~129쪽.
18) 内海愛子(2002), 『戰後補償から考える日本とアジア』, 山川出版社, 70쪽.

않았다는 견해를 제시했다. 이것도 사법의 판단에 일정한 영향을 주었을 가능성이 있다. 전후보상을 촉구하는 운동이 확대되는 가운데, 1991년 8월 27일의 참의원 예산위원회에서 야나이 슌지[柳井俊二] 외무성 조약국장은 개인 청구권에 대해서 다음과 같이 답변했다.

> 한일협정은 한일 양국이 국가로서 가지고 있는 외교보호권을 서로 포기했다는 것으로 개인의 청구권 자체를 국내법적인 의미에서 소멸시킨 것이 아니다. 한일 양국 간에 정부로서 이를 외교보호권의 행사로 취급할 수는 없다는 의미다.

즉 청구권협정에 의해 포기된 것은 양국 정부의 외교보호권 행사이며, 개인의 청구권은 소멸하지 않았다는 것이다. 그러나 일본 정부는 2000년대에 들면서부터 이같은 입장에서 전환하여 "한일청구권협정에 의해 청구권은 완전히 그리고 최종적으로 해결되었다."는 논리를 전면에 내세우게 된다. 그 배경으로는 일련의 전후보상 재판에서 원고의 청구를 일부 인정하는 판결이 나오기 시작한 상황을 지적할 수 있다. 그 중요한 사례의 하나가 부산 종군 위안부 재판의 야마구치[山口] 지방재판소 시모노세키[下關]지부 판결(1998년 4월 27일)이다. 이 판결은 한국 부산에 거주하는 전 일본군'위안부' 세 명이 한 보상청구에 대하여, 일본군'위안부'제도는 "철저한 여성 차별, 민족 차별 사상의 표시이며, …… 결코 과거의 문제가 아니라, 현재에 극복해야 할 근원적 인권 문제다."라고 인정하고, 국가에 1명당 30만 엔의 위자료를 지불할 것을 명하는 동시에, 국가의 '입법부작위'를 지적하는 등 획기적인 것이었다. 이 판결은 소액이나마 처음으로 보상을 명하고, 일본 정부와 국회의 책임을 엄격하게 추궁한 것으로 주목을 끌었다. 아마도 이러한 판결에 일본 정부는 위기감을 가지게 되었을 것이다. 이후 일본 정부는 재판 준비 서면 등에서 한일청구권협정

제2조를 전면에 내세우고, 보상청구에 따르는 법적 의무는 없다는 주장을 펴게 된다.

2007년 일본의 최고재판소는 이러한 일련의 전후보상 재판에 대하여 사법구제의 길을 최종적으로 봉쇄하는 판결을 내렸다. 2007년 4월 최고재판소는 두 건의 전후보상 재판에 대해 주목할 만한 판결을 내렸다.[19] 하나는 중국인 전 노동자가 전쟁 말기에 강제 노동을 강요당했다면서, 고용주였던 니시마쓰건설[西松建設]에 손해배상을 요구한 건('중국 인강제 연행 니시마쓰건설 재판')이며, 또 하나는 두 명의 중국인 여성이 전시 중에 일본군에게 여러 번 강간, 폭행당해 후유증이 남았다면서 손해배상과 사죄 광고 등을 국가에 요구한 중국인'위안부' 재판이었다. 이 두 재판에 대해 최고재판소는 강제 노동이나 성적 폭행의 사실을 인정하고, 피해자의 육체적 · 정신적 피해가 크다는 것은 언급하고 있지만, 결론적으로 개인의 배상청구를 인정하지는 않았다. 주목된 것은 판결문에서 청구 기각의 이유로 샌프란시스코 강화조약을 전후보상 문제 처리의 기본적인 틀로 의미 부여하는 논리를 전면적이면서 포괄적으로 전개한 점이었다.

샌프란시스코 강화조약은 직접적인 조약 체결국 뿐만 아니라, "평화조약의 당사국 이외의 나라와 지역과의 사이에서 평화조약 등을 체결해서 전후 처리를 하는 데 있어서도 그 틀이 되는 것이었다."고 해서 강화조약의 체결국이 아니었던 중국과의 관계에도 적용할 수 있다는 판단을 제시했다. 그에 따라 중일 공동성명이 청구권 포기의 주체로서 개인(국민)을 명기하지 않았다고 해서, "평화조약의 틀과 다른 규정이 이루어진 것으로 해석할 수는 없다."고 논했다. 중일 공동성명 제5항이 개인청구권을 포기한 것이라고 보는 판단을 내린 것은 당시 일본의 법조계나 학계의 견해도 뒤집은 것으로, 중국 외교부도

19) 波多野澄雄(2011), 앞의 책, 213~217쪽.

즉시 반발했다.

그러나 하타노 스미오[波多野澄雄]가 지적한 바와 같이, 이러한 최고재판소 판결은 일종의 정책적인 관점에서 전후보상 재판에 종지부를 찍기 위해 내놓은 것이라고 볼 수 있을 것이다.[20)]

> 아마도 이 판결은 이러한 비판을 상정하면서, 또 아직 실현되지 않은 소일, 북일 평화조약을 예측하고, 굳이 전개했을 것이다. 특히 개인의 청구권 유무에 대해서 흔들리고 있던 정부의 입장을 포괄적인 해석을 통해 법적으로 뒷받침함과 동시에 중국이나 소련 등 법적으로는 강화조약 체제의 외측에 있었던 각국에 미치는 것으로서 전개하고 있다. 기업이나 국가가 자발적으로 대응하는 것을 제외하면, 옛 피해국의 국민의 청구권 행사에 의해 '예측 곤란한 과대한 부담을 지게 만들어 혼란을 야기시킨다'고 말하는 것처럼, 증대하는 전후보상 재판이 강화 체제에 의해 축적된 내외 질서의 안정을 손상할 것이 우려되었을 것이다.

2007년 4월 최고재판소 판결은 피해국의 국민이 보상을 요구해서 일본의 재판소에 호소하는 길을 최종적으로 막고, "사법의 장으로 가져오게 하지 않도록 제동을 걸고자 한" 것이었다. 냉전 대립을 배경으로 배상 · 보상 문제를 일본에 유리한 형태로 처리한 샌프란시스코 강화조약의 틀을 고수하고, 일본의 '과대한 부담'이나 '혼란'을 피한다는 관점에 입각해서, 점차 커지는 전후보상 요구의 물결을 차단하려는, 지극히 보수적이고 역행하는 역사인식에 입각한 판단이라고 해야 할 것이다.

사법의 장에서 해결할 가능성이 차단되는 가운데, 입법을 통한 해결을 추구하는 움직임이 활발해졌다. 시민운동의 요청을 배경으로, 야당 시절의 일본

20) 波多野澄雄(2011), 앞의 책, 217쪽.

민주당은 일본군'위안부' 문제의 해결을 위해, 2000년부터 8번, '전시 성적 강제 피해자 문제 해결 촉진 법안'을 참의원에 제출하였고, 2008년에는 한국·대만인 전 BC급 전범의 구제 법안을 중의원에 제출했다. 2009년 민주당 정권의 탄생으로 전후보상 입법에도 큰 기대가 모아졌지만, 정치 정세가 불안정해지면서 오히려 여당이 된 민주당의 자세는 후퇴하였고, 아무런 구체적인 성과를 올리지 못했다.[21] 민주당 정권의 실패로 인해 일본 정치의 '우경화'는 더욱 가속화되는 징후를 보이고 있으며, 전후보상에 대한 사회의 인식도 크게 퇴보하고 있는 것이 현재 상황이다.

"완전히 그리고 최종적으로 해결했다"는 논리를 고집하면서, 일본 정부가 한일협정의 대상에 포함되지 않은 것을 사실상 인정하여, '인도적 조치'라는 명목으로 일정한 대응을 시도해 온 문제가 몇 가지 있다. 일본 외무성 안에서 '3점 세트'라고 속칭되어 온 ① 일본군'위안부', ② 재한 원폭피해자, ③ 사할린 잔류 한국인의 문제가 그것이다. 이 문제는 한일협정협상 과정에서는 인식되지 않아서 대상이 되지 않았다는 관점에서, 1990년대 이후 한일 정부 간에 협의를 거듭하면서, '인도지원책'을 강구해 왔다.[22] 이 문제에 관한 한국 정부의 정책이나 한일 정부 간의 협의 과정은 아직 밝혀지지 않고 있지만, 일본 정부가 1990년대 이후 '인도적 조치'라는 명목으로 일정한 대응을 해 온 것은 사실이다. 사할린 잔류 한국인에 대해서는 1988년도부터 가족 재회 지원 사업이 시작되었고, 재한 원폭피해자에 대해서는 1991년도부터 의료 지원 등이 실시되었다.[23] 1995년의 무라야마 담화에 근거해서 발족한 아시아여성기금

21) 有光健,「『慰安婦』問題の現況を考える」; 田中宏 他編(2012), 앞의 책, 22~47쪽.
22) 堀山明子(2007. 11),「한일협정 문서공개와 노무현 정부의 피해자 보상정책」,『일본공간』제2권, 195쪽.
23)《朝日新聞》(1993. 11. 13).

은 일본군'위안부' 문제에 대해서 이러한 '인도적 조치'라는 틀 안에서 대응을 시도한 것이라고 할 수 있다. 그러나 국가의 책임을 애매하게 했기 때문에 한국 측의 반발에 직면하였고, 추진 과정에서의 강제성 때문에 오히려 상황을 악화시킨 결과를 초래한 것은 주지하는 바와 같다.

2005년 한일회담 문서공개 시에 한국 정부는 위의 세 문제가 한일협정의 대상에는 포함되어 있지 않았다고 지적하면서, 특히 위안부 문제에 대해서는 "반인도적인 불법 행위"이며, "일본에 법적 책임이 있다"는 견해를 밝혔다. 이에 2011년 헌법재판소는 한국 정부에 대하여 이 문제에 관한 협의를 명하는 판결을 내렸으며, 한일 간의 외교적 현안이 되고 있다. 청구권협정 제3조를 근거로 이 협정의 해석에 관한 분쟁의 협의를 요구하는 한국 정부에 대하여, 일본의 노다[野田] 정권이 구상서의 수리 등을 거부하면서 그에 대한 대항조치로 '분쟁 해결에 관한 교환 공문'에 근거하여 독도 문제의 조정을 요구하는 움직임을 보이자, 이명박 대통령의 독도 방문 등 대항 조치의 응수로 인해 현재 한일관계는 전후 최악이라고도 일컬어지는 상황에 빠져 있다.

2012년 5월 한국 대법원 판결은 한일의 역사인식과 전후보상 문제에 근본적인 문제를 제기하는 것이었다. 2005년 한국 정부의 새로운 방침, 그것을 근거로 한 2011년의 헌법재판소의 판결은 1965년 한일협정의 기본적인 틀을 인정한 위에, 일본군'위안부' 등 '일본 정부나 군 등 국가 권력이 관여한 반인도적 불법 행위'에 대해서 '법적 책임'을 묻는다는 것이었다. 그에 비해 2012년 대법원 판결은 청구권협정이 식민지지배와 직결된 불법 행위로 인한 손해는 대상으로 하지 않는다는 것, 나아가 일본의 식민지지배 그 자체가 불법인 것 등을 명시한 점에서 '1965년 체제'를 근본적으로 부정하는 것이었다.[24]

---

24) 김창록, 「한일 과거청산의 법적 구조」, 고려대 아시아문제연구소 주최 한일관계 국제

앞에서 말한 2007년의 일본 최고재판소 판결과 맞대놓고 생각하면, 전후보상을 두고 한일 양국은 정치와 사법을 포함해서 정반대의 방향성을 보여주고 있다. 김창록(金昌錄)이 정확하게 지적하고 있는 바와 같이 '1965년 체제'는 더 이상 유지할 수 없는 상황이 되었다고 해야 할지도 모른다.

## IV. 맺음말 – '샌프란시스코 체제'와 '1965년 체제'를 넘어

요시자와 후미토시[吉澤文壽]가 기술한 바와 같이, 특히 1990년대 이후 일본의 시민단체나 연구자들을 중심으로 식민지지배의 책임을 묻는 움직임이 실천과 이론의 양면에서 활발하게 전개되었다. 앞서 말한 바와 같은 전후보상을 요구하는 운동도 그러한 과정에 연계된 것이었다. 그러한 점에서 확실히 최근의 "일본에 있어서의 식민지책임론 전개는 구미 제국의 그것에 비하면 다소간의 진전을 보이고 있다."고도 할 수 있다.[25)]

그러나 일본 정부를 포함해서 국가로 눈을 돌리면, 전망이 꼭 밝다고만은 할 수 없다. 1990년대 이후 역사인식과 전후보상 문제를 둘러싸고 한국을 비롯해 아시아와의 역사화해를 추구하는 움직임은 시민단체를 중심으로 꾸준히 확대되어 왔다. 1990년대까지는 일본 사회 속에도 아시아와의 관계 개선을 지지하는 여론을 배경으로 역사인식이나 전후보상 문제를 적극적으로 진전시키려는 정치적 시도도 있었다. '침략전쟁'을 인정하는 호소카와 발언은 보수

심포지엄 「한일관계를 되묻는다」, 2012년 9월 13일, 제출논문.

25) 吉澤文壽(2009), 「日本の戰爭責任論における植民地責任－朝鮮を事例として」, 永野陽子 編, 『「植民地責任」論－脫植民地化の比較史』, 靑木書店, 150쪽.

파의 정치가들로부터는 거센 비판을 받았지만, 여론 조사에서는 높은 지지를 얻었다.

그러나 2000년대에 들어 일본의 정치 · 경제적 위상이 상대적으로 저하됨에 따라, 사회의 내향화(内向化)도 현저해졌다. 이와 더불어 정치의 '우경화'에도 박차가 가해져, 현재의 아베 정권의 자세에 이르고 있다. 일본의 정치와 사법부에는 역사인식이나 전후보상 문제를 둘러싸고, 보수화의 조류가 현저해지고 있어, 한일 간의 골은 깊어지고만 있다.

흥미롭게도 전후 일본의 토대인 '샌프란시스코 강화조약 체제'에 대해, 일본은 역사인식과 전후보상의 면에서 서로 상반되는 입장을 취하고 있다. '승자의 심판'으로서의 도쿄재판 사관의 거부, '자주헌법'의 제정 등을 외치는 아베 총리를 비롯한 보수 우파의 논리는 기본적으로 '샌프란시스코 강화조약 체제'의 부정으로 이어지는 것이다. 미국이 아베 정권의 역사인식에 경계감을 가지는 것도 그 때문이다. 반면 전후보상에 대한 대응에서는 2007년의 최고재판소 판결에 집약되어 있는 것처럼 배상 포기를 규정한 샌프란시스코 강화조약의 틀을 전면에 내세우고 있다. 이러한 모순된 구도는 기본적으로 식민지지배 그 자체의 책임은 시야에 없었으며, 협의의 전쟁책임의 면에서도 냉전상황 하에서 타협과 애매함을 내포한 '샌프란시스코 강화조약 체제'의 한계가 노정된 것이라고도 할 수 있다.

전쟁과 식민지책임을 묻는 일본 사회의 시도는 이러한 '샌프란시스코 강화조약 체제'의 한계를 극복하려는 것이며, 2012년의 한국 대법원 판결은 애매한 타협을 거듭해 온 한일협정에 대한 근본적인 문제 제기를 한 것이다. 정치 · 외교적으로 용이한 문제는 아니지만, 복합적인 역사적 전환의 조류를 전망하면서 새로운 시대를 향한 역사화해의 틀을 모색해야 할 때다.

〈표 1〉 전쟁 · 전후보상 재판 일람표(2012. 7. 15)[26)]

| | 소송명 | 계속(係屬) | 제소 · 공소 · 상고 | 판결 · 취하 | 확정 |
|---|---|---|---|---|---|
| 1 | 손진두(孫振斗) 수첩재판 | 후쿠오카지방재판<br>후쿠오카고등재판<br>최고재판 | 1972. 3. 7<br>1974. 4. 12<br>1975. 7. 31 | 1974. 3. 30 인용<br>1975. 7. 7 인용<br>1978. 3. 30 인용 | 확정 |
| 2 | 대만인 전 군속 군사우편저금 시가 지불 청구 소송 | 도쿄지방재판<br>도쿄고등재판<br>최고재판 | <br>1977<br>1978 | 1977. 1. 26 기각<br>1978. 5. 23 기각<br>1982. 10. 15 기각 | 확정 |
| 3 | 지요다[千代田]생명생보 지불 청구 소송 | 도쿄지방재판<br>도쿄고등재판 | <br>1978 | 1978. 1. 26 기각 | 확정 |
| 4 | 국고채권 지불 청구 소송(홍콩) | 도쿄지방재판<br>도쿄고등재판 | <br>1980 | 1980. 3. 25 기각 | 확정 |
| 5 | 대만인 전시저축채권 지불 청구 소송 | 도쿄지방재판<br>도쿄고등재판 | <br>1980 | 1980. 10. 31 용인<br>1984. 7. 30 용인 | 확정 |
| 6 | 대만인 군표시가 환급 청구 소송 | 도쿄지방재판<br>도쿄고등재판 | <br>1980 | 1980. 11. 17 기각<br>1982. 4. 27 기각 | 확정 |
| 7 | 사할린 잔류자 귀환 청구 소송 | 도쿄지방재판 | 1975. 12. 1 | 1989. 6. 15 취하 | 확정 |
| 8 | 대만인 전 일본병사 전사상(戰死傷) 보상 청구 소송 | 도쿄지방재판<br>도쿄고등재판<br>최고재판 | 1977. 8. 13<br>1982<br>1985 | 1982. 2. 26 기각<br>1985. 8. 26 기각<br>1992. 4. 28 기각 | 확정 |
| 9 | 사할린 잔류 한국인 보상 청구 소송 | 도쿄지방재판 | 1990. 8. 29 | 1995. 7. 14 취하 | 확정 |
| 10 | 한국 태평양전쟁유족회 국가배상 청구 소송 | 도쿄지방재판 | 1990. 10. 29 | | |
| 11 | 재일한국 · 조선인원호법의 원호를 받는 지위 확인 소송[정상근(鄭商根) 씨 재판] | 오사카지방재판<br>오사카고등재판<br>최고재판 | 1991. 1. 31<br>1995. 10. 20<br>1999. 9 | 1995. 10. 11 각하<br>1999. 9. 10 기각<br>2001. 4. 13 기각 | 확정 |
| 12 | 제암리사건 공식 사죄 · 배상의무 확인 청구 소송 | 도쿄지방재판 | 1991. 7. 15 | 1999. 3. 26 휴지만료 | 확정 |
| 13 | 사할린 가미시즈카[上敷香] 한국인학살사건 진사(陳謝) 등 청구 소송 | 도쿄지방재판<br>도쿄고등재판 | 1991. 8. 17<br>1991. 8. 9 | 1995. 7. 27<br>1996. 8. 7 기각 | 확정 |

26) 이 일람표는 신타니 지카코[新谷ちか子]씨와 아리미쓰 겐 씨가 작성한 것으로 田中宏 · 中山武敏 · 有光健 編(2012), 앞의 책, 208~213쪽에 수록되어 있다.

| | 소송명 | 계속(係屬) | 제소 · 공소 · 상고 | 판결 · 취하 | 확정 |
|---|---|---|---|---|---|
| 14 | 일본 강관(鋼管) 손해배상 청구 소송 | 도쿄지방재판<br>도쿄고등재판 | 1991. 9. 30<br>1997. 5. 29 | 1997. 5. 26 기각<br>1999. 4. 6 화해 | 확정 |
| 15 | 한국인 BC급 전범 국가보상 등 청구 소송 | 도쿄지방재판<br>도쿄고등재판<br>최고재판 | 1991. 11. 12<br>1996. 9. 19<br>1998. 7. 14 | 1996. 9. 9 기각<br>1998. 7. 13 기각<br>1999. 12. 20 기각 | 확정 |
| 16 | 아시아태평양전쟁 한국인 희생자 보상 청구 소송 | 도쿄지방재판<br>도쿄고등재판<br>최고재판 | 1991. 12. 6<br>2001<br>2003 | 2001. 3. 26 기각<br>2003. 7. 22 기각<br>2004. 11. 29 기각 | 확정 |
| 17 | 강제징병 · 징용자 등에 대한 보상 청구 소송 | 도쿄지방재판<br>도쿄고등재판<br>최고재판 | 1991. 12. 12<br>1996. 12. 6<br>2002 | 1996. 11. 22 기각<br>2002. 3. 28 기각<br>2003. 3. 28 기각 | 확정 |
| 18 | 김순길(金順吉) 미쓰비시[三菱] 조선 손해배상 청구 소송 | 나가사키지방재판<br>후쿠오카고등재판<br>최고재판 | 1992. 7. 31<br>1997. 12. 9<br>1999. 10 | 1997. 12. 2 기각<br>1999. 10. 1 기각<br>2003. 3. 28 기각 | 확정 |
| 19 | 원호법 상해연금 지급 거부 결정 취소 소송[재일한국 · 조선인 진(陳) 씨, 석(石) 씨 재판] | 도쿄지방재판<br>도쿄고등재판<br>최고재판 | 1992. 8. 13<br>1994. 7. 26<br>1998. 10. 13 | 1994. 7. 15 기각<br>1998. 9. 29 기각<br>2001. 4. 5 기각 | 확정 |
| 20 | 우키시마 호[浮島丸] 피해자 국가보상 청구 소송 | 교토지방재판<br>오사카고등재판<br>최고재판 | 1992. 8. 25<br>2001. 9. 3<br>2003. 6. 13 | 2001. 8. 23 일부인용<br>2003. 5. 30 기각<br>2004. 11. 30 기각 | 확정 |
| 21 | 대일민간법률구조회 불법행위 책임 존재 확인 등 청구 사건(일제 침략의 피해자와 유족 369명의 사죄 청구 소송) | 도쿄지방재판<br>도쿄고등재판<br>최고재판 | 1992. 8. 28<br>1996. 3. 26<br>1998. 10. 13 | 1996. 3. 25 기각<br>1999. 8. 30 기각<br>2003. 3. 27 기각 | 확정 |
| 22 | 대(對) 후지코시[不二越] 강제연행 노동자에 대한 미불임금 등 청구 소송 | 도야마지방재판<br>나고야고등재판<br>가나자와지부<br>최고재판 | 1992. 9. 30<br>1996. 8. 6<br><br>1998. 12. 25 | 1996. 7. 24 기각<br>1998. 12. 21 기각<br><br>2000. 7. 11 화해 | 확정 |
| 23 | 김성수(金成壽) 국가배상 청구 소송 | 도쿄지방재판<br>도쿄고등재판<br>최고재판 | 1992. 11. 5<br>1998. 7. 6<br>2000 | 1998. 6. 23 기각<br>2000. 4. 27 기각<br>2001. 11. 16 기각 | 확정 |
| 24 | 시베리아 억류 재일한국인 국가배상 청구 소송[이창석(李昌錫)] | 교토지방재판<br>오사카고등재판<br>최고재판 | 1992. 11. 9<br>1998. 4. 1<br>2000 | 1998. 3. 27 기각<br>2000. 2. 23 기각<br>2002. 7. 18 기각 | 확정 |

|  | 소송명 | 계속(係屬) | 제소 · 공소 · 상고 | 판결 · 취하 | 확정 |
|---|---|---|---|---|---|
| 25 | 부산 종군위안부 · 여자정신대 공식 사죄 청구 사건 | 야마구치지방재판<br>시모노세키지부<br>히로시마지방재판<br>최고재판 | 1992. 12. 25<br><br>1998. 5. 1<br>2001. 4. 12 | 1998. 4. 27 일부인용<br><br>2001. 3. 29 기각<br>2003. 3. 25 기각 | 확정 |
| 26 | 필리핀 '종군위안부' 국가보상 청구 사건 | 도쿄지방재판<br>도쿄고등재판<br>최고재판 | 1993. 4. 2<br>1999. 10. 23<br>2000. 12. 20 | 1998. 10. 9 기각<br>2000. 12. 6 기각<br>2003. 12. 25 기각 | 확정 |
| 27 | 재일한국인 전 종군위안부 사죄 · 보상 청구 사건[송신도(宋神道)] | 도쿄지방재판<br>도쿄고등재판<br>최고재판 | 1993. 4. 5<br>1999. 10. 7<br>2000. 12. 12 | 1999. 10. 1 기각<br>2000. 11. 30 기각<br>2003. 3. 28 기각 | 확정 |
| 28 | 광주 천인(千人) 소송 | 도쿄지방재판<br>도쿄고등재판<br>최고재판 | 1993. 6. 30<br>1998. 12. 21 | 1998. 12. 21 기각<br>1999. 12. 21 기각<br>각하 | 확정 |
| 29 | 홍콩 군표 보상 청구 소송 | 도쿄지방재판<br>도쿄고등재판<br>최고재판 | 1993. 8. 13<br>1999<br>2001. 2 | 1999. 6. 17 기각<br>2001. 2. 8 기각<br>2001. 10. 16 기각 | 확정 |
| 30 | 재일한국인 강부중(姜富中) 원호법의 원호를 받는 지위 확인 소송 | 오쓰지방재판<br>오사카고등재판<br>최고재판 | 1993. 8. 26<br>1997. 11. 21<br>1999. 10 | 1997. 11. 17 각하<br>1999. 10. 15 기각<br>2001. 4. 13 기각 | 확정 |
| 31 | 인골 소각 금지 주민 소송 | 도쿄지방재판<br>도쿄고등재판<br>최고재판 | 1993. 9. 2<br>1994. 12. 16<br>1996. 12. 27 | 1994. 12. 5 기각<br>1995. 12. 20 기각<br>2000. 12. 19 기각 | 확정 |
| 32 | 네덜란드 인 전 포로 · 민간 억류자 손해배상 청구 사건 | 도쿄지방재판<br>도쿄고등재판<br>최고재판 | 1994. 1. 24<br>1998. 12. 2<br>2001. 10 | 1998. 11. 30 기각<br>2001. 10. 11 기각<br>2004. 3. 30 기각 | 확정 |
| 33 | 김성수(金成壽) 은급 청구 기각 처분 취소 청구 소송 | 도쿄지방재판<br>도쿄고등재판<br>최고재판 | 1995. 1. 18<br>1998. 8. 4 | 1998. 7. 31 기각<br>1999. 12. 27 기각<br>2001. 11. 16 기각 | 확정 |
| 34 | 영국 등 전 포로 · 민간 억류자 손해배상 청구 소송 | 도쿄지방재판<br>도쿄고등재판<br>최고재판 | 1995. 1. 30<br>1998. 11. 26<br>2002 | 1998. 11. 26 기각<br>2002. 3. 27 기각<br>2004. 3. 30 기각 | 확정 |
| 35 | 한국인 BC급 전범 공식 사죄 · 국가보상 청구 소송 | 도쿄지방재판<br>도쿄고등재판<br>최고재판 | 1995. 5.10<br>1999. 4. 6<br>2000 | 1999. 3. 24 기각<br>2000. 5. 25 기각<br>2001. 11. 22 기각 | 확정 |

|  | 소송명 | 계속(係屬) | 제소 · 공소 · 상고 | 판결 · 취하 | 확정 |
|---|---|---|---|---|---|
| 36 | 가고시마[鹿兒島] 하나오카[花岡]광산 중국인 강제연행 등 손해배상 청구 소송 | 도쿄지방재판<br>도쿄고등재판 | 1995. 6. 28<br>1997. 12. 11 | 1997. 12. 10 기각<br>2000. 11. 29 화해 | 확정 |
| 37 | 중국인 '위안부' 손해배상 청구 소송(제1차) | 도쿄지방재판<br>도쿄고등재판<br>최고재판 | 1995. 8. 7<br>2001. 6. 12<br>2004. 12. 27 | 2001. 5. 30 기각<br>2004. 12. 15 기각<br>2007. 4. 27 기각 | 확정 |
| 38 | 731 · 난징학살 등 손해배상 청구 소송(중국) | 도쿄지방재판<br>도쿄고등재판<br>최고재판 | 1995. 8. 7<br>1999<br>2005 | 1999. 9. 22 기각<br>2005. 4. 19 기각<br>2007. 5. 9 기각 | 확정 |
| 39 | 일본제철 한국인 전 징용공 손해배상 등 청구 소송 | 도쿄지방재판<br><br>도쿄고등재판<br>최고재판 | 1995. 9. 22<br>(대 정부)<br>2003<br>2005 | 1997. 9 對新日鐵 화해<br>2003. 3. 26 기각<br>2005. 9. 29 기각<br>2007. 1. 29 기각 | 확정 |
| 40 | 미쓰비시 히로시마[三菱廣島] · 전 징용공 피폭자 미불임금 등 청구 소송(한국) (국가는 1/27에 상고) | 히로시마지방재판<br>히로시마고등재판<br>최고재판 | 1995. 12. 11<br>1999. 4. 2<br>2005. 2. 1 | 1999. 3. 25 기각<br>2005. 1. 19 일부인용<br>2007. 11. 1 일부인용 | 확정 |
| 41 | 중국인 '위안부' 손해배상 청구 소송(제2차) | 도쿄지방재판<br>도쿄고등재판<br>최고재판 | 1996. 2. 23<br>2002<br>2005 | 2002. 3. 29 기각<br>2005. 3. 18 기각<br>2007. 4. 27 기각 | 확정 |
| 42 | 유연인(劉連仁) 강제연행 · 강제노동 손해배상 청구 소송(중국) (중국인 강제연행 도쿄 제1차 소송) | 도쿄지방재판<br>도쿄고등재판<br>최고재판 | 1996. 3. 25<br>2001. 7. 23<br>2005. 6. 27 | 2001. 7. 12 일부인용<br>2005. 6. 23 기각<br>2007. 4. 27 기각 | 확정 |
| 43 | 평정산(平頂山) 주민학살사건 손해배상 청구 소송(중국) | 도쿄지방재판<br>도쿄고등재판<br>최고재판 | 1996. 8. 14<br>2002. 7. 8<br>2005. 5 | 2002. 6. 28 기각<br>2005. 5. 13 기각<br>2006. 5. 16 기각 | 확정 |
| 44 | 시베리아 억류 전 일본병 사죄 · 손해배상 청구 소송 | 도쿄지방재판<br>도쿄고등재판<br>최고재판 | 1996. 9. 25<br>2000. 2<br>2000 | 2000. 2. 9 기각<br>2000. 8. 31 기각<br>2002. 3. 8 기각 | 확정 |
| 45 | 구 일본군 유기독가스 · 포탄 피해 제1차 소송(중국) (국가 측 공소) | 도쿄지방재판<br>도쿄고등재판<br>최고재판 | 1996. 12. 9<br>2003. 10. 3 | 2003. 9. 29 용인<br>2007. 7. 18 기각<br>2009. 5. 26 불수리 | 확정 |
| 46 | 한국인 전 여자정신대 공식 사죄 · 손해배상 청구 소송(도쿄마사[東京麻絲])<br>[*제인(帝人)이 의연금 지급] | 시즈오카지방재판<br>도쿄고등재판<br>최고재판 | 1997. 4. 14<br>2000<br>2002 | 2000. 1. 27 기각<br>2002. 1. 15 기각<br>2003. 3. 27 기각 | 확정 |

| | 소송명 | 계속(係屬) | 제소 · 공소 · 상고 | 판결 · 취하 | 확정 |
|---|---|---|---|---|---|
| 47 | 731부대 세균전(절강성 · 호남성) 국가배상 청구 소송 | 도쿄지방재판<br>도쿄고등재판<br>최고재판 | 1997. 8. 11<br>2002. 9. 3<br>2005. 7. 20 | 2002. 8. 27 기각<br>2005. 7. 19 기각<br>2007. 5. 9 기각 | 확정 |
| 48 | 중국인 42명 대국(對國) · 기업 손해배상 · 사죄 광고 청구 소송(중국인 강제연행 도쿄 제2차 소송) | 도쿄지방재판<br>도쿄고등재판<br>최고재판 | 1997. 9. 18<br>2003. 3. 19<br>2006. 3 | 2003. 3. 11 기각<br>2006. 3. 16 기각<br>2007. 6. 15 기각 | 확정 |
| 49 | 구 일본군 유기독가스 · 포탄 피해 제2차 소송(중국) | 도쿄지방재판<br>도쿄고등재판 | 1997. 10. 16<br>2003. 5 | 2003. 5. 15 기각<br>2007. 3. 13 기각<br>2009. 5. 26 불수리 | 확정 |
| 50 | 재일대만인 유족 미불 교원은급 지불 청구 소송 | 도쿄지방재판 | 1997. 11. 12 | | |
| 51 | 중국인 강제연행 · 강제노동손해배상 청구 나가노[長野] 소송<br>*니시마쓰건설[西松建設]만(183명 1억 2800만 엔) | 나가노지방재판<br>도쿄고등재판<br>최고재판<br>도쿄간이재판 | 1997. 12. 22<br>2006. 3<br><br>2010. 4. 26 | 2006. 3. 10 기각<br>2009. 9. 17 기각<br>2011. 2. 24 불수리<br>화해 | 확정 |
| 52 | 일철(日鐵) 오사카제철소 전 징용공 손해배상 청구 소송 | 오사카지방재판<br>오사카고등재판<br>최고재판 | 1997. 12. 24<br>2001<br>2002 | 2001. 3. 27 기각<br>2002. 11. 19 기각<br>2003. 10. 9 기각 | 확정 |
| 53 | 니시마쓰건설[西松建設] 중국인 강제연행 · 강제노동 손해배상 청구 소송<br>*09. 10. 27 도쿄간이재판소에서 즉결 화해(360명 2억 5천만 엔) | 히로시마지방재판<br>히로시마고등재판<br>최고재판<br>도쿄간이재판 | 1998. 1. 16<br>2002. 7. 10<br>2004. 7. 9<br>2009. 10. 27 | 2002. 7. 9 기각<br>2004. 7. 9 인용<br>2007. 4. 27 기각<br>화해 | 확정 |
| 54 | 대만 출신 전 BC급 전범 손해배상 청구 소송 | 미야자키지방재판<br>후쿠오카고등재판<br>미야자키지부<br>최고재판 | 1998. 5. 7<br>2001<br><br>2002 | 2001. 2. 23 기각<br>2002. 5. 21 기각<br><br>2004. 4. 23 기각 | 확정 |
| 55 | 오에야마[大江山] 니켈광산 강제연행 강제노동 손해배상 청구 소송 | 교토지방재판<br>오사카고등재판<br><br>최고재판 | 1998. 8. 14<br>2003. 1<br><br>2006 | 2003. 1. 15 기각<br>2004. 9. 29 일본冶金화해<br>2006. 9. 27 기각<br>2007. 6. 12 기각 | 확정 |
| 56 | 재한 피폭자 건강관리수당 수급권자 지위 확인 소송[곽귀훈(郭貴勳) 재판] | 오사카지방재판<br>오사카고등재판 | 1998. 10. 1<br>2001. 6. 15 | 2001. 6. 1 인용<br>2002. 12. 5 인용 | 확정 |

| | 소송명 | 계속(係屬) | 제소 · 공소 · 상고 | 판결 · 취하 | 확정 |
|---|---|---|---|---|---|
| 57 | 중국인 성폭력 피해자 사죄 손해배상 청구 사건(산서성) | 도쿄지방재판<br>도쿄고등재판<br>최고재판 | 1998. 10. 30<br>2002. 5. 8<br>2003. 4 | 2003. 4. 24 기각<br>2005. 3. 31 기각<br>2005. 11. 18 기각 | 확정 |
| 58 | 미쓰비시 나고야[三菱名古屋] · 조선여자노동정신대 소송 | 나고야지방재판<br>나고야고등재판<br>최고재판 | 1999. 3. 1<br>2005. 3. 9<br>2007. 6 | 2005. 2. 24 기각<br>2007. 5. 31 기각<br>2008. 11. 11 기각 | 확정 |
| 59 | 최규명(崔圭明) 일본생명의 기업 책임을 묻는 재판 | 오사카지방재판 | 1999. 3. 1 | | |
| 60 | 재한 피폭자 이강녕(李康寧) 건강관리수당 수급권자 지위 확인 소송 | 나가사키지방재판<br>후쿠오카고등재판<br>최고재판 | 1999. 5. 31<br>2002. 1. 8<br>2003. 2. 17 | 2001. 12. 26 인용<br>2003. 2. 7 인용<br>2006. 6. 13 기각 | 확정 |
| 61 | 대만인 전 '위안부' 손해배상 · 사죄 청구 소송 | 도쿄지방재판<br>도쿄고등재판<br>최고재판 | 1999. 7. 14<br>2002. 10<br>2004. 2. 18 | 2002. 10. 15 기각<br>2004. 2. 9 기각<br>2005. 2. 25 기각 | 확정 |
| 62 | 니가타항[新潟港] 중국인 강제연행 · 강제노동 사건 니가타 소송 | 니가타지방재판<br>도쿄고등재판<br>최고재판 | 1999. 8. 31<br>2004. 3. 29 | 2004. 3. 26 인용<br>2007. 3. 14 기각<br>2008. 7. 4 기각 | 확정 |
| 63 | 중국인 강제연행 홋카이도[北海道] 소송 | 삿포로지방재판<br>삿포로고등재판<br>최고재판 | 1999. 9. 1<br>2004. 4. 1 | 2004. 3. 23 기각<br>2007. 6. 28 기각<br>2008. 7. 8 기각 | 확정 |
| 64 | 이수영(李秀英) 난징대학살 명예훼손 소송(중국) | 도쿄지방재판<br>도쿄고등재판<br>최고재판 | 1999. 9. 17<br>2002. 5<br>2003. 4 | 2002. 5. 10 인용<br>2003. 4. 10 인용<br>2005. 1. 21 인용 | 확정 |
| 65 | 한국인 징용공 공탁금 반환 청구 제1차 소송(닛테쓰카마이시[日鐵釜石]) | 도쿄지방재판<br>도쿄고등재판<br>최고재판 | 2000. 4. 27<br>2004. 10<br>2005. 12 | 2004. 10. 15 기각<br>2005. 12. 14 기각<br>2007. 1. 29 기각 | 확정 |
| 66 | 중국인 강제연행 후쿠오카[福岡] 소송 | 후쿠오카지방재판<br>후쿠오카고등재판<br>최고재판 | 2000. 5. 10<br>2002. 4. 26<br>2004. 6. 4 | 2002. 4. 26 일부인용<br>2004. 5. 24 기각<br>2007. 4. 27 기각 | 확정 |
| 67 | 한국인 전 군인 · 군속 · 유족 야스쿠니[靖國] 합사 중지 · 유골 반환 · 사죄 보상 청구 소송 | 도쿄지방재판<br>도쿄고등재판<br>최고재판 | 2001. 6. 29<br>2006 | 2006. 5. 25 기각<br>2009. 10. 29 기각<br>2011. 11. 30 불수리 | 확정 |
| 68 | 중국 · 하이난다오[海南道] 전시 성폭력 피해자 명예회복 등 청구 소송 | 도쿄지방재판<br>도쿄고등재판<br>최고재판 | 2001. 7. 16<br>2006 | 2006. 8. 30 기각<br>2009. 3. 26 기각<br>2010. 3. 2 불수리 | 확정 |

| | 소송명 | 계속(係屬) | 제소 · 공소 · 상고 | 판결 · 취하 | 확정 |
| --- | --- | --- | --- | --- | --- |
| 69 | 재한 피폭자 이재석(李在錫) 건강관리수당 수급권자 지위 확인 소송 | 오사카지방재판 | 2001. 10. 3 | 2003. 3. 20 인용 | 확정 |
| 70 | 한국인 징용공 공탁금 반환청구 제2차 소송(닛테쓰카마이시[日鐵釜石]) | 도쿄지방재판<br>도쿄고등재판<br>최고재판 | 2002. 4. 27<br>'0<br>2006. | 2004. 12. 27 기각<br>2006. 4. 25 기각<br>2007. 1. 29 기각 | 확정 |
| 71 | 중국인 강제연행 · 야부즈카[藪塚] · 쓰키요노[月夜野]사건 군마(群馬) 소송 | 마에바시지방재판<br>도쿄고등재판<br>최고재판 | 2002. 5. 27<br><br>(제3소법정) | 2007. 8. 29 기각<br>2010. 2. 17 기각<br>2011. 3. 1 기각 | 확정 |
| 72 | 중국인 강제연행 후쿠오카[福岡] 제2차 소송 | 후쿠오카지방재판<br>후쿠오카고등재판<br>최고재판 | 2003. 2. 28<br>2006. 4. 11<br>2009. 3. 24 | 2006. 3. 29 기각<br>2009. 3. 9 기각<br>2009. 12. 24 불수리 | 확정 |
| 73 | 한국 · 한센병 보상 청구 기각 처분 취소 소송 | 도쿄지방재판<br>도쿄고등재판 | 2003. 3. 23<br>2005. 10. 26 | 2005. 10. 25 기각<br>2006. 2 취하 | 취하 |
| 74 | 대(對) 후지코시[不二越] 강제연행 노동자에 대한 미불임금 등 청구 2차 소송 | 도야마지방재판<br>나고야고등재판<br>최고재판 | 2003. 4. 1 | 2007. 9. 19 기각<br>2010. 3. 8 기각<br>2011. 10. 24 불수리 | 확정 |
| 75 | 한국 시베리아 억류자 등 전 군인 · 군속 합사 중지 보상 등 청구 2차 소송 | 도쿄지방재판 | 2003. 6. 12 | *67에 병합 | 병합 |
| 76 | 대국(對國) · 미쓰비시[三菱]광산 중국인 피폭자 · 유족 손해배상 청구 소송(국가 · 현 · 미쓰비시 머티리얼 등 2개 회사) | 나가사키지방재판<br>후쿠오카고등재판<br>최고재판 | 2003. 11. 28<br>2007. 4. 6 | 2007. 3. 27 기각<br><br>2009. 12. 24 불수리 | 확정 |
| 77 | 재한 피폭자 건강관리수당 수급권자 지위 확인 소송[최계철(崔季澈)재판](05. 10. 7 상고단념) | 나가사키지방재판<br>후쿠오카고등재판 | 2004. 2. 22<br>2004. 10. 7 | 2004. 9. 28 인용<br>2005. 9. 26 인용 | 확정 |
| 78 | 재한 피폭자 건강관리수당 지급 소송[최계철(崔季澈)] | 나가사키지방재판<br>후쿠오카고등재판<br>최고재판 | 2004. 5. 22<br>'00 | 2005. 12. 20 일부인용<br>2007. 1. 22 기각<br>2008. 2. 18 기각 | 확정 |
| 79 | 중국인 강제연행 미야자키[宮崎] 소송 | 미야자키지방재판<br>후쿠오카고등재판<br>최고재판 | 2004. 8. 10<br>2007. 3. 26 | 2007. 3. 26 기각<br>2009. 3. 27 기각<br>2010. 5. 27 불수리 | 확정 |
| 80 | 재한 피폭자 장제료(葬祭料) 지급 각하 취소 · 손해배상 청구 소송 | 오사카지방재판<br>오사카고등재판 | 2004. 9. 21 | 2006. 2. 21 기각 | 확정 |

| | 소송명 | 계속(係屬) | 제소·공소·상고 | 판결·취하 | 확정 |
|---|---|---|---|---|---|
| 81 | 중국인 강제연행 야마가타[山形]·사카다[酒田] 소송 | 야마가타지방재판<br>센다이고등재판<br>최고재판 | 2004. 12. 17 | 2008. 2. 12 기각<br>2009. 11. 20 기각<br>2011. 2. 18 불수리 | 확정 |
| 82 | 대만·한센병 보상청구 기각처분 취소 소송(국가 측 공소) | 도쿄지방재판<br>도쿄고등재판 | 2004. 12. 17<br>2005. 11. 8 | 2005. 10. 25 인용<br>2006. 2 취하 | 취하 |
| 83 | 최계철(崔季澈) 재외 피폭자 장제료(葬祭料) 재판 | 나가사키지방재판<br>후쿠오카고등재판 | '0<br>2005. 3. 16 | 2005. 3. 8 인용<br>2005. 9. 26 인용 | 확정 |
| 84 | 미쓰비시[三菱]·한국인 전 징용공 피폭자 수첩신청 각하처분 취소 소송 | 히로시마지방재판<br>히로시마고등재판<br>최고재판 | 2005. 6. 15<br>2006. 10. 5<br>2008. 9. 16 | 2006. 9. 26 기각<br>2008. 9. 2 기각<br>2009. 12. 22 불수리 | 확정 |
| 85 | 중국인 강제연행 사죄 보상 청구 나나오[七尾] 소송 | 가나자와지방재판<br>나고야고등재판<br>최고재판 | 2005. 7. 19 | 2008. 10. 31 기각<br>2010. 3. 10 기각<br>2010. 7. 15 불수리 | 확정 |
| 86 | 충칭[重慶] 대폭격 피해자 국가배상 청구 소송 | 도쿄지방재판 | 2006. 3. 30 | | |
| 87 | 치치하르 유기독가스사건 의료지원·생활지원제도 요구 소송 | 도쿄지방재판<br>도쿄고등재판 | 2007. 1. 25 | 2010. 5. 24 기각 | |
| 88 | 사할린 잔류 한국인 우편저금 반환 소송 | 도쿄지방재판 | 2007. 9. 25 | | |
| 89 | 둔화[敦化] 유기독가스 피해 소송 | 도쿄지방재판 | 2008. 1. 17 | | |
| 90 | 충칭[重慶] 대폭격 제2차 소송 | 도쿄지방재판 | 2008. 7. 4 | | |

• 참고문헌

김창록(2012. 9. 13), 「한일 과거청산의 법적 구조」, 고려대 아시아문제연구소 주최 한일관계 국제심포지엄, 「한일관계를 되묻는다」.

堀山明子(2007. 11), 「한일협정 문서공개와 노무현 정부의 피해자 보상정책」, 『일본공간』 제2권.
吉澤文壽(2009), 「日本の戰爭責任論における植民地責任－朝鮮を事例として」, 永野陽子 編, 『「植民地責任」論－脫植民地化の比較史』, 靑木書店.
內海愛子(2002), 『戰後補償から考える日本とアジア』, 山川出版社.
細川護煕(2010), 『內訟錄－細川護煕總理大臣日記』, 日本經濟新聞出版社.
矢野秀喜(2011. 7), 「戰後補償立法運動(對韓國人被害者)のための覺書」, 『市民の科學』第3號.
藥師寺克行 編(2012), 『村山富市回顧錄』, 岩波書店.
有光健(2011. 8), 「戰後補償－歷史の清算と救濟を」, 『ひろばユニオン』 第594號.
有光健, 「『慰安婦』問題の現況を考える」.
田中宏 · 中山武敏 · 有光健 編(2012), 『未解決の戰後補償－問われる日本の過去と未來』, 創史社.
《日本經濟新聞》(2013. 5. 15).
參議院豫算委員會會議錄(1982. 12. 22), http://kokkai.ndl.go.jp/.
衆議院豫算委員會會議錄(1985. 10. 29), http://kokkai.ndl.go.jp/.
衆議院豫算委員會會議錄(1993. 10. 5).
村山富市 · 佐高信(2009), 『「村山談話」とは何か』, 角川書店.
波多野澄雄(2011), 『國家と歷史－戰後日本の歷史問題』, 中公新書.
《朝日新聞》(1993. 8. 11).
《朝日新聞》(1993. 8. 16).
《朝日新聞》(1993. 8. 23).
《朝日新聞》(1993. 11. 13).
《朝日新聞》(2013. 2. 2).

《朝日新聞》(2013. 2. 21 석간).
《朝日新聞》(2013. 5. 10).

# 한일기본조약 체결 과정에서의 '식민지책임'론

## 기본관계 및 청구권을 둘러싼 논의를 중심으로

니가타국제정보대학 교수 **요시자와 후미토시**

# 한일기본조약 체결 과정에서의 '식민지책임'론

## 기본관계 및 청구권을 둘러싼 논의를 중심으로

니가타국제정보대학 교수 **요시자와 후미토시[吉澤文壽]**

## I. 머리말

이 글은 1965년 6월 22일에 체결된 대한민국과 일본국 간의 기본관계에 관한 조약(이하 한일기본조약)의 체결에 이르기까지 한일 간의 협상(이하 한일회담) 과정에서의 '식민지책임'론에 대해서 고찰한다. 이 글의 논의 범위와 관련하여 기본관계 및 청구권 문제에 한정해서 생각해 보기로 한다.

우선 본제에 들어가기 전에 중요한 문제제기를 해두고자 한다. 그것은 한일회담에서 '식민지책임'론이 논의되었는지의 여부에 대한 것이다. 예를 들면 시미즈 마사요시[清水正義]는 전쟁책임론에 있어서의 '인도에 대한 죄'의 개념을 원용하여, "과거의 한 시기에 행해진 식민지의 지배 피지배 관계가 당시의 식민지 주민에게 막대한 피해를 주었을 뿐만 아니라, 오늘날의 세계에도 그 잔재를 남기고 있다는 현상(現狀) 인식이 식민지책임이라는 개념을 가지고 문제를 파악하려고 하는 근거의 하나일 것이다."[1]라고 한다. 그러나 한일회담은 이러한 의미에서 일본의 조선 지배에 대한 책임을 묻기에는 너무나도 큰 한계가 있는 공간이었다고 하지 않을 수 없다.

첫째로 한일회담은 샌프란시스코 강화조약(일본국과의 평화조약, 이하 강화조약)의 제약하에 이루어졌다. 주지하는 바와 같이, 강화조약 제21조의 규정에 의해 조선은 이 조약 제2조, 제4조, 제9조, 제12조의 이익을 받는 권리를 갖게 되었다. 그러나 조선은 전쟁책임에 관련된 배상을 규정한 제14조의 이익을 받을 수는 없었다. 따라서 식민지지배에 기인하는 여러 문제들은 2개국 간 협상에 맡겨지게 되었다.

둘째로 한국 정부도 또한 위의 강화조약의 제약을 고려하여, "일본을 징벌하기 위한 보복의 부과가 아니라, 희생의 회복을 위한 공정한 권리의 이성적 요구"[2]로서의 『대일배상요구조서』의 입장에서 한걸음 후퇴하여, "영토의 분리 분할에서 오는 재정상 및 민사상의 청구권의 해결"[3]을 목표로 하는 협상을 실시했다.

셋째로 일본 정부는 애당초 시미즈가 말하는 것과 같은 식민지지배 인식이 결여되었기 때문에 일부러 후퇴한 한국 정부의 협상 자세에 대해서도 이해를 표하려 하지 않았다. 기존의 연구에서 밝혀진 바와 같이, 다카하시 데쓰야[高橋哲哉]가 말하는 '응답 가능성으로서의 책임(responsibility)'[4]은 한일회담에서 충분히 논의되었다고는 할 수 없다.

따라서 이 보고에서의 논의는 '식민지책임'의 구체적 의제가 되어야 할 제 문제에 대해서 어떤 논의가 이루어지고 있었는지를 확인하고, 향후 어떻게 이

1) 清水正義 永原陽子 編(2008), 「戰爭責任と植民地責任もしくは戰爭犯罪と植民地犯罪」, 『植民地責任論 脫植民地化の比較史』, 靑木書店, 57쪽.
2) 대한민국 외무부 정무국(1954), 『대일배상요구조서』, 2쪽.
3) 대한민국정부(1965), 『한일회담백서』, 40쪽.
4) 高橋哲哉(1999), 『戰後責任論』, 講談社.

러한 문제를 극복해야 할 것인지를 생각해 보기 위한 소재를 제공하는 것이다. 다시 말하면, 이 보고는 한일회담에 있어서의 '식민지책임'론의 선구성보다도 그 한계성을 확인하는 것이라는 점에 대해서 미리 양해를 구하고자 한다.

## 1. 기본관계 논의의 검증 – 구(舊)조약 무효 확인 조항을 중심으로

주지하는 바와 같이 한일기본조약 제2조는 "1910년 8월 22일 이전에 대일본제국과 대한제국 간에 체결된 모든 조약 및 협정이 이미 무효임을 확인한다(It is confirmed that all treaties or agreements concluded between the Empire of Japan and the Empire of Korea on or before August 22, 1910 are already null and void)."는 것이다. 이 조항을 둘러싼 한일 간의 논의를 검토하고, 그 본질을 고찰하고자 한다.

우선 이 조항을 제기한 한국 측의 자료 중에 가장 체계적인 논리가 전개된 것으로서 주목되는 것이, 1950년 10월에 한국 주일대표부 대일강화조사위원회가 작성한 「대일강화조약에 관한 기본 태도와 그 법적근거」다.

이 사료에서 주일대표부는 '한일합방조약무효론'을 전개했다. 다시 말해, 제2차 한일협약체결 시의 조약체결 당사자인 한국 정부 고관에게 대한 협박, 그리고 이 조약체결을 통해 외교권을 빼앗고, 제3차 한일협약으로 한국군을 해산시켜서 한국을 군사 점령한 상태에서 한국병합조약을 체결한 일본의 대한(對韓) 정책의 강제성을 논했다. 그런 다음에 "강제로 체결된 조약의 효력은 조약체결 당사자에게 강제를 가해서 체결되었을 때는 물론 무효이지만, 전쟁과 같은 쌍방의 강제의 연장이 아닌, 즉 원인이 없는 강제는 그것이 국가 전체의 가해로서 체결되었다 하더라도 조약은 무효"[5]라고 했다.

다만, 이 '무효론'은 "국제질서 유지(시효의 정신) 또는 무권대리 행위의 추인으로, 무효를 주장하지 않는 부분도 있다."고 했다. 다시 말해, 조선총독부의 시정(施政)에 대해서도 조선은행권의 발행, '집단생활자의 최고 의무 범위 내'의 징세, 한국 국민의 권리를 위한 공채 발행, 일본과의 무역, 사법(司法)에 있어서의 도의적 책임을 위반한 반사회적 범죄자에 대한 판결, 사회질서유지에 필요한 입법 등은 '무효'의 대상으로 하지 않는다.[6)]

거꾸로 말하면, 이 논의에서 '무효'의 대상으로 하지 않는 것 이외에 대해서는 대일 구상(求償)의 대상이 될 수 있다는 것이다. 이 사료에서는 전쟁 목적이나 일본의 화재지변(火災地變)의 부흥을 목적으로 발행한 공채, 국제법상 불법행위가 있는 무역의 가치 차, 한국병합을 정당화하는 의도에서 발생한 일체의 구속, 벌금, 체형(體刑) 등에 대해서 배상 또는 보상을 요구한다고 하였다.[7)] 단, 이 항목들은 한일회담에 있어서의 청구권 협상의 의제는 되지 않았다. 청구권 논의에 대해서는 나중에 살펴보겠다.

이러한 논리를 바탕으로 1952년 3월 5일의 제4회 회합에서 한국 측이 제시한 「대한민국과 일본국 간의 기본조약(안)」에는 제3조 "대한민국 및 일본국은 1910년 8월 22일 이전에 구 대한제국과 대일본제국 간에 체결된 모든 조약 또는 협정이 무효임(are null and void)을 확인한다."가 포함되었다.[8)] 식민지

5) 「한일회담 예비회담(1951.10.20~12.4) 자료집: 대일강화조약에 관한 기본태도와 그 법적 근거, 1950」(한국 정부공개문서, 분류번호 723. 1JA, 등록번호 76, 이하 韓/723. 1JA/76으로 표기한다), 17쪽.

6) 앞의 문서, 12~13쪽.

7) 앞의 문서, 21~23쪽.

8) 일본 정부 공개문서, 문서개시번호 892, 문서번호 976(이하 日/892/976라고 표기한다). 원문은 28~33쪽. 일본어 번역문은 3~8쪽. 영역문은 13~15쪽. 원문은 「제1차 한일회담(1952.2.15~4.21) 기본관계위원회 회의록, 제1~8차」, 韓/723. 1JA/80, 28~33쪽에도 있는데, 이 안(案)은 수정된 안이기 때문에 일본 측 사료를 참조했다.

지배의 불법성을 일체 인정하지 않는 외무성은 당연히 이 조항의 삭제를 요구하기로 했다.[9] 이 안에 대한 외무성 내의 의견으로, 조약4과의 오사토 마사오[大鄕正夫]가 작성한 「기본관계위원회 한국 측 제안(제1조 및 제3조)에 대한 의견」이 특히 주목된다.

오사토는 '무효'라는 용어가 "처음부터 성립되지 않는 것"인가, "일단 성립되었다가, 그 후 실효(失效)"한 것인가에 대해 문제제기를 했다. 그런 다음 오사토는 전자에 대해서는 개인에 대한 조약체결 강제 등을 인정하지 않고, "참된 합의, 즉 진정한 의사의 일치가 존재하는 것", "국가의 병합은 국제법상 인정받고 있다."고 하면서 한국병합 불성립론에 반론을 펼쳤다. 후자에 대해서는 "병합 사실이 완성됨과 동시에 조약이 실효했다."고 하면서 일본의 조선 지배에 대한 합법성을 주장했다.[10]

3월 12일의 제5회 회합에서 이 구조약 무효 확인 조항이 중심적으로 논의되었다. 한국 측의 유진오(兪鎭午) 대표는 제3조에 대해서 다음과 같이 말했다. "우리 쪽은 1910년 이전의 조약은 국민적으로, 당시로 거슬러 올라가서 무효라는 강한 신념 · 국민감정이 있는데, 그것을 이 석상에서 내가 강하게 주장하면 이 회담이 풀리지 않게 된다. 일본 측의 주장도 있을 것이며, 아직 당시로 거슬러 올라가서 무효라고 하면 종종 복잡한 문제가 생긴다. 그 점을 피하면 이 규정으로 한국의 국민감정을 다스릴 수 있고, 일본 측에 있어서도 별로 잃을 것은 아무 것도 없으므로 자극하게 되지는 않을 것이다." 그러면서 유진오는 "이것을 넣어서 과거의 잘못을 인정하는 것이 두 민족의 장래를 위해서 좋다고 생각한다."고 주장했다. 이에 대하여 일본 측의 오노 가쓰미[大野勝巳] 위

9) 韓國側基本條約案に對する意見(案)」(1952. 3. 11), 日/1186/1835, 제2 분책, 3~11쪽.

10) 앞의 문서, 제2 분책, 21~24쪽.

원은 병합조약이 "유효적법(有效適法)한 조약이었던 것은 의문의 여지가 없으며", 구조약 무효 확인 조항이 일본의 국민감정도 자극한다고 하면서 "이 우호조약이 깔끔하게 맺어지는 것이, 결과에 있어서 과거의 응어리를 없애는 근거이며, 한국 측이 강하게 바라는 바이지만, 이 조약에서는 제외하고 싶다."고 주장했다.[11] 그러나 한국 측은 제3조의 삭제에 동의하지 않았다.

그런데 일본 정부 개시(開示) 결정 문서에는 이 회합 전에 이루어진 오노와 유진오의 비공식 회담 기록이 있다.[12] 그에 따르면 오노가 이 조항에 대해서 "자발적으로 드롭하는 것을 생각하는 것은 어떠한가."라고 물은 것에 대해 유진오는 자신의 주장을 견지하면서 "여하튼 무효", 즉 "막연히 무효로 돌리는 것으로 규정하고 싶다."고 말했다고 한다.

이러한 유진오의 발언들은 장박진(張博珍) 등이 이미 지적한 바와 같이, 한국안의 구조약 무효 확인 조항이 일본 측의 입장에 배려해서 시기를 특별히 정하지 않는 막연한 제안이었다는 것을 뒷받침하고 있다.[13] 그러나 일본 측은 한국 측의 제안에 대하여 원칙적으로 삭제해야 한다고 했다. 오사토나 오노가 말한 것처럼 일본 측은 한국병합조약 이전의 제조약이 '유효적법'했다고 생각하고 있었고, 한국 측의 한국병합조약 불성립론을 인정하려고 하지 않았다. 다시 말해, 일본 측에게 있어 문제시되었던 것은 '무효'의 시기가 아니라, '무효'(null and void)라는 말 자체였다.

이후에 본격적으로 기본관계에 대한 논의가 재개된 것은 1964년 12월부터

11) 日/892/977, 특히 한국 측 안 제3조에 대한 토론은 14~24쪽. 이때 유진오는 한국 정부의 법통(法統)도 주장했다.

12) 「日韓會談省內打合せ會議事要錄」(1951. 3. 13), 日/1171/1636.

13) 張博珍(2008), 「韓日會談における基本關係條約形成過程の分析: 第2條「舊條約無效條項」及び第3條「唯一合法性條項」を中心に」, 『國際·地域硏究』 17卷 2號.

시작된 제7차 회담으로 미루어졌다. 1965년 1월 26일의 회합에서 한국 측은 "It is confirmed that all treaties or agreements concluded between the Empire of Korea and the Empire of Japan on or before August 22, 1910 are null and void."(밑줄은 인용자)[14]라는 안을 내놓았다. 이때에 한국 측은 "한국 측은 구조약이 애초부터 무효라는 생각이지만, 일본 측의 입장도 있어서 are null and void라고 표현을 중성화했다."고 설명했다.[15] 그러나 일본 측은 null and void라는 표현 자체를 문제시했기 때문에, 표현이 '중성화' 되었다고는 이해하지 않았다.

같은 해 2월 5일의 회합에서 일본 측도 기본조약안을 제시했지만, 구조약 무효 확인 조항은 "대일본제국과 대한제국 간에 1910년 8월 22일 이전에 체결된 모든 조약 및 협정이 일본국과 대한민국 간에 있어서 효력을 갖지 않음이 확인된다."는 것이었으며, 제1차 회담 때부터 일본 측이 주장해 온 "효력을 갖지 않는다."(have no effect)는 표현이 유지되고 있었다.[16] 이 점에 대해서 일본의 조약안의 바탕이 되었던 2월 2일의 외무성 조약국 안에 "null and void를 어쩔 수 없이 받아들였을 때를 위해서 남겨 둔다."는 메모가 첨부되어 있다.[17] 다시 말해, 이 조약안은 한국 측이 주장하는 구조약 무효 확인 조항 및 null and void라는 표현을 받아들이는 대신, 구조약이 체결 당시에 있어 유효했다는 일본 측의 주장을 이 조항에 담기 위한 준비 단계였다고 할 수 있다.

---

14) 「DRAFT BASIC TREATY BETWEEN THE REPUBLIC OF KOREA AND JAPAN」, 日/1186/1852.

15) 앞의 문서, 日/1090/1346, 7~26쪽.

16) 앞의 문서, 55쪽, 이 조약안의 영문은 2월 8일의 제10회 회담에서 제시되었다.

17) 「未定稿 日本國と大韓民國との間の基本關係に關する條約(案)」, 日/1186/1852, 20쪽.

이 조항에서의 null and void에 대해서, 한국 측은 "abinitio라는 단어가 들어있지 않으므로, 당초부터 무효였다고는 해석할 수 없는 여지도 있는 것 아닌가."라고 반론하면서, "are null and void"가 한국 측의 최종안이라고 주장했다.[18] 그러나 일본 측은 null and void에 조약이 당초부터 무효였다는 의미가 포함된다는 입장을 견지했다.

이러한 논의를 거쳐서 최종적으로는 시이나 에쓰사부로[椎名悦三郎]가 방한하여 이루어진 소위 청운각(淸雲閣) 회합에서 이 조항의 최종적인 표현으로 "이미 무효"="are already null and void"가 확정되었다. 이때의 회의록은 일본 및 한국에서 공개된 사료군에는 일체 포함되어 있지 않다.

이상과 같이 구조약 무효 확인 조항을 둘러싼 논의의 본질은 일본의 조선 지배에 대한 합법성을 둘러싼 공방이었다. 보다 정확하게 말하면, 일본의 조선 식민지화 과정에 있어서의 합법성의 문제였다. 확실히 이러한 논점은 1905년 당시부터 제기되고 있어서, 그 중요성을 부정하는 것이 아니다. 그러나 한편 이러한 논의는 '합법적인 식민지지배'가 존재하는 것인가 하는 큰 의문을 안고 있다. 예를 들면, 대만은 청일전쟁의 결과 일본이 청으로부터 '합법적'으로 취득한 식민지다. 그러나 주지하는 바와 같이 일본은 대만 정복을 위해서 군대를 투입하고, 대만총독부를 통해 전제정치를 실시했다. 이러한 폭력성이야말로 식민지지배를 추궁하는 논의의 핵심이 되어야 한다.

18) 앞의 문서, 63쪽.

## 2. 청구권 논의의 검증

청구권 협상에서는 전술한 기본관계 논의보다도 구체적인 청구 항목을 바탕으로 논의되었다. 그러한 논의는 제5차 및 제6차 회담의 중간에 중단되면서 경제협력 논의로 이행되었다. 그 결과, 1965년 6월 22일에 「재산 및 청구권에 관한 문제의 해결과 경제협력에 관한 대한민국과 일본국 간의 협정」(이하 한일청구권협정)이 체결되어, 일본이 대한(對韓) 경제협력을 하는 것과 한일 간의 '청구권에 관한 문제'가 "완전하게 또 최종적으로 해결되었다."는 것이 병기되었다. 이하에서 이 청구권 논의를 검증함으로써 한일 쌍방의 식민지지배에 대한 인식 및 논의의 요점을 확인하고자 한다.

한국 정부는 1949년 9월에 정리한 『대일배상요구조서』에서 '일본의 한국지배'가 "한국 국민의 자유 의지에 어긋나는 일본 단독의 강제적 행위이며, 정의, 공평, 호혜의 원칙에 입각하지 않았으며, 폭력과 탐욕의 지배였다."고 했다. 그런 다음에 "대한민국의 대일배상청구의 기본정신은 일본을 징벌하기 위한, 보복의 부과가 아니라, 희생과 회복을 위한 공정한 권리의 이성적 요구에 있다."고 하면서 (1) 문화재, 신박 등의 현물 반환 요구, (2) 확정 채권, (3) 중일전쟁 및 태평양전쟁에 기인하는 인적·물적 피해, (4) 일본 정부의 저가(低價) 수탈(강제 공출에 의한 손해)의 4항목에 걸친 대일청구를 정리했다.[19)]

그 후 한일회담이 시작되자, 1952년 2월 20일에 한국 측은 「한일 간 재산 및 청구권협정 요강」(소위 대일청구 8항목)을 제시했다. 그 내용은 다음과 같다.

제1항 한국에서 반출된 고서적 · 미술품 · 골동품, 기타의 국보 지도 원판

19) 대한민국 외무부 정무국(1954), 앞의 문서, 1~4쪽.

및 지금(地金)과 지은(地銀)을 반환할 것.

제2항 1945년 8월 9일 현재의 일본 정부의 대조선총독부 부채 계산을 결제할 것.

제3항 1945년 8월 9일 이후 한국으로부터 상환 또는 송금해왔던 금액을 반환할 것.

제4항 1945년 8월 9일 현재 한국에 본점 혹은 주사무소가 있었던 법인의 일본에 있는 재산을 반환할 것.

제5항 한국 국민(법인을 포함한다)의 일본국 혹은 일본 국민(법인을 포함한다)에 대한 공채, 일본은행권, 피징용 한인 미수금 및 기타의 청구권을 결제할 것.

제6항 한국 국민(법인을 포함한다)이 소유하는 일본 법인의 주식 또는 그 밖의 증권을 법적으로 인정할 것.

제7항 전기(前記) 제 재산 또는 청구권으로 발생한 또는 발생해야할 제 과실(果實)을 반환할 것.

제8항 전기 반환 및 결제는 협정 성립 후 즉시 시작되어 늦어도 6개월 이내에 종료할 것.[20]

이 청구 내용은 『대일배상요구조서』에서 강제 공출이나 전시(戰時)의 물적 피해 등을 철회한 것이었다. 이렇게 한국 측의 청구가 축소된 큰 요인은 한국 정부의 대일청구가 연합국의 대일 전후 처리의 큰 틀에서 뒤떨어졌던 데 있다. 다시 말해, 극동국제군사재판(소위 도쿄재판)이나 각지에서 열린 군사법정에서 일본의 전쟁 책임을 추궁했다. 그러나 그러한 재판들에서는 식민지지배의 문제가 거론되지 않았고, 분할 점령하의 조선도 참가하지 않았다. 게다가 앞서 말한 바와 같이 강화조약에서도 일본의 식민지지배 문제는 아무런 규정이

20) 「日韓會談 第1回財産, 請求權問題委員會議事要錄」(1952. 2. 20), 日/1022/1173, 7~8쪽.

되지 않았을 뿐 아니라, 조선에는 제14조의 배상 조항이 적용되지 않았다. 청구권 협상의 토대가 된 강화조약 제4조에는 청구권에 대해서 당사자 간의 "특별 협정의 주제로 하는" 것 말고는 아무 규정이 없다. 한국 정부는 이 샌프란시스코 강화회의에 참석하는 것을 목표로 했지만, 결국 미국과 영국의 이해를 얻지 못해 실현되지 않았다.[21)]

이렇게 해서 조선은 연합국에 의한 전후 처리의 큰 틀에서 뒤쳐졌기 때문에, 일본과 협상하는 데 있어 '식민지책임'을 추궁하고, 전시 조선인의 피해를 고발하는 데 있어 약한 입장에 놓이게 되었다. 따라서 청구권 협상 당초부터 한국 정부는 대일청구에 전시 배상을 포함하지 못했다. 즉, 1965년에 한국 정부가 작성한 『한일회담백서』에서 밝혀진 것처럼, 한국 정부는 '영토의 분리에 따른 민사상 및 재정상의 청구권'[22)]만을 주장하게 되었다.

단, 한국 정부의 대일청구 내용을 다시 보면, 식민지시기 전체에 미치는 청구 항목도 있지만, 주된 청구가 전시체제기(미나미 지로[南次郎] 총독 시기 이후)에 한정되고 있는 점도 지적할 수 있다. 이것은 '식민지책임'을 추궁하는 데 있어, 한국 정부가 전쟁 책임 추궁의 논리와 사고방식을 준용하고 있기 때문일 것이다.[23)]

다음으로 청구권 협상에 임하는 일본 측의 자세를 두 가지 확인하고자 한다. 첫째로, 일본대장성 관리국이 편찬한 『일본인의 해외활동에 관한 역사적 조사』 등에서 명확하게 나타난 바와 같이, 일본 측은 식민지지배를 포함하는

---

21) 이 점에 대해서는 永原陽子 編(2008), 「日本の植民地責任論における植民地責任－朝鮮を事例として」, 앞의 책, 134~135쪽을 참조하길 바란다.

22) 대한민국정부(1965), 앞의 책, 41쪽.

23) 예를 들면 2004년 3월 5일에 한국 국회가 제정한 「일제 강점하 강제동원 피해 진상규명 등에 관한 특별법」 제2조 제1항에서도 '만주사변에서 태평양전쟁에 이르는 시기'의 강제동원으로 인한 피해의 진상규명으로 한정되어 있다.

"일본의 해외활동은 일본인 고유의 경제행위이고, 상거래이며, 문화활동"으로 재외일본인 재산도 또 "일본 및 일본인의 해외에 있어서의 정상적인 경제활동의 성과"라고 생각하고 있었다.[24] 이러한 인식에서 청구권 협상에서 일본 측은 강화조약 제4조 b항을 통해 미군 정부에 의한 일본 재산의 처리 효력을 승인했음에도 불구하고, 재조일본인 재산에 대한 청구권을 주장했다.

1957년 12월 31일의 한일 공동선언으로 일본 측은 이 청구권을 철회했다. 그러나 그 후의 제5차 회담 때인 1960년 12월 21일의 일반청구권 소위원회 비공식회합의 기록에서의 요시다 노부쿠니[吉田信邦] 대장성 이재국(理財局) 차장의 발언을 보면, 그것을 가지고 일본이 조선 지배의 부당성, 불법성을 인정했다고는 할 수 없다.

> 청구권 문제에 대해서는 구보타[久保田] 발언 이래 일본은 말하고 싶은 것도 테가 채워져서 말할 수 없는 것 같은 입장에 있다. 비유해서 말하면, 두 사람이 있는데, A는 B에게 100만을 빌려주었고, B는 A에 20만을 빌려주었을 경우, 100만인 자 쪽은 보류하고, 20만을 되찾는다고 하게 되면, A는 도대체 무엇을 하고 있는 것인가 하는 말을 듣게 된다. 다만 B에도 곤란한 사정이 있고, A도 그 점을 충분히 동정적으로 생각할 용의가 있다. 그러나 A가 자신이 빌려준 100만에 대해서, 전혀 말이 안 된다고 하는 것으로는 AB 간의 이야기는 잘 되지 않을지도 모른다.[25]

둘째로, 그렇지만, 혹은 그렇기 때문에, 일본 측은 조선 지배 당시의 법률에 입각하여 '법적근거'가 있다고 간주한 한국의 청구에 대응하려고 했다. 예

---

24) 大藏省管理局(1950), 『日本の海外活動に關する歷史的調査 總目錄』, 3쪽.
25) 「請求權問題に關する非公式會談槪要」(1960. 12. 27), 북동아시아과, 『第5次日韓全面會談豫備會談の一般請求權小委員會會合(非公式·その他)』, 日/2260/96, 7~8쪽.

를 들면, 대일청구권의 구체적 토의가 일단락한 후에 작성된 대장성 이재국 외채과 『일한관계 상정 문답(미정고)』에 의하면, 1961년 11월 12일의 한일 정상회담을 통해 "일본 측으로서는 주로 우편저금, 연금, 징용자의 미수 임금 등의 지불을 고려하게 될 것"[26]이라고 생각하고 있었다. 또, 다음 3월 15일의 한일 외무장관 회담에서 고사카 젠타로[小坂善太郎] 외무장관은 "연금 등에 대해서는 일본인과 같은 취급을 하려고 생각하고 있고, 재정 사무 당국의 사고방식과 다른 융통성이 있는 생각을 하고 있다."[27]고 진술했다.

이처럼 한일 쌍방의 기본자세를 확인하고서, 제6차 회담에서의 청구권에 대한 구체적 토의를 두 가지 들어서 검증하고 싶다. 우선, 제1항의 조선은행을 통해서 조선에서 반출된 지금은(地金銀)의 반환청구에 대해서, 1961년 11월 2일의 일반청구권 소위원회에서 한국 측의 김준근(金潤根) 변호사는 다음과 같이 설명했다.

> 애당초 금은 그 자체가 상품인 동시에 화폐로서, 또 대외 지불 수단으로서의 특수한 기능을 가지고 있는 것은 주지의 사실이며, 한국에서 생산된 금의 대부분이 일본으로 반출되었다는 것은 결국 한국 경제를 일본 경제에 예속시키기 위해서 행해진 것이라고 생각한다. 또 금은 가치의 저장 수단으로서의 직능을 가지고 있는 것도 주지의 사실로, 한국에서 생산된 금을 조선은행이라는 중앙은행에 두지 않고 일본으로 반출한 것은 일본의 이익만을 생각해서 행해진 것이라고 하지 않을 수 없다. 이상 설명한 바와 같이 지금은의 반출은 반출한 것 자체가 부당하다고 하지 않을 수 없다. 따라서 그 부당한 목적을 달성하기 위한 법률을 제정해서 반출한 것인 이상, 그 법률에 의해 반출이 합법적이라 하더라도 그것은 합법을 가장한 행위이며, 부당하

26) 大藏省理財局 外債課, 『日韓關係想定問答(未定稿)』(1962. 2. 26), 日/804/376, 17쪽.
27) 「日韓政治折衝 第3回 會談記錄」(1962. 3. 15), 日/1135/721, 7~8쪽.

다고 하지 않을 수 없다.[28)]

이 청구 항목은 상술한 한일정상회담 이후 일체 논의되지 않고 있지만, 다른 항목에 비교하면 조선은행을 통한 지금은의 반출이 합법이더라도 부당하다고 하는 점이 주목된다. 단, 한국 측은 1960년 12월 10일의 제5차 회담 일반청구권 소위원회 제3회 회합에서 "우리는 공짜로 지금은을 돌려달라고 하는 것이 아니라, 일본 측이 지불했던 명목적인 가격을 엔으로 지불할 용의가 있다."[29)]고 말한 것처럼 반환이 아니라 매입을 주장하고 있었다. 이것은 조선 산출 광물자원이 부당하게 일본으로 반출된 것을 지적하면서도, 한국 측의 청구가 전쟁 배상에 준한 논리가 아님을 말해주고 있다. 한편, 일본 측은 "일본은 당시 정당한 가격(공정가격)을 지불하고 사들인 것"이며, "매입 가격은 내지(內地), 조선 모두 다르지 않아 조선에 불이익을 주는 취급은 하지 않았다(또, 전시 중 공정가격으로 억제하고 있었는데, 그 경우 산금(産金) 장려금을 내서 업자에게 손해가 가지 않도록 했었다)."[30)]고 하여 이 청구에 응할 의지를 보이지 않고 있다.

다음으로 제5항에 포함된 전쟁에 의한 피징용자의 피해에 대한 보상에 대해서, 1961년 12월 15일의 일반청구권 소위원회에서 김준근 변호사는 다음과 같이 설명했다.

과거 일본에 강제 징용된 한국인이 그 징용으로 인해 입은 피해에 대하여 보

28) 「第6次 日韓全面會談の一般請求權小委員會(第2回)」(1961. 11. 2), 日/1153/1212, 3~4쪽.

29) 「第5次 日韓全面會談予備會談の一般請求權小委員會 第3回會合」(1960. 12. 10), 북동아시아과, 日/2260/85, 7쪽.

30) 「韓國請求要綱に對する質問事項」(1961. 3. 15), 大藏省 理財局 外債課, 日/1174/1348, 89쪽.

상을 청구하는 것으로, 태평양전쟁을 전후로 많은 한국인이 노무자 또는 군인 · 군속으로서 일본에 강제징용되었다. 이러한 징용된 자들 중에는 사망, 부상한 자가 있고, 생존한 자도 징용으로 인해 상당한 피해를 입었던 것이다. …… 자기들 한국인은 일본인과 다르며, 일본의 전쟁 수행을 위해서 희생으로써 강제징용된 것에 비추어 생각하여, 우리는 사망자, 부상자에 대해서는 물론, 생존자에 대해서도 보상금을 청구하는 것이다.[31]

이렇게 말하고서, 한국 측은 생존자 1인당 200달러, 사망자 1인당 1,650달러, 부상자 1인당 2,000달러(총 3억 6,400만 달러)의 지불을 요구했다. 이상덕(李相德) 한국은행 참사는 "사망자, 부상자에 대해서는 일본에서 현재 실시하고 있는 군인군속에 대한 보상의 평균을 기준으로 해서 생각하고, 생존자에 대해서는 일반적으로 정신적 육체적 고통을 생각했다."고 설명했다.[32]

이러한 청구에 대해서는 1960년 5월 10일의 제5차 회담 일반청구권 소위원회에서 이미 의견 교환이 이루어졌다. 일본 측이 국민징용령의 유족부조료(遺族扶助料)나 매장료(埋葬料)의 규정 등에 해당하는지를 물었더니, 한국 측은 "그것과 이것과는 별개이며, 한국 측으로서는 새로운 기초 위에 서서 상당하는 보상을 요구하는 것이다."라고 대납했다.[33] 이러한 청구는 "한국인은 일본인과 다르며, 일본의 전쟁 수행을 위해서 희생으로서 강제 징용된" 것을 근거로 해서 일본의 법률에 따르지 않는 논리를 세운 것이 주목된다. 단, 청구 금액의 산출 근거는 일본 정부가 일본인에게 지불하고 있는 보상의 평균으로, 당시의

31) 「第6次 日韓全面會談の一般請求權小委員會 第7回會合」(1961. 12. 15), 북동아시아과, 日/1153/1217, 22~23쪽.

32) 앞의 문서, 23~24쪽.

33) 「第5次 日韓全面會談予備會談の一般請求權小委員會會合(第13回)」(1960. 5. 10), 북동아시아과, 日/2260/95, 19~20쪽.

조선인이 대일본제국의 신민이었던 것까지도 부정하는 것은 아니라고 할 수 있겠다.

한편, 일본 측은 이 청구에 대하여 "여러 가지 문제는 있다고 생각하지만, 당시는 일단 일본인으로서 징용되었다."는 인식을 표명하면서, "일본의 현재의 원호법을 원용, 준용해서 개인 베이스로 지불하게 된다고 해도 상병자, 행방불명자, 사망자의 가족에게 전혀 돈이 전해지지 않는 것은 곤란하고, 또 일본 측 국내에 대한 설명을 위해서도 명부의 대조가 필요하다."는 등의 말을 했다.[34] 주지하는 바와 같이 일본 측은 한국인 개인에게 직접 보상금을 주기 위해서 명부 조사를 제안했다. 이러한 논리에 대해서는 같은 날에 논의된 미불금에 대해서, 요시다가 "분명히 채무로서 지불의 준비를 하고 있었던 것이다. 실제 문제로서 재빠르게 처리하는 것이 좋다고 생각하므로, 한국 측에서도 알선해서 조사해주길 바란다. 단지 이것이 본인의 손에 전해지지 않는다면 의미가 없다고 생각한다."[35]라고 말한 것과 같은 것이다.

다시 말해, 일본 측은 강제연행 · 강제노동에 대해서 조선인과 일본 업체와의 합법적인 계약 관계라고 간주하고서, 그 미불금을 지불하는 것을 검토하고 있었다. 또, 독립 후의 일본 정부가 만든 전상병자 전몰자 유족 등 원호법 등의 일련의 원호법은 '국적 조항'이 있기 때문에 현재의 조선인에게는 적용할 수 없다. 그러나 일본 정부는 당시의 조선인 군인 및 '노무자'가 대일본제국 신민, 다시 말해 일본 측이 말하는 '일본인'이었다는 것을 근거로 하여 보상금이나 연금의 청구에 응하고자 했다. 즉, 보상금을 둘러싼 논의에서는 한국 측이 "새로운 기초 위에 서서" 주장을 했지만, 일본 측의 대응은 거기에 직접 답

34) 앞의 문서, 20, 26쪽.
35) 앞의 문서, 23~24쪽.

하는 것이 아니었다. 그러한 의미에서 이 논의에서는 결국 한일 쌍방이 공통되는 인식을 전제로 하기까지 이르지 못했던 것이다.

이상과 같이 청구권 논의의 요점은 첫째로 식민지지배 그 자체에 대한 인식이 불문에 부쳐지고, 일본의 조선지배 당시의 법률관계를 전제로 하는 논의로 시종일관된 것이다. 둘째로, 따라서 '노무자', 군인 · 군속, '위안부' 등 조선인의 피해가 식민지지배 그 자체에 기인하는 것이라는 인식은 논의의 전제가 되지 않았던 것이다. 그리고 한일청구권협정에 의해 일본이 행한 경제협력은 오직 한국 경제의 발전을 명목으로 사용되었고, 당초 일본 측이 보상금을 직접 건네주어야 할 피해자의 구제를 실현하지 못했다.

## II. 맺음말

한일회담은 제2차 세계체제 후의 비교적 이른 시기에 있어서의 탈식민지화를 둘러싼 협상이라는 선구성을 가지고 있다. 그렇지만, 그 교섭은 식민지지배의 불법성이나 부당성을 둘러싼 인식, 다시 말해 본론의 첫머리에 인용한 "과거의 한 시기에 행해진 식민지의 지배 피지배 관계가 당시의 식민지 주민에게 막대한 피해를 주었을 뿐만 아니라, 오늘날의 세계에도 그 잔재를 남기고 있다는 현상(現狀) 인식"이 공유되지 못한 상태에서 국교정상화가 실현되어 버렸다.

이러한 한일회담의 내실은 한국 및 일본에서 공개된 외교문서를 통해서 한층 명확해졌다.[36] 그리고 2011년 8월 30일에 나온 한국 헌법재판소의 결정

36) 日本軍「慰安婦」問題解決全國行動(2011), 『-日本軍「慰安婦」問題-本當に「日韓請求

은 조선인 피폭자 및 일본군'위안부'의 배상 청구권이 한일청구권협정으로 소멸한 것인지의 여부를 둘러싼 한일 간 해석상의 '분쟁'을 지적했다. 나아가 2012년 5월 24일에 "일본의 국가 권력이 관여한 반인도적 불법 행위나 식민지지배에 직결한 불법 행위로 인한 손해배상 청구권이 한일청구권협정의 적용 대상에 포함되었다고 보기는 어렵다."[37]는 한국 대법원의 판결이 내려졌다.

올해로 한일국교정상화 48주년을 맞이한다. 일본 정부의 '한일협정으로 해결완료'론 및 한국 정부의 부작위는 한국에 한정되지 않고 식민지지배로 인한 모든 조선인 피해자에게 인종(忍從)을 강요하는 것이다. 한일기본조약 및 제협정을 극복하고, '식민지책임'론을 정립할 책무는 지금을 사는 우리들에게 있다고 할 수 있겠다.

---

權協定で解決濟みか? 韓國憲法裁判所「決定」を讀む』, 8쪽.

37) 日本製鐵元徵用工裁判を支援する會 · 太平洋戰爭被害者補償推進協議會 編(2012), 『5 · 24韓國大法院判決資料集 三菱廣島元徵用工原爆被害者 · 日本製鐵元徵用工裁判』, 9쪽.

• 참고문헌


高橋哲哉(1999), 『戰後責任論』, 講談社.
대한민국 외무부 정무국(1954), 『대일배상요구조서』.
대한민국정부(1965), 『한일회담백서』.
大藏省管理局(1950), 『日本の海外活動に關する歷史的調査 總目錄』.
淸水正義, 永原陽子編(2008), 「戰爭責任と植民地責任もしくは戰爭犯罪と植民地犯罪」, 『植民地責任論 脫植民地化の比較史』, 靑木書店.
張博珍(2008), 「韓日會談における基本關係條約形成過程の分析 : 第2條「舊條約無效條項」及び第3條「唯一合法性條項」を中心に」, 『國際 · 地域硏究』 17卷 2號.
日本軍'慰安婦'問題解決全國行動(2011), 『日本軍'慰安婦'問題 - 本當に「日韓請求權協定で解決濟みか? 韓國憲法裁判所「決定」を讀む』.
日本製鐵元徵用工裁判を支援する會 · 太平洋戰爭被害者補償推進協議會 編(2012), 『5 · 24韓國大法院判決資料集 三菱廣島元徵用工原爆被害者 · 日本製鐵元徵用工裁判』.
일본정부 공개문서, 문서개시번호 892, 문서번호 976(日/892/976).
「한일회담 예비회담(1951.10.20~12.4) 자료집 : 대일강화조약에 관한 기본태도와 그 법적 근거, 1950」.

大藏省理財局 外債課, 『日韓關係想定問答(未定稿)』(1962. 2. 26), 日/804/376.
「未定稿 日本國と大韓民國との間の基本關係に關する條約(案)」, 日/1186/1852.
「日韓政治折衝 第3回 會談記錄」(1962. 3. 15), 日/1135/721.
「日韓會談 第1回財産, 請求權問題委員會議事要錄」(1952. 2. 20), 日/1022/1173.
「日韓會談省內打合せ會議事要錄」(1951. 3. 13), 日/1171/1636.
「第5次 日韓全面會談予備會談の一般請求權小委員會 第3回會合」(1960. 12. 10), 북동아시아과, 日/2260/85.
「第5次 日韓全面會談予備會談の一般請求權小委員會會合(第13回)」(1960. 5. 10), 북동아시아과, 日/2260/95.
「第6次 日韓全面會談の一般請求權小委員會 第7回會合」(1961. 12. 15), 북동아시아

과, 日/1153/1217.

「第6次 日韓全面會談の一般請求權小委員會(第2回)」(1961. 11. 2), 日/1153/1212.

「請求權問題に關する非公式會談概要」(1960. 12. 27), 북동아시아과, 『第5次日韓全面會談豫備會談の一般請求權小委員會會合(非公式・その他)』, 日/2260/96.

「韓國請求要綱に對する質問事項」(1961. 3. 15), 大藏省 理財局 外債課, 日/1174/1348.

「韓國側基本條約案に對する意見(案)」(1952. 3. 11), 日/1186/1835, 제2 분책.

「DRAFT BASIC TREATY BETWEEN THE REPUBLIC OF KOREA AND JAPAN」, 日/1186/1852.

# 한일청구권협정과 일본군'위안부' 문제

가나가와대학 법과대학원 교수 **아베 코기**

# 한일청구권협정과 일본군'위안부' 문제

가나가와대학 법과대학원 교수 **아베 코기[阿部浩己]**

## I. '기억의 장'으로써의 국제법

2007년 4월 27일에 나온 일본국 최고재판소의 판결과 2012년 5월 24일에 나온 대한민국 대법원의 판결은 사법의 입장에서의 피아의 차이를 극명하게 보여주는 것이었다. '샌프란시스코 강화조약 체제'라는 논리 아닌 논리로 과거의 부정의(不正義)를 봉인하려는 일본의 사법 엘리트와 '일제강점기의 한반도 지배'의 위법성 평가로까지 깊이 파고드는 한국 사법 엘리트의 뚜렷한 역사·법 인식의 간극은 내셔널리즘의 빛을 안으로 굴절시키면서도 심화되어 가는 21세기 세계 질서를 둘러싼 담론의 대립을 고스란히 보여주고 있어, 의외로 시사적이다.

일본 최고재판소가 구현하고 있는 것은 바로 선진공업국(정책결정 엘리트)의 몸에 깊이 각인된 '근대적 충동'이다. 빛날 수 있는 미래에 대한 칭찬과 부정의 투성이였던 과거에 대한 침묵이라고 할 수 있을까? 미래는 과거의 주검 위에 세워진다. 끊임없이 '진보'를 거듭하는 인류의 역사에 있어 무수한 부정의를 품고 있는 과거는 지나간 시간 축 안에서 움직이지 않는 기념비로 못 박혀 있어야 한다. 그래야 비로소 미래가 다가온다.

하지만 실제로 과거는 미래에밖에 도래하지 않는다. 일본군 성노예제 문제도, 한일청구권협정이 체결된 1965년부터 4반세기라는 시간이 흘러서야 겨우 도래할 수 있었던 것이다. 돌연히 눈앞에 우뚝 선 과거는 흘러간 세월 속에 꼼짝없이 고정되거나 하지 않으며, 거기에 있는 것은 엄연한 현재와 미래의 맥동이다. 아직 보지 않는 과거, 결국은 와야 할 미래에 도래하게 될 과거도 역시 헤아릴 수 없이 많다.

도래한 과거에 어떻게 대처할지는 역사의 문제이면서 동시에 법의 문제이기도 하다. 단, 법과 역사는 반드시 친화적인 관계에 있는 것은 아니며, 과거의 부정의를 심판하는 장으로써 법정 본연의 자세에 대해서 실제로 다양한 비판이 전개되어 온 것은 잘 알려진 바 아닌가? 그러나 그렇다고 해도, 법 또한 '기억의 장'임에는 변함이 없다. 법은 특정한 기억을 등에 지고 생겨나는 것이면서, 기억을 둘러싼 투쟁의 문맥의 변화로 인해 그 모습을 크게 달리해 나가는 것이기도 하다. 기억의 재활성화는 새로운 법을 도입할 뿐만 아니라, 기존의 법에 대해서도 '해석'이라는 기술적인 운용을 통해서 변용하도록 다그친다.

국제법 질서가 떠맡고 있는 과거의 기억도 두 말 할 필요 없이 정연하게 고정되어 있는 것은 아니다. 1980년대 이후 토착민의 목소리가 공적 아레나에서 끊임없는 반향을 거듭하였고, 또 1990년대 이후에는 남성 중심성에 대한 격렬한 이의신청이 전개됨으로써 국제법에서 상기해야 할 과거의 기억 내용도 크게 변모해가고 있다. 그렇다고는 하지만 국제사회의 상징 자본을 갖고 있는 선진공업국 남성 엘리트들의 저항은 예상대로 여전히 완강해서, 국제사법재판소 등 국제사회의 대표적 기관의 영위를 통해서, 혹은 외교 · 연구의 장을 통해서, 전통적인 가치 · 논리가 재생산 · 재각인되는 국면도 이어지고 있다. 식민지주의(인종주의)와 남성중심주의로 점철된 '샌프란시스코 강화조약 체제'에 강하게 집착하는 일본 최고재판소 · 정부의 대응에서도 그러한 모습을 명백하게 찾아볼 수 있다.

## II. 한일청구권협정에서의 '분쟁'과 중재 절차

2011년 8월 30일의 대한민국 헌법재판소 결정에 따라 한국 정부는 한일청구협정 제3조 1항에 근거한 협의를 여러 번 제의하고 있지만, 일본 정부는 양국 간에 이 협정을 둘러싼 분쟁은 없다는 입장을 고수하며 협의에 응하지 않고 있다. 같은 해 12월과 2012년 5월에는 한국 대통령이 직접 일본 총리에게 제의했으나 이것도 이루어지지 않았다.

한일청구권협정 제3조 1항은 "이 협정의 해석 및 실시에 관한 두 체약국 간의 분쟁은 우선 외교상의 경로를 통해서 해결하기로 한다."고 정하고 있다. 이 문언에 따르자면, 확실히 일본 정부가 말하는 것처럼 외교적인 협의는 '분쟁'이 존재해야 비로소 요구되게 된다. 일본 정부는 그러한 분쟁은 양국 사이에 없다는 입장(일본군 성노예제 문제는 이미 협정에 의해 해결 완료라는 입장)이므로, 협의에 따르지 않더라도 협정에 저촉되는 문제는 생기지 않는다는 것이 될 것이다.

그러나 분쟁의 존재 여부는 한쪽의 주관적인 판단에 의해 결정되는 것은 아니다. 상설 국제사법재판소는 1924년 마브로마티스사건에서 "분쟁이란 당사자 간의 법 또는 사실의 논점에 관한 불일치"라고 정식화하고 있다. 국제사법재판소도 또 1950년 평화조약 해석사건이 있었을 때, 분쟁이란 "객관적으로 결정해야 할 문제"라고 판시하였다. 일본 정부가 아무리 분쟁이 없다고 주장해도, 일본군 성노예제에 관련된 배상청구권이 한일청구권협정상 포기된 것인지의 여부를 둘러싸고, 한국과는 법 해석의 불일치가 있다는 것은 객관적으로 명백하다. 국제사법기관의 선례에 비추어 보면, 분쟁의 존재를 부정하는 일본 정부의 주장은 국제법상 성립되지 않는다고 할 수밖에 없다.

한일청구권협정은 제3조 2 · 3항에서 외교상의 경로를 통해서 분쟁을 해결하지 못했을 경우에는 중재 절차를 밟도록 지시하고 있다. 3명의 위원으로 이루어지는 중재위원회가 설치되게 되어 있으며, 중재위원의 임명의 방법에 대해서 규정이 있다. 중재의 결정에는 승복해야 한다(제3조 4항).

중재 절차로 이행하는 것은 분쟁을 외교상의 경로를 통해서 해결하지 못할 경우인데, 그러면 어떤 사태에 이르게 되었을 경우에 "해결하지 못했다."고 할 수 있을까? 이 점에 대해서도 국제사법판단이 유익한 지침을 제공해 준다. 예를 들면 2012년 7월 20일에 나온 벨기에 대 세네갈사건 판결에서 국제사법재판소는 진정한 시도가 좌절되고, "교섭을 더욱 거듭해도 해결로 이어질 합리적인 가망이 없을 때"에 협상을 통해 분쟁을 해결할 수 없다고 판단할 수 있다는 것을 분명히 하고 있다(단락 57).

한국 정부의 진정한 협의 제의가 있었음에도 불구하고, 일본 정부가 협의에 응하지 않고, 협의를 다시 제의해도 사태를 타개할 합리적인 가망이 없다고 한다면, 사태는 제3조 2항의 중재 단계로 이행하게 된다. 합리적인 가망이 있는지의 여부는 협의 제의의 회수뿐만 아니라, 일본 정부가 취해온 태도 · 법 해석이나 한국 정부의 제의를 어떻게 거부하고 있는지 등의 사항들을 종합적으로 고려해서 판단해야 하지만, 지금까지의 경위나 일본 국내의 정치정세 등으로 보아, 일본 정부가 협의에 응할 가망성은 조심스럽게 말해도 희박하다고 할 수밖에 없다.

그렇게 되면 중재 절차로 이행하게 되는데, 중재가 시작되기 위해서는 위원을 임명해야 한다. 한국 정부가 제3조 2항에 근거해서 "분쟁의 중재를 요청하는 공문"을 작성해서 이를 일본 정부에 전했을 경우에 일본 정부가 중재위원을 임명하지 않는다면, 협정 제3조 3항에 의해 별도의 방식을 중재위원회가 조직되게 된다. 이 단계에 이르러도 여전히 중재위원회 설치를 위한 행동을 일본 정부가 취하지 않으면, 설치가 불가능하다 할 수밖에 없다.

## III. 협정 위반의 법적 귀결

한일청구권협정은 양국 간 조약이므로, 일본이 현재와 같은 대응을 계속한다면 협정상의 분쟁 해결 메커니즘의 발동은 어려워지지만, 국제법상은 단순히 어렵다고 하는 데 그치지 않고, 조약 위반에 따른 국가책임이 생길 수도 있게 된다. 앞서 말한 것과 같은 이유로 한일 간에 협정의 해석 · 실시를 둘러싼 분쟁이 있는 것은 명백하므로, 일본 측에는 외교 협의를 통한 해결을 도모하고, 나아가 그것이 여의치 않았을 경우에는 중재위원의 임명 등을 행할 협정상의 의무가 있다. 이러한 의무를 이행하지 않는 것은 필연적으로 국가책임이 발생하게 만들며, 그 책임은 일반 국제법상 금전배상의 지불이나 사과 등을 통해 해제되어야 한다. 국가책임 해제 의무의 이행을 촉진시키기 위해서 피해국(한국)에는 일정한 조건하에 대항조치를 취하는 것도 허하고 있다.

또 조약 의무의 위반이 '중대한 위반'이라고 해석될 경우에는 조약의 종료 또는 운용 정지의 근거로 이를 원용할 수도 있다. 조약법 조약 제60조 3항에 의하면, 중대한 위반이란 조약 그 자체의 부정에 상당하는 정도의 위반이거나 조약의 취지 · 목적의 실현에 불가결한 규정의 위반이 있을 경우로 되어 있는데, 한국 사법기관의 매우 깊이 들어간 판단 때문에, 이제는 성노예제 이외에도 각종 문제가 한일청구권협정과 관련지어 문제시될 수 있는 상황이 되었다. 이 때문에 외교 협의나 중재위원회 설치에 관련된 절차적(분쟁 해결)조항이라도 조약의 취지 · 목적의 실현에 불가결한 규정이라고 판단하는 것은 충분히 있을 수 있다고 해야 할 것으로, 그러한 해석을 하자면, '중대한 위반'의 원용도 결코 불가능하지 않고, 결과적으로 한일청구권협정의 종료라는 사태도 이론적으로는 배제하지 못하게 된다.

그러나 중대한 위반이 있었다고 한들 조약을 반드시 종료시켜야 하는 것은 아니다. 한일관계가 중요한 법적 근간의 하나인 이 협정을 합의에 따르지 않고 종료시키는 것이 얼마만큼 현실성을 가지는가는 쉽게 판단할 수 있는 것이 아니지만, 다만 그러려고 해도, 한국 대법원의 첨예한 판결이 시사하는 바와 같이, 적어도 그러한 논의가 이루어질 수 있는 역사적 단계 혹은 법 상황에 이르고 있다는 점은 유의해 두어야 할 것이다. 식민지주의에 유지되어 온 폭력적인 국제질서의 변혁을 추구하는 조류는 모두(冒頭)에서 말한 대로, 세계 각처에서 증폭되어 오고 있으며, 동아시아가 그 예외일 리는 없다.

다소 불투명한 것은 한국 정부가 중재로 나아갈 명확한 의사를 갖고 있는가의 여부이다. 한국 정부는 일본 정부를 상대로 중재 절차를 시작하는 것은 곤란하다는 판단이 작용하고 있을지도 모르며, 그 판단이 잘못되었다고 단정할 수도 없지만, 한국도 한일청구협정의 체약국으로서 이 협정의 규정을 성실하게 이행할 의무를 지고 있다는 점을 잊어서는 안 된다. 한일 양국이 모두 협정상의 분쟁 해결 메커니즘을 소외하게 되는 사태가 발생한다면, 이 협정을 존속시키는 의미를 근본적으로 의심하게 된다. 덧붙여 한국에 있어서 한일청구권협정을 준수하지 않는 것은 헌법재판소의 판시에 배치되는 것으로서 중대한 국내법상의 문제를 낳게 될 수도 있다.

## IV. 중재재판의 의의와 경험

국제법은 국제분쟁의 평화적 해결을 추구하는 일반적인 의무를 각국에 부여하고 있다. 평화적 해결의 수단은 여러 방면에 걸쳐 있는데, 편의상 크게는 비재판 절차와 재판 절차의 두 종류로 분류할 수 있다. 분쟁 당사국이 그때마다 합의를 통해 법정을 설치하는 중재재판은 상설 법정을 갖고 있는 사법재판과 함께 후자의 유형에 속한다. 중재도 재판임에는 변함이 없어 그 판결에는 법적 구속력이 따른다.

근대의 중재재판은 18세기 말 이후 나타나게 되고, 1899년에는 상설 중재재판소가 설치되었으며, 1958년에는 중재재판 절차 모델 규칙도 정비되었다. 현재도 특히 영역분쟁이나 경제분쟁에서 상당히 이용되고 있는 실정이다. 한일청구권협정처럼 조약에 있어서 중재의 설치를 규정하는 것도 많으며, 인권조약의 분쟁 해결 조항에도 우선 예외 없이 중재에 관한 규정이 마련되어 있다.

일본은 지금까지 3건의 중재재판을 경험해 왔다. 1875년의 마리아루스호 사건(대 페루, 중재인은 러시아 황제, 일본 승소), 1905년의 가옥세(家屋稅)사건(대 영 · 불 · 독, 중재인은 스웨덴 · 프랑스 · 일본인의 3명, 일본 패소), 그리고 2000년의 같은 정도 미나미마구로사건(대 호주 · 뉴질랜드, 중재인은 미 · 호 · 필리핀 · 일 · 뉴질랜드인의 5명, 일본 승소)이다. 가옥세사건에서 패소한 것을 계기로 일본은 한동안 국제재판과 거리를 두었지만, 최근에는 그러한 경향이 옅어져서 오히려 국제재판을 적극적으로 활용해 분쟁의 처리에 임하자는 자세를 보이고 있다. 외무 관료나 국제법학자들 사이에 국제재판에 대한 관심은 뚜렷하게 높아지고 있다.

물론 중재라고는 해도 판결에는 구속력이 따르기 때문에, 이 절차를 이용하는 데는 상응하는(패소의) 리스크가 따른다. 또 판결을 얻을 수 있었을 경우에는 그로 인해 분쟁의 처리는 촉진되겠지만, 참된 해결이 이루어질 것인가는 차원이 다른 문제다. 중재재판이든 사법재판이든 재판이라는 방식이 분쟁의 해결에 있어서 가장 우수한 장치라고 하는 보증은 없으며, 오히려 협상(협의)을 통한 긴 호흡의 대처가 보다 큰 성과를 만들어낸다는 것도 부정할 수는 없다.

## V. 국제사법재판소로의 액세스 1 – 권고적 의견

일본 정부가 중재는 물론 협의에조차 응하지 않는 지금의 사태는 한일청구권협정의 성실한 이행을 촉구하는 국제법의 요청에 반하는 것이라고 할 수밖에 없다. 협정 위반에 동반되는 국제법상의 귀결에 대해서는 이미 말한 대로인데, 실무의 입장에서는 협정이 예정하고 있는 분쟁해결 메커니즘에 따른 행동을 일본 정부에 촉구하는 제도적 장치가 별도로 없는 것인지가 문제시 될 것이다. 이러한 관점에서 유엔의 주요기관인 국제사법재판소의 이용 가능성에 대해서 검토할 필요가 있다.

우선 국제사법재판소에 권고적 의견을 구하는 방식이 있을 수 있다. 권고적 의견을 요청할 수 있는 것은 유엔 총회 · 안보이사회와 총회의 허가를 얻은 기타 유엔기관 · 전문기관이다(유엔 헌장 제96조). 총회와 안보리는 '어떠한 법률 문제에 대해서도' 의견을 구할 수 있다. 법률 문제란 "법적 용어로 표현되어 국제법상의 문제를 제기하는 것(1975년 서사하라사건)"이라고 국제사법재판소가 정의하고 있으며, 또 권고적 의견에 수반하는 정치적 동기 · 정치적 영향은 법률 문제로서의 성격을 박탈할 일은 없다는 것이 국제사법재판소의 일관된 입장이다. 권고적 의견의 요청에 응할지 말지는 재판소의 재량이 있기는 하지만, 유엔이 주요한 사법기관으로서, 그러한 요청이 있었을 경우에는 “원칙적으로 거부하지 말아야 한다.”고 국제사법재판소는 말한다. 법적 구속력(기판력)은 없지만, 권고적 의견에는 판결에 필적하는 무게와 권위가 갖추어져 있다.

한일청구권협정에 관련된 것으로 가장 먼저 상기되는 것은 1950년에 평화조약해석사건 당시 국제사법재판소가 내린 권고적 의견일 것이다. 1947년에 체결된 평화조약의 체약국이었던 불가리아, 헝가리, 루마니아에서 이 평화조약에 위반하는 인권 · 기본적 자유의 침해가 있다고 하여, 연합국인 영국과 미국은 이것을 평화조약에 규정된 위원회의 분쟁해결 절차에 위임하도록 요구했다. 그러나 삼국은 사실무근이라면서 위원의 임명을 거부했다. 이 사태를 두고 유엔 총회는 국제사법재판소의 권고적 의견을 구하기로 했다.

자문 받은 내용은 다음의 네 가시다. ① 상기 3개국과 연합국 간에 분쟁해결조항이 적용되는 분쟁은 존재하는가? ② 분쟁이 존재할 경우에 상기 3개국은 조약위원회 위원 임명을 포함시켜서 분쟁해결조항을 실시할 의무가 있는가? ③ 의무가 있다고 하고 30일 이내에 관계국이 위원을 임명하지 않을 경우, 유엔 사무총장은 제3의 위원을 임명할 수 있는가? ④ 그에 따라 설치된 조약위원회는 구속력 있는 결정을 할 수 있는가?

국제사법재판소는 ①에 대해서 분쟁은 객관적으로 결정되는 것이며, 본건에 있어서는 조약의 이행을 둘러싼 명확한 대립이 있기에 분쟁은 존재한다고 판단하였고, ②에 대해서도 한쪽 당사국에서 분쟁의 위임이 요청되었는데도 다른 방면의 당사국에 협력 의무가 없다고 한다면, 조약이 정하는 해결 방법은 무의미해져 버리므로, 상기 3개국에는 실시 의무가 있다고 회답했다. ③에 대해서는 조약은 사무총장에게 그러한 권한을 인정하지 않고 있다. 따라서 ④에 대해서도 회답은 필요 없다는 판단이었다. 한편, 권고적 의견은 분쟁 당사국의 동의를 얻지 않고 주어졌다.

한일청구권협정을 둘러싼 사태와 매우 비슷하다는 것을 알 수 있다. 한일 간의 협정에 대해서도 평화조약해석사건처럼 분쟁이 존재하는가, 존재한다고 하고 분쟁해결 절차를 실시할 의무가 있는가, 그 의무가 이행되지 않았을 경우에는 어떤 조치를 취해야 하는가 하는 내용의 자문을 총회가 행하는 것을 생각해 볼 수도 있는 일이다. 그러나 이러한 의견 요청을 하기 위해서는 그것을 가능하게 하는 정치적 조건을 만들어 낼 필요가 있다(의견 요청에는, 그 취지의 결의를 채택해야 함).

평화조약사건의 경우에는 동구 여러 나라에 있어서의 가톨릭 고승에 대한 형사죄 부과라는 충격적인 사건의 발생과 동서냉전하에 자유주의 진영이 유엔 총회에서 다수를 차지하고 있었던 상황이었던 것이 의견 요청의 강한 동력이 되었다. 어쨌든 의견을 요청할 정치적 의의가 유엔 내에서 널리 공유되는 것이 꼭 필요하다.

권고적 의견의 요청은 유엔의 전문기관인 국제노동기관도 총회의 허가를 얻고 있다는 점에서, 이를 행할 수 있다. 단 총회 · 안보리와 달리, "그 활동의 범위 내에 있어서 생기는 법률문제"에 한정된다(유엔 헌장 제96조 2항). 국제노동기관은 지금까지 일본군 성노예제 문제를 강제노동조약 이행이라는 관점에서 수도 없이 다루어 왔다고는 해도, 자문의 주제가 한일청구권협정의 해석 실시에 영향을 미치게 되면, 그것을 아무리 "그 활동의 범위 내에서 생기는 법률문제"라고 재정식화할 수 있을지가 문제되게 된다. 덧붙이자면, 2012년 말일까지의 26건에 달하는 권고적 의견 요청의 과반(15건)은 유엔 총회에서 이루어지고 있으며, 국제노동기관에 의한 권고적 의견의 요청은 1건도 없다.

## VI. 국제사법재판소로의 액세스 2 – 소송의 제기

국제사법재판소는 재판소로서 소송을 수리하고, 심리하고, 판결을 내리는 권한도 물론 갖고 있다. 이러한 소송 사건에 있어서 당사자 능력을 갖는 것은 국가에 한정된다. 국가는 국제사법재판소에 대하여 국제법 위반의 선언이나 위법 상태의 치유를 위해 구체적인 조치를 명하도록 제의할 수 있다. 권고적 의견과 달리 판결에는 구속력(기판력)이 따른다.

국가는 국제사법재판소에 있어서 당사자 능력을 인정 받지만, 실제로 재판을 받을 수 있는 것은 국제사법재판소의 관할권을 수락하고 있는 국가에 한정된다. 국제사법재판소의 재판 관할권은 당사국의 동의에 근거하고 있어, 동의 없이 국제사법재판소의 재판을 받는 일은 없다.

국제사법재판소의 재판 관할권을 발생시키는 국가의 동의는 다음 네 개의 방식 중 하나로 얻을 수 있다.

첫 번째는 당사국끼리 특별한 합의를 해서 국제사법재판소에 분쟁을 위임하는 방식이다. 이럴 경우 재판 관할권의 발생은 확연하다.

두 번째는 분쟁 당사국의 한쪽이 일방적으로 소송을 제기한 후에 상대방이 이에 자발적으로 응하는 방식으로 응소 관할이라고 불리는 것이다. 묘책이지만, 이러한 방식으로 재판 관할권이 생기는 것은 국제사법재판소의 선례에서도 확실하게 확인되고 있다.

세 번째는 장래에 발생할 일정한 분쟁을 국제사법재판소의 재판으로 처리하는 것을 미리 조약을 통해서 약속하는 방식이다. 조약 전체가 그러한 내용이 것일 경우(재판 조약)와 인권조약이나 환경조약과 같은 통상의 조약 속에 특별히 재판 조항이 삽입되는 경우가 있다.

네 번째는 국제사법재판소 규정 제36조 2항(선택조항이라고 불림)에 따라서, 동일한 의무를 수락하는 다른 나라와의 사이에서 장래에 발생할 법률적 분쟁에 대해서 국제사법재판소의 관할권을 의무적으로 받아들이는 방식이다. 선택조항 수락 선언을 해 두면, 같은 수락국을 언제든지 고소할 수 있지만, 반대로 언제든지 고소당할 수 있게도 된다.

일본은 선택조항을 수락하고 있지만(1958 · 2007년), 한국은 선택조항 수락 선언을 하지 않고 있다. 이 때문에 적어도 현시점에서는 제4의 방식을 이용할 수는 없다. 어떠한 청구 취지의 재판을 국제사법재판소에 요구할지에 따라 다르지만, 국제사법재판소에 위임할 수 있게 하는 것이 있다고 한다면, 아마 재판 조항의 이용이 어느 정도 현실적일지도 모른다. 일본군 성노예제 문제는 여성차별철폐조약이나 고문금지조약 같은 맥락에서도 문제시되어 오고 있으며, 일본의 정기 보고 심사 때는 수도 없이 우려 · 권고의 대상이 되고 있다. 두 조약에는 재판 조항이 삽입되어 있어, 한일 양국 모두 이에 특단의 유보를 붙여두지 않고 있다. 한일청구권협정의 해석 실시의 문제를 이러한 인권조약의 해석 적용을 둘러싼 문제로서 재정식화하고, 그것을 해당 조약에 근거하는 분쟁해결 메커니즘에 위임하는 방식은 있을 수 있지 않을까?

이러한 메커니즘은 협상과 중재를 그 전 단계에서 촉구하고, 그것으로 잘 되지 않았을 경우에 국제사법재판소에 소송하는 길을 연다. 최근에도 고문금지조약의 해석 적용을 둘러싼 분쟁이 국제사법재판소에서 심리되고 있어(앞에서 말한 벨기에 대 세네갈 사건) 결코 현실성이 없지 않다. 그렇다고는 하지만, 어디까지나 관련 인권조약의 해석 적용을 둘러싼 분쟁으로 다투어야 한다는 한계가 있으며, 또 국제사법재판소에 위임하기 위해서는 해당 조약의 규정에 근거해 협상에서 중재로의 절차를 다시 신중하게 밟아야 하는(국제사법재판소 콩고 대 르완다 사건 2002년 7월 10일 명령) 것은 말할 필요도 없다.

한편, 고문금지조약은 제21조에서 고문금지위원회에의 국가통보 절차에 대해서 규정하고 있는데, 일본이나 한국 모두 이 절차를 수락하고 있으므로, 그것의 이용 가능성도 배제되는 것은 아니다(국가 간 통보는 조약기관에 대해서 행하는 것이며, 재판이 아니라 알선 · 조정의 성격을 갖는다).

## VII. 국제사회의 규범적 조류

중재재판이든 사법재판이든 권고적 의견이든, 한일청구권협정이 일본군 성노예제를 비롯한 중대한 국제법 위반에 관한 청구권 문제를 완전하게 또 최종적으로 해결한 것인지를 판단하는 데 있어, 그 규준 · 준칙이 되는 것은 국제법(조약, 관습법, 법의 일반 원칙 등)이다. 사법판단은 판단권자가 개인적인 세계관을 투영하면서, 그 이상으로 국제적인 규범 환경의 영향을 받는다. 국제질서를 둘러싼 규범적 조류를 바탕으로 해서 판단이 내려진다는 것이다.

앞에서 말한 바와 같이, 국제법에 있어도 기억의 재활성화가 심도를 더하고 있는 점에서 현재의 규범 환경은 이제까지와 같이 오직 선진공업국 남성 엘리트의 지배적 가치관만을 가지고 문제 처리를 도모하는 것을 가능하게 만드는 것이 아니게 되어가고 있다. 규범적 조류의 현상을 – 지나치게 단순하다는 비난을 감수하면서 – 개인과 국가를 축으로 도식화하면, 국제사회는 지금 주권국가 중심의 수평적 질서를 견지하려고 하는 힘과 인권으로 대표되는 기본적 가치를 가지고 수직적인 공동체를 구축하려고 하는 힘의 충돌 국면에 있다. 불균형한 국제사회의 구조나 정치 역학에 바탕을 둔다면, 전자가 '악'(구폐), 후자가 '선'(진보)으로 단순하게 나누는 것은 엄중하게 삼가야 하며, 개별 구체적인 사정을 살펴서 그 평가를 꼼꼼하게 거듭해 가야 할 것은 말할 필요도 없지만, 특히 과거의 부정의를 둘러싼 문맥에 있어서, 이것을 법의 문제로서 눈앞에 보이게 하기 위해서는 후자의 규범적 조류의 조력을 빼놓을 수 없다.

유럽에서는 독일군에 의한 제2차 세계대전 때의 강제연행 · 강제노동, 학살 등의 피해자가 사법에서 정의의 회복을 요구하는 움직임이 표면화하고, 그리스와 이탈리아의 국내재판소(최고 사법기관을 포함)에서 독일의 행위 위법성이 인정되어, 피해자에 대한 손해배상지불이 명령되기에 이르렀다. 인간의 존엄을 심각하게 훼손하는 전쟁 범죄는 국제공서에 어긋나는 중대한 국제법 위반이므로 피해자에 대한 배상은 바로 국제사회 전체가 공유하는 기본적 가치(국제공서)를 회복하고 보호하는 것이라는 골자의 인식이 그러한 사법 판단의 기조를 이루고 있다.

이러한 사법 판단은 인간중심의 세계질서에 이바지한다고 평가할 수 있는데, 다른 한편으로 독일이라는 주권국가가 타국(그리스와 이탈리아)의 국내재판소에서 재판되었다는 점에서, 주권 평등에 바탕을 둔 종래의 국제질서의 본연의 모습에 반하는 것이 아닌가 하는 비판도 거세었고, 이러한 문제는 결국 독일에 의해 국제사법재판소로 가져가게 되었다. 이탈리아가 국가면제(주권국가는 타국에서 재판에 회부되지 않는 것을 보장하는 국제법규) 위반이 그 직접적인 근거가 되었다. 이 소송에는 그리스도 제3국으로서 참가했다.

'재판권면제사건'으로 알려진 이 사건의 판결은 2012년 2월 3일에 내려졌다. 국제사법재판소는 국가 면제의 법리를 존중하고, 독일의 주장에 손을 들어주었다. (i) 문제가 된 위법 행위가 행해진 나라(이 경우에는 그리스와 이탈리아)에서 재판이 행해질 경우라도, 군대의 행위에 대해서는 국가면제가 적용된다, (ii) 중대한 국제인권법 · 인도법 위반의 경우라도 국가면제는 적용된다, (iii) 전후 처리의 실태를 볼 때 피해자 개인에 대한 완전한 배상지불을 요구하는 강행규범이 성립되어 있다고는 할 수 없다는 소극적인 판시가 판결문을 수놓고 있다.

이 판결은 국제법의 현상(적어도 그 한 단면)을 반영한 것이라고는 해도, 수직적인 공동체질서의 구축을 진척시키는 국제법 발전에 찬물을 끼얹는 사법 판단으로 적지 않은 실망을 안겨주었다. 국제사법재판소에는 놀라울 정도로 첨예한 감각을 지닌 법률가도 포함되어 있지만, 그 사법적 운용은 대개 실증주의적이고 보수적인 자세를 기조로 계속 견지하고 있다는 것은 부정할 수 없다.

전통적인 국제질서의 유지에 이바지하는 역할을 국제재판이 담당하는 국면은 분쟁의 주제가 그 핵심에 근접할수록 명료하게 드러나는 것일지도 모른다.

그렇다고는 해도, 다른 한편으로 국제사법재판소는 주권면제는 어디까지나 절차 차원의 문제이며, 실체적 차원에서의 위법성 및 책임의 문제와는 차원이 다른 판단이라는 것을 수없이 강조하고 있다. 그러한 배경에는 독일군의 행위가, 판결문의 표현을 이용한다면, "'인도의 기본적 고려'를 완전히 소홀히 했다고 평할 수밖에 없다"(단락 52)는 인식이 있고, 또 배상받아야 할 사람에게 배상이 이루어지지 않고 있는 것은 "놀랍고 유감스럽다"(단락 99)는 진지한 평가가 있었던 것도 의심할 여지 없다.

그 때문인지 국제사법재판소는 마치 양심의 가책을 토로하는 것처럼 혹은 자기의 판단을 변명하는 듯이 이렇게도 말을 잇고 있다. "결론에 이르는 데 있어 당 법정은 국제법에 따른 독일의 재판권 면제가 관계 이탈리아 국민의 사법적 구제를 방해해 버리는 것을 인식하지 않는 것은 아니다. / 당 법정은 이탈리아인 피군사수용자의 처우에서 발생하는 청구가 …… 문제의 해결을 목적으로 한 관계 양국 간의 새로운 협상의 주제가 될 수 있을 것으로 사료된다"(단락 104).

그러나 아무리 여러 번 말해도, 재판권면제사건에 있어서의 국제사법재판소의 판단은 국가 간 질서의 틈으로 누락되어 버린 사람들의 비명을 국제법이라는 이름하에 봉인하는 결과를 초래했다는 것에는 변함이 없다. 이처럼 국제사법판단이 항상 인권 · 인도를 실현하는 아름다운 것이 된다는 보증은 없다. 오히려, 주권국가의 전통적 이익 수호를 지향할 수도 있는 경우가 여전히 크게 존재할 수 있다는 것에 유의해 두어야 한다. 그러나 동시에 이 사건은 국제사법재판소 스스로가 되풀이해 강조한 바와 같이, 어디까지나 국가면제라는 절차 규칙의 적용에 영향을 미치고 있었던 데 지나지 않는다는 점도 간과해서는 안 된다.

이 사건에 있어서 이탈리아는 중대한 범죄행위에 관한 개인청구권 포기는 제네바조약 위반으로 위법이며, 또 평화조약이 체결된 1947년 시점에서 중대한 범죄행위는 아직 밝혀지지 않았으므로 애초에 포기의 대상이 될 수 없다는 주장을 폈다. 그에 대해서 독일은 개인청구권을 인정해 버리면 평화조약 등을 통해 구축한 전후 질서 전체가 동요하게 된다는 우려를 표명했다. 양국 주장의 대립은 일본 국내의 전후보상 재판에서 보이는 주장의 대립 바로 그것이었다.

이와 같은 대립된 주장에 대해서 국제사법재판소는 어떠한 확정적인 판단을 내린 것은 아니다. 국가는 타국의 재판소에서 재판되지 않는다는 절차 규칙(국가면제의 법리)이 본건의 사안에도 적용된다는 것이 – 실증주의적이면서 동시에 보수적인 기조하에 – 확인된 것에 지나지 않는다. 오히려 국제사법재판소의 판결에는 독일군이 추악한 행위를 앞에 두고, 절차 규칙에 준해서 소극 판단을 내리지 않을 수 없는 것에 대한 꺼림칙함까지 어려 있다.

## VIII. 한일청구권협정 · 해석의 논리

한일청구권협정은 조약인 이상 당연히 국제법의 규칙에 따라서 이를 해석하지 않으면 안 된다. 1969년의 조약법에 관한 비엔나조약 제31, 32조에 그러한 규칙이 명문으로 나타나 있다(이 부분은 1969년에 앞서 예부터 통용되고 있었던 관습법 규칙을 성문화한 것이므로, 한일청구권협정의 해석에 있어서도 적용이 있다). 중요한 요소를 몇 가지 보면 다음과 같다.

"조약은 문맥에 의해 또한 취지 및 목적에 비추어서 주어지는 용어의 통상적 의미에 따라 성실하게 해석하는 것으로 한다"(제31조1항). 문맥에는 "조약의 체결에 관련해서 모든 당사국 간에 조약의 관계 합의"를 포함한다(제31조 2항). 조문의 의미를 확인 또는 결정하기 위해서 조약의 준비작업 및 조약체결 당시의 사정에 의거할 수도 있다(제32조). 한일협정체결에 이르는 과정에서 양국의 합의나 논의 내용은 이러한 규칙을 끌어와서 해석을 위해 활용할 수 있다.

한국 헌법재판소 판결이 전달하는 바와 같이 2005년 8월 26일에 한국 외교통상부가 한일회담 관련 외교문서를 전면 공개했을 때, '민관공동위원회'는 "[한일청구권]협정은 샌프란시스코 조약 제4조를 근거로 해서 한일 양국 간의 재정적 · 민사적 채권 · 채무관계를 해결하기 위한 것이며, 일본군'위안부' 문제 등과 같은 일본 정부 등 국가권력이 관여한 '반인도적 불법행위'에 대해서는 이 사건의 협정에 의해 해결했다고는 보여지지 않는다."는 입장을 표명하고 있는데, 이러한 외교문서의 전면 공개는 한일청구권협정을 적정하게 해석하기 위해서 빼놓을 수 없는 전제조건이다(헌법재판소 결정에 대해서는, 이양수(李洋秀) · 오카다 다쿠미[岡田卓巳] 번역 인용).

조약을 해석할 때는 '당사국 간의 관계에 있어서 적용되는 국제법의 관련 규칙'도 문맥과 함께 고려되게 된다(조약법 조약 제31조 3항 (c)). '관련 규칙'과의 관계에서 특히 중요한 것은 조약은 해석의 시점에서 유효한 국제법 체계에 근거해서 해석되어야 한다는 원칙이다. "국제문서는 해석 시점에서 유효한 법 체계 전체의 범위 내에서 해석되어 적용되어야 한다"(1971년 나미비아사건 권고적 의견). 한일청구권협정은 1965년에 체결된 것이기는 하지만, 이 협정의 해석은 지금 이루어지는 것이므로, 지금 시점에서 한일 양국에 있어 유효한 국제법 규칙에 비추어서 해석되어야 하는 셈이다.

바꿔 말하면, 한일청구권협정의 해석은 현재 국제사회의 규범적 조류도 기초로 한 것이어야 한다. 특히 한일 양국이 구속되고 있는 유엔 헌장, 국제인권 제조약, 나아가 국제인도법 제조약과의 양립성이 충분히 고려될 필요가 있다. 실제로 일본군 성노예제 문제는 1990년대 중반 이후 많은 국제인권기관, NGO, 각국 의회 등에서 우려의 대상이 되었고, 해결을 위해서 필요한 수단을 취하도록 권고가 나오고 있다. 이 문제는 남성 지배 엘리트 주도의 고전적인 전후처리 틀하에서 증식되어 온 법 논리에 의해서만이 아니라, 오히려 여성에 대한 폭력의 철폐, 인종 · 식민지주의의 박멸이라는, 오랫동안 강제로 봉인되어 온 목소리 · 가치를 적절하게 주입하려고 한 현재의 규범적 조류를 충분히 고려해서 처리되어야 할 것이다. 적어도 '당사국 간의 관계에서 적용되는 제법의 관련 규칙'으로서 인권 제조약 등의 배려는 조약해석 방법에서 빠뜨려서는 안 된다.

그러한 의미에서 새삼 상기해 두어야 할 것은 국제인권법의 핵심적 조약이라고 할 '시민적 및 정치적 권리에 관한 국제규약'(자유권 규약)의 이행을 감시하는 자유권규약위원회가 2008년에 일본의 제5회 정기보고 심사 시에 내놓은 다음과 같은 권고다.

체약국은 피해자의 대부분이 받아들일 수 있고 그들의 존엄을 회복시킬 수 있는 방법으로 '위안부' 제도에 대한 법적인 책임을 인정하고, 솔직하게 사죄하고, 생존해 있는 가해자를 소추하고, 모든 생존자의 권리로서 적절한 배상을 행하기 위해서 신속하고 효과적인 입법부 및 행정부를 통한 조치를 취하고, 본 문제에 대해서 학생 및 일반 공중(公衆)을 교육하고, 그와 함께 피해자를 중상(中傷)하고 혹은 사건을 부정하는 모든 기도(企圖)에 대해서 반론 및 제재 조치를 취해야 한다(밑줄은 필자).

한일청구권협정에 의해 일본군 성노예세 문제가 (한국인과의 관계에서는) 해결 완료라고 하는 해석을 채용할 경우에는 자유권규약위원회의 이러한 인식과 정면으로 충돌하게 되며, 일본의 규약 위반이라는 상태가 증폭되어 버리게 될 수도 있다. 그러한 사태를 발생시킬 수 있는 협정 해석은 본래 채용되어서는 안 된다.

어쨌든 국제적인 사법 판단은 국제사법재판소도 명료하게 인식하고 있던 수직적인 국제질서의 구축을 추구하는 새로운 조류를 어떻게 참작할지에 따라 봉착되는 결론도 달라지게 될 것이다. 물론 그것은 사법의 영역에 국한되지 않고 행정부 간의 교섭이나 연구활동의 장에 있어서도 마찬가지로 타당한 것이기는 하다.

# IX. 동아시아의 미래로

일본군 성노예제 문제는 지극히 유감스럽게도 최근에는 다케시마[竹島]·독도의 영유를 둘러싼 문제와 연결해서 이야기되는 경우가 늘고 있다. 그러나 영토문제는 방치하는 것이 관계국(시민)에 있어서 득이 되는 경우도 있으며, 다케시마 · 독도에 대해서도 그 귀속을 명확히 하는 것에 얼마나 의미가 있을지는 차근차근 생각해 보아야 할 것이다. 영유를 명확히 하지 않더라도, 천연자원을 함께 향유하는 것은 충분히 가능하며, 동아시아에 사는 사람의 입장에서 보면, 그러한 방도를 찾는 쪽이 훨씬 '미래지향적'인 것은 말할 필요도 없다.

한편 성노예제 문제는 방치해서 좋다고는 도저히 말할 수 없다. 임박한 시간과의 싸움을 계속하는 인간의 존엄이 거기에 달려 있다는 것은 새삼 언급할 필요도 없지만, 동시에 여성에 대한 폭력, 식민지주의 · 인종주의 등으로 점철된 사회를 근저에서부터 변혁해 나가는 데 있어서, 이 문제는 피해갈 수는 없는 것이다. 그러한 사회변혁으로의 운용을 거듭하지 않고서 피해자에 대한 진정인 배상(reparation)도 있을 수는 없다.

김창록(金昌祿)이 정확하게 평론하는 바와 같이(「일본군'위안부' 문제, 지금 무엇을 해야 할까」, 계간 『전쟁책임연구』 제79호, 2013. 3), 2012년 5월 24일의 한국 대법원 판결은 '1965년 체제'를 붕괴 직전에까지 끌고 간, 놀랄 만큼 깊이 들어간 내용이었다. 일본의 식민지지배를 한국 헌법에 비추어서 "불법적 강점"이라고 명언한 뒤, "일본의 국가 권력이 관여한 반인도적 불법행위나 식민지지배로 직결된 불법 행위에 따르는 손해배상청구권이 청구권협정의 적용 대상에 포함되었다고 보는 것은 어려운 점 등에 비추어 보면, 원고들의 손해배상청구권에 대해서는 청구권협정으로 개인청구권이 소멸하지 않은 것은 물론, 대한민국의 외교보호권도 포기되지 않았다고 보는 것이 맞다."고까지 말하고 있다.

그러나 대법원 판결은 결코 고립된 법 사상(事象)이 아니다. 이탈리아나 그리스의 사법 판단에서도 나타난 것처럼 세계의 각 곳에서 많은 과거가 우리의 눈앞에 도래하고 있다. 21세기를 '또 한 번의 19세기'가 아니라, 20세기의 다음 세기에 진정으로 어울리게 하기 위해서 과거를 소환하는 조류가 여기저기에서 나타나고 있다. 식민지주의를 극복하지 않고서 21세기는 있을 수 없다는 사조가 퍼지고 있는 것이다. 한국 대법원의 판결은 어떤 나라의 재판소라 하더라도 그것을 피할 수 없도록 내셔널적인 가치를 적지 않게 떠맡고 있다고는 해도, 그러나 그 다른 한편에 있어 거기에 숙연하게 비추어지고 있는 것은 20세기의 다음에 찾아올 시대를 열어가기 위해서 필요한 보편적인 법 인식이며, 소망이기도 하다.

일본 정부는 이러한 글로벌한 법의 조류를 받아들여, 부조리하기 짝이 없는 중대한 부정의를 바로잡는 협의 · 중재에 진지하게 응해야만 한다. 협의 · 중재에 따르는 것은 재량 같은 것이 아니며, 한일청구협성을 통해서 스스로 받아들인 국제법상의 의무라는 것을 잊어서는 곤란하다. 그리고 1990년대에 시작된 전후보상 재판이 한결같이 그랬던 것처럼 일본군 성노예제 문제도 식민지지배의 문제를 그 배후에 가지고 있다는 사실도 확실하게 마음에 새겨 두어야 한다. 역사의 문제로서 뿐만 아니라, 법의 문제로서도 과거가 다시 문제시되는 그러한 시대가 어김없이 다가오고 있으므로 그러한 인식을 달리해서는 안 된다.

# 초기 한일 국교정상화 협상에서의 재일조선인 법적 지위와 처우

## 식민지주의, 분단, '냉전'의 교착

도시샤대학 대학원 글로벌 스터디즈 연구과 교수 **오타 오사무**

# 초기 한일 국교정상화 협상에서의 재일조선인 법적 지위와 처우

## 식민지주의, 분단, '냉전'의 교착

도시샤대학 대학원 글로벌 스터디즈 연구과 교수 **오타 오사무[太田修]**

## I. 머리말

1951년 10월에 시작된 한일 국교정상화 협상(이하 한일회담)에서는 재일조선인[1)]의 법적 지위 및 처우 문제가 중요한 의제 중 하나가 되었다. 같은 해 9월에 샌프란시스코 강화조약이 체결되고, 그것이 반년 후에 발효되게 되었기 때문에 한일 양 정부는 연합국 최고사령관 총사령부(이하 GHQ)의 중개로 한일회담을 개최하여 재일조선인의 국적과 거주권, 그리고 생활권 문제에 대해서 검토를 시작한 것이다.

이때의 논의는 1965년에 한일 간에 체결된 '일본국에 거주하는 대한민국 국민의 법적 지위 및 대우에 관한 일본국과 대한민국 간의 협정'의 출발점이 되었고, 그 과정에서 1950년대 초 한일 양 정부의 재일조선인에 대한 기본적

1) 이 글에서는 1947년부터의 '조선적(朝鮮籍)', 또는 1949년 재외국민등록 이후의 '한국적(韓國籍)' 그대로 일본에 계속해서 거주한 사람들을 재일조선인이라고 부르기로 한다.

인 정책과 인식이 잘 드러났다.

그에 대해서 당사자인 재일조선인 측은 대체로 비판적이었다. 앞으로 살펴볼 바와 같이, 조선민주주의인민공화국을 지지하는 사람들은 '한일회담 · 강제송환' 반대운동을 전개하였고, 대한민국을 지지하는 사람들도 불만을 드러냈다.

이 보고에서는 1951년 예비회담 직전부터 1952년 제1차 회담에 있어서, 일본 정부와 한국 정부는 재일조선인의 국적과 거주권, 그리고 생활권 문제를 어떻게 생각하고 처리하려고 하였는가를, 주로 한국과 일본에서 새롭게 공개된 한일회담 문서를 사용해서 검토하고자 한다. 특히 한일회담에서의 재일조선인 법적 지위 및 처우를 둘러싼 논의는 일본의 식민지지배가 끝나고 6년 후, 남북에 분단 정권이 수립되고 3년 후, 그리고 한국전쟁이 시작되고 1년 후에 시작되었다. 한일 양 정부의 논의 과정에서 식민지주의, 분단, '냉전'이 어떻게 투영되었는지에 대한 분석을 시도한다. 지금까지 한일회담에서의 재일조선인 법적 지위 및 처우 문제에 관한 연구가 나왔지만,[2] 이 1년 정도의

2) 飛田雄一(1980. 6), 「サンフランシスコ平和條約と在日朝鮮人」, 『在日朝鮮人史研究』 제6호; 金太基(1991. 1), 「在日韓國人三世の法的地位と「一九六五年韓日協定」(一)」, 『一橋論叢』 제105권 제1호; 金太基(1997), 「韓日會談と在日朝鮮人」, 『戰後日本政治と在日朝鮮人問題 - SCAPの對在日朝鮮人政策 1945~1952年』 제6장 제2절, 勁草書房; 도노무라 마사루(2005. 6), 「한일회담과 재일조선인 - 법적지위와 처우 문제를 중심으로 - 」, 『역사문제연구』 No.14; 고바야시 레이코(2010. 3), 「한일회담과 '재일한국인'의 법적지위 문제 - 퇴거강제를 중심으로 - 」, 국민대학교 일본학연구소 편, 『외교문서 공개와 한일회담의 재조명 2 의제로 본 한일회담』, 선인; 吉澤文壽(2011. 10), 「日韓會談における「在日韓國人」法的地位交涉 - 國籍 · 永住許可 · 退去强制問題を中心に - 」, 『朝鮮史研究會論文集』 No.49; 정인섭(1995), 『재일교포의 법적지위』, 서울대출판부; 장박진(2009), 「한일회담 개시전 한국정부의 재일한국인 문제에 대한 대응 분석: 대한민국의 국가정체성과 '재일성(在日性)'의 기원」, 『아세아연구』 52-1; 장박진(2009), 「초기 한일회담(예비제 3차)에서의 재일한국 문제의 교섭과정 분석: 한일 양국의 교섭

기간을 충분히 검토하였다고 할 수 없다. 또 당사자인 재일조선인은 한일 양 정부의 재일조선인정책을 어떻게 인식하고 대항하고자 했었는지를 살펴보고자 한다.

## 1. 해방 직후 재일조선인의 법적 지위

1945년 8월의 해방 시점에서 일본 '내지'에 거주하고 있었던 조선인은 약 200만 명으로, 그중 140만 명에서 150만 명이 1946년 4월까지 한반도로 귀환하였다고 추측되고 있다. 나머지 50만 명에서 60만 명의 조선인들은 재산 반출에 제한이 생긴 점, 해방 직후 한반도가 정치적 · 경제적으로 혼란스러웠던 점, 생활 기반이 일본에 있었던 점과 같은 이유로 일본에 머물게 되었다. 또 일단 조선으로 되돌아갔다가 살길이 막막하다거나 가족이나 친척을 만난다는 등의 이유로 다시 일본으로 건너온 사람들도 있었다.

GHQ는 이러한 조선인을 당초에는 "필요할 경우는 적국민으로서 취급해도 좋다."는 조건부였다고는 할지라도, 기본적으로는 '해방 인민(Liberated peoples)'으로서 대응할 방침이었다. 그런데 1946년에 GHQ는 정식으로 수립된 조선 정부가 조선 국민으로 승인할 때까지는 재일조선인은 일본 국적을 보유하고 있다고 간주되어야 한다고 하면서 당초의 방침을 바꾸었다.[3)]

일본 정부는 해방 직후부터 '해방 인민' 방침과는 정반대되는 대응을 취하고 있었다. 재일조선인의 귀환 과정에 경찰을 개입시켜서 관리하고자 했을 뿐만 아니라, 1947년 5월에는 외국인등록령을 공포하고, 이를 재일조선인에게

---

목표와 전후 '재일성(在日性)' 형성의 논리」, 『국제지역연구』 Vol.18,No.2.

3) 金太基(1997), 앞의 책, 257~258쪽.

도 적용시켰다. 외국인등록령 위반으로 형벌과 퇴거강제를 부과하는 등 재일조선인을 법령을 통해 관리하는 것이 가능해진 것이다.[4)] 그러나 이 시점부터 일본 정부의 재일조선인 법적 지위에 대한 해석은 재일조선인을 일본 국적 보유자라고 하면서도 "외국인으로 간주한다"는 모순된 것이었다. 예를 들면, 민족교육의 부정, 세금의 납부 등 일본 국적 보유자로서 일본의 법 질서에 복종할 것을 요구하는 반면, 외국인등록증의 휴대 의무 · 제시 의무 등에 위반했을 경우에는 벌칙을 부과하였다. 또, 1945년 12월의 선거법 개정으로 재일조선인의 선거권 · 피선거권이 정지되었다. 이러한 모순된 해석과 대응이 1952년의 샌프란시스코 강화조약 발효까지 이어지게 되었다.

1948년에 들어서서 냉전으로 인한 대립이 심화되고, 한반도에서는 남북에 분단국가가 수립되자, GHQ와 일본 정부는 재일조선인들의 생활권 보호, 인권 옹호, 민족교육 옹호 등을 위한 운동에 탄압을 가해 나갔다. 한국전쟁의 발발은 그러한 경향을 더욱 심화시켰다. GHQ와 일본 정부는 재일조선인의 치안 관리를 우선하고 있었으며, 재류를 보장하고, 민족적인 권리를 인정하는 정책은 용인하지 않았던 것이다.

한편, 당사자였던 재일조선인 측은 자신들의 법적 지위와 처우에 대해서 어떻게 보고 있었을까? 도노무라 마사루[外村大]에 따르면, 재일본대한민국거류민단(이하 민단)은 모든 재일조선인이 한국적(韓國籍)이 되었다고 주장하고 있었다. 그 근거는 1910년의 한국병합조약 자체가 무효이므로, '일본은 한국인에게 국적법을 적용하지 않는다. 따라서 1910~1945년에 있어서도 잠재적으로는 한국적은 보유되고 있었던 것이며, 해방 후에 그것이 명확해졌다'는 것이었다. 민단에 비해서 큰 영향력을 가지고 있었던 재일본조선인연맹은 재일조

4) 鄭榮桓(2013), 『朝鮮獨立への隘路－在日朝鮮人の解放五年史』, 法政大學出版局, 321쪽.

선인은 독립국민이며 '외국인'이라고 하였다. 조선민주주의인민공화국 건국 후에는 이를 '조국'이라고 부르게 되었다.[5] 어떻든 간에 일본의 강화조약과는 무관하게 일본 국적을 이탈하였다는 견해였다.

또, 외국인으로서의 권리에 대해서는 재일조선인은 일본에 재류할 권리를 가지며, 그 생활을 보장하기 위해서 일본인과 동등한 권리가 인정되어야 한다고 좌우를 막론하고 주장하고 있었다. 이러한 주장의 근저에는 재일조선인의 존재 자체가 식민지지배의 소산이며, 따라서 일본에 다져놓은 생활 기반은 당연 지켜져야 한다는 의식이 있었다.[6]

그렇다면, 1951년 한일회담 전야의 한일 양 정부는 재일조선인의 법적 지위와 처우에 대해서 어떻게 인식하고, 어떠한 대응을 취하고 있었을까?

## 2. 한일회담 전야의 양 정부의 방침

### (1) 한국 정부 – '악질 공산분자의 강제 추방', '대한민국 국민'

대한민국 주일대표부 공사인 김용주(金龍周)가 외무부장관에게 보낸 문서에 따르면, 1951년 6월 28일, GHQ 외교국의 설리번(W. H Sullivan)은 주일대표부의 김용주와 비공식 회담을 갖고, 재일조선인의 법적 지위 문제에 대해서 한국과 일본 사이에 협상을 갖도록 제안하였다. 주일대표부는 이러한 GHQ 측의 제안에 대해서 본국 정부의 지시를 청하겠다고 하였다.[7]

---

5) 도노무라 마사루(2005. 6), 앞의 논문.

6) 도노무라 마사루(2005. 6), 앞의 논문.

7) 한국 정부 공개 한일회담 문서, 「在日韓國居留民의 法的地位確定에 關한 請訓의 件」(주일대표부 공사 김용주→외교부장관, 1951.6.28) 723.1A/78 「한일회담 예비회담(1951.10.20~12.4) 재일한인의 법적지위문제 사전교섭, 1951.5~9」.

같은 날 외무부와 법무부는 합동으로 '재일동포의 법적 지위에 관한 회의'를 열고, 재일조선인의 법적 지위에 대해 검토하였다. 이 회의가 열린 배경에는 다음과 같은 GHQ 측의 요청이 있었다. 1951년 3월 26일에 GHQ 외교국의 시볼드(W. J. Sebald)가 주일대표부 측에 "재일동포 중 일부 악질 공산분자의 강제 추방을 요청"해 왔기 때문에, 주일대표부는 본국 정부에 '한일 간에 범죄인 인도에 관한 조약'을 체결할 것을 제안하였다. 이에 대해서 한국 정부는 "악질 공산분자의 강제 추방"을 실시하기 위해서는 "한일 간에 범죄인 인도에 관한 조약이 체결"되어야 하고, 그러기 위해서는 "재일한국인의 국적 문제를 확정"할 필요가 있다고 판단하고 있었다.[8] 이리하여 외무부와 법무부가 재일조선인의 법적 지위에 관한 방침안을 책정하게 되었다.

외무부와 법무부 합동 방침안의 결론은 재일조선인의 법적 지위 문제를 GHQ와 교섭함으로써, "재일동포는 모두 대한민국의 국적을 갖고 있다."는 것을 다음의 6개의 논거를 가지고 GHQ를 설득한다는 것이었다.

(1) 포쓰담宣言에 依하야 이미 日本은 韓國에 對한 主權을 放棄하였음으로 韓國 國民은 韓國의 主權을 回復한 大韓民國의 國民이며, 따라서 在日同胞도 大韓民國憲法 및 大韓民國國籍法에 依據하야 大韓民國國民인 것이다.
(2) 過去帝政時에 日本은 日本國籍法을 韓國人에는 適用하지 않았었다.
(3) 1949年 10月 21日에 UN 總會에서 決議된 大韓民國政府는 唯一한 合法的 政府라는 点을 考慮할 때에 마땅히 海外僑胞는 大韓民國의 國籍을 갖이고 있는 것이다.

8) 한국 정부 공개 한일회담 문서, 「在日同胞中一部惡質分子强制送還問題 및 在日韓國人의 法的地位에 關한 件」(외교부장관→주일대사, 1951.7.19) 723.1A/78 「한일회담 예비회담(1951.10.20~12.4) 재일한인의 법적지위문제 사전교섭, 1951.5~9」.

(4) 在日臺灣人의 中國國籍回復에 關한 1947年 2月 25日字 連合國最高司令部覺書와 같은 先例도 있으니 在日韓國人이 大韓民國國民이라는 것도 亦是 SCAP의 覺書에 依하야 確定될 수 있는 문제다.

(5) 其他 國際法諸原則에 따라 韓國國民의 主權이 日本의 敗戰을 固하야 當然히 回復되었다고 看做된다.

(5) 日韓併合條約은 1945年 9月 2日로써 無效化하였다. 日本의 포쓰담宣言을 受諾, 美蘇兩軍占領, 大韓民國의 成立, UN의 承認, 列國의 承認 等等의 事實은 前記條約을 無效化시켰다. 條約은 條約으로써만 無效化되는 것이 아니다.[9]

이 방침안 가운데서 흥미로운 것은 외무부와 법무부가 마지막의 (5)에서 "일한병합조약은 1945년 9월 2일로써 무효화하였다"고 서술하고 있는 점으로, 이 시점에서는 한국병합조약무효론의 입장에 있지 않았던 것을 알 수 있다. 이러한 외무부와 법무부의 합동 대책안은 국무회의에서 검토된 모양으로, 마지막 두 개의 (5)가 다음과 같이 수정되었다.[10]

(5) 條約은 條約으로서만 無效化시키는 것이 안이다. 그 條約을 無效化시킬 만한 事實이 發生하였을 時에는 그 條約이 無效化된다는 國際法上의 一般原則을 考慮할 때에, 日本의 포쓰담宣言受諾, 美쏘兩軍의 進駐, 大韓民國의 樹立, 諸國의 大韓民國 承認, 等等의 事實은 前記의 條約을 無效化함에 充分한 것이다.

(6) 日本이 在日同胞를 全部韓國人으로서 取扱함으로서 外國人에 對한 行

9) 한국 정부 공개 한일회담 문서, 「在日同胞의 法的地位에 關한 件」(1951.7.3) 723.1A/78 「한일회담 예비회담(1951.10.20~12.4) 재일한인의 법적지위문제 사전교섭, 1951.5~9」.

10) 한국 정부 공개 한일회담 문서, 「在日同胞中一部惡質分子强制送還問題 및 在日韓國人의 法的地位에 關한 件」(외교부장관→주일대사, 1951.7.19) 723.1A/78 「한일회담 예비회담(1951.10.20~12.4) 재일한인의 법적지위문제 사전교섭, 1951.5~9」.

政上 많은 便宜가 될 것이다.

이 수정안에 따르면, 원안의 (5)에서 "일한병합조약은 1945년 9월 2일로써 무효화하였다"는 한 문장이 삭제된 것을 알 수 있다. '한국병합조약'이 무효인 시점은 애매해졌지만, 일본의 포츠담선언 수락, 미소 양군의 진주, 대한민국의 수립 등으로 인해 '한국병합조약'은 무효가 되었다는 입장이었다.

주일대표부는 8월 24일 상기의 본국 정부의 방침을 가지고 GHQ와 협상하였다. GHQ 외교국의 설리번은 재일조선인 법적 지위 문제는 "일본 정부와 직접 교섭으로 결정하라는 SCAP의 근본방침은 불변이니, 근간 직접 회담하기를 희망한다"고 말하였다. 주일대표부 측의 갈홍기(葛弘基)는 "본건은 포츠담선언에 의하여 기이(旣而) 결정된 문제이니, 일본 정부와의 직접 교섭으로써 해결할 바가 아니며, SCAP 각서로 결정할 수 있다"고 반론하였다. 법무국의 바신(J. Bassin)은 일본의 포츠담선언 수락과 재일조선인 법적 지위 문제를 관련지어서는 안 되며, 한국 국적법을 재일조선인에게 적용하는 문제에 대해서는 일본 정부와 직접 교섭해서 해결해야 한다고 회답하면서, 주일대법부 측의 반론을 회피하였다.[11]

그 결과, 한국 정부는 방향을 전환해서 일본 정부와 협상하기로 하면서 9월 4일에 새로운 협상 방침을 주일대표부에 훈령하였다.[12] 그에 따르면, '재일한교'가 "대한민국 헌법 및 국적법에 의거하야 대한민국 국민"이라는 것의

11) 한국 정부 공개 한일회담 문서, 「在日韓國人法的地位決定에 關한 會議結果報告의 件」(주일대표부 대사 신성모→외교부장관, 1951.8.24) 723.1A/78 「한일회담 예비회담(1951.10.20~12.4) 재일한인의 법적지위문제 사전교섭, 1951.5~9」.

12) 한국 정부 공개 한일회담 문서, 「在日韓僑의 法的地位에 關한 日本政府와의 交涉에 關한 件」(외교부장관→주일대사, 1951.9.4) 723.1A/78 「한일회담 예비회담(1951.10.20~12.4) 재일한인의 법적지위문제 사전교섭, 1951.5~9」.

근거로서 다음과 같은 항목이 주목된다.

1. 카이로宣言 및 포쓰담宣言에 依한 韓國의 主權回復.
3. 條約은 新條約으로서만 消滅시키는 것이 아니라 그 條約을 消滅시킬 만한 卽 矛盾된 有力한 事實이 發生하였을 時에는 그 條約이 消滅된다는 國際法上의 一般原則을 考慮할 때에 다음 諸事實은 韓日合併條約을 消滅시키는 데에 充分하다. / (a) 日本의 카이로宣言 및 포쓰담宣言 受諾 / (b) 美蘇兩軍의 韓國進駐 / (c) 大韓民國의 樹立 및 諸國의 大韓民國 承認.
8. 韓日合併으로 因하야 政治的으로는 韓國의 主權이 日本國에 移讓되었으나 法律的으로는 韓國人은 韓國國籍法에 基因한 모든 機能이 停止되었을 뿐이다. 換言하면 法律的으로는 韓國人은 日本國의 國籍을 取得하지 않았다. 政治的인 事實은 政治的問題로서 끝일 뿐 法律問題까지 이를 規定할 수 없는 것임으로 韓國人의 國籍問題는 日本國籍과 何等 關係없는 일이다.

1의 '카이로선언'은 새로 추가되었다. 3은 이전 방침의 (5)에 있었던 것이지만, '무효화'가 '소멸'로 변경되었고, '미소 양군 한국 진주'가 삭제되어 있다. '미소 양군 한국 진주'는 '한일합병조약을 소멸시키는' 이유로 부적절하다고 판단한 것일 것이다. 약간의 변화는 있었지만, 3은 '한국병합조약'이 일본의 카이로선언 · 포츠담선언 수락 및 대한민국 수립 · 여러 나라의 대한민국 승인으로 '소멸'하였다고 하는 이전부터의 해석을 답습하고 있다. 이에 "법률적으로는 한국인은 일본국의 국적을 취득하지 않았다"고 하는 8의 새로운 논거가 더해졌다.

그리고 이 9월 4일의 교섭 방침에서 중요한 것은 '재일한교 거주권 문제'가 처음으로 논급되었다는 점이다. "在日韓僑는 韓國의 國籍을 保有하면서 다음 諸根據에 依하여 日本 國內에 繼續하여 居住할 수 있는 權利를 主張한다"고

하면서, 다음과 같은 5개의 근거를 제시하고 있다.

a. 居住權을 認定한 特別條約上의 先例.
b. 韓日間의 特殊한 歷史的政治的關係.
c. 在日韓僑는 外國人으로서 其他의 諸外國人과 같이 日本에 居住할 수 있는 合法的 權利를 默示的方法으로 認定.
d. 互惠主義原則.
e. 世界人權宣言의 趣旨에 背馳한다.

거주권 문제는 이제까지의 한국 측의 방침에 없었던 것으로, 민단에 소속되어 있던 재일조선인의 생각이 받아들여진 것으로 추측된다. 다섯 항목 중에서도 가장 중요하다고 생각되는 것은 "b. 한일 간의 특수한 역사적 정치적 관계"다.

> 韓日合併後 帝政日本의 韓國에 對한 酷毒한 植民地搾取政策은 韓國人으로부터 農土 및 모든 經濟的基盤을 剝奪하였으며 莫大한 韓國人은 日本國에 依하여 日本本局의 勞動力의 不足을 補充할 目的을오 大規模的으로 强制動員되었든 것이다. 韓國에서 生活能力을 完全히 侵奪 當한 그들은 强制動員이 되어간 日本國內에서 가장 惡條件下에서 간신히 오늘날까지 生活根據를 닦어왔든 것임으로 在日韓僑는 數의 莫大함과 如上의 政治的, 經濟的 諸理由에 있어서 過去의 主權回復國家와도 그 性質을 달리하고 있으니 居住移轉主義는 絕代[對] 不當하다.[13]

13) 한국 정부 공개 한일회담 문서, 「在日韓僑의 法的地位에 關한 日本政府와의 交涉에 關한 件」(외교부장관→주일대사, 1951.9.4) 723.1A/78 「한일회담 예비회담(1951.10.20~12.4) 재일한인의 법적지위문제 사전교섭, 1951.5~9」.

모든 재일조선인이 '강제동원'된 것은 아니지만, 재일조선인은 식민지지배에 의해 존재하게 된 사람들이며, 그 거주권을 주장할 경우에 가장 핵심적인 근거가 이 "b. 한일 간의 특수한 역사적 정치적 관계"라고 할 수 있다. 그런데, 이 문서의 난외(欄外)에는 "불요(不要)"라고 적혀 있다. 누가, 왜 이것을 "불요"라고 한 것인지는 불분명하다.

또, 별도의 문서에서는 '공산분자 추방' 문제에 관해서 "불법입국자(1945년 8월 9일 이후) 7만 명"은 "불법출국을 범한 범법자로서 송환됨이 당연하다"고 하면서도 "그러나 현 시하 이는 중대한 사회 문제를 야기할 것으로 7만 명의 송환이란 한국의 현실적인 이익과 부합치 않는다. 그러므로 이러한 불법입국자를 일체 포함한 재일교포의 안정된 거주권을 강력히 주장하여야 함"이라고 적고 있다.[14)]

이러한 한국 정부의 판단은 한국전쟁하에 있는 "현실적인 이익"을 우선 하지 않을 수 없는 힘든 정치적 상황에서 내려진 것이었다고 할 수 있다. 또, "b. 한일 간의 특수한 역사적 정치적 관계"를 "불요"라고 한 것도 한국전쟁하의 "현실적인 이익"과 관련된 가운데 취해진 조치일지도 모른다. 그렇다고 하면, 한국 정부가 재일조선인의 거주권을 주장한 것은 참으로 재일조선인의 거주권을 생각했기 때문이라기보다는 분단과 전쟁하에서의 국가주의를 우선했기 때문이었다고 하지 않을 수 없다.

### (2) 일본 정부 – '사상 및 치안 문제'

미국 국무성이 한일회담 개최의 중개를 GHQ 외교국에 승인한 것은 1951

14) 한국 정부 공개 한일회담 문서, 「在日韓僑의 國籍 및 居住權問題에 關한 件」(외교부장관→주일대사, 1951.9.14) 723.1A/78 「한일회담 예비회담(1951.10.20~12.4) 재일한인의 법적지위문제 사전교섭, 1951.5~9」.

년 8월 15일이었다.[15] 일본 정부는 열흘 정도 전부터, 한일회담을 위한 재일조선인의 법적 지위와 처우 문제에 대해서 검토하고 있었다. 우선, 국적 문제에 대해서는 법무부 민사국이 8월 6일에 다음과 같은 '평화조약에 따른 국적 문제 등 처리 요강(안)'을 작성하였다.

1. 조선인은 일본국 거주자도 포함하여 조약의 효력 발생과 함께 일본 국적을 상실하는 것으로 한다.
2. 조약의 효력 발생 전에 내지(內地) 호적에 입적해야 할 사유가 생긴 조선인은 조약의 효력 발생 후에도 계속해서 일본 국민으로 한다.
3. 조약의 효력 발생 전에 조선인과의 신분관계에 의해 내지 호적에서 제적되어야 할 사유가 생긴 내지인은 조약의 효력 발생과 함께 일본 국적을 상실하는 것으로 한다.
4. 조약의 효력 발생 후에는 조선인의 일본 국적 취득은 다만 국적법 중 귀화 규정에 의하는 것으로 한다.[16]

외무성 측도 이 안에 대체로 동의하였다. 이 법무부 안에 따르면 일본 정부는 재일조선인뿐만 아니라 모든 '조선인'이 샌프란시스코 강화조약의 발효와 함께 일본 국적을 상실한다고 해석하고 있었다. 이것은 일본 정부가 포츠담선언을 수락했음에도 불구하고, 강화조약의 발효까지는 조선이나 대만 같은 '외지'는 일본의 주권하에 있다고 해석하고 있었기 때문이다.[17]

그때 일본 정부는 1947년의 외국인등록령 때와 마찬가지로 호적을 근거로 '조선인'임을 확정하려고 하여, 다음과 같은 '설명'을 부기하였다.

---

15) 金太基(1997), 앞의 책, 723쪽.

16) 일본 정부 공개 한일회담 문서, 문서번호 548(이하 문서번호는 숫자만으로 표기) 「平和條約に伴う國籍問題等處理要綱(案)」(1951.8.6), 法務府 民事局.

17) 鄭榮桓(2013), 앞의 책, 85쪽.

> 기존에 조선과 내지는 두 지역에 적용시켜야 할 호적 법규를 달리하며, 특정한 신분법상의 원인에 근거할 경우 외에, 두 지역 상호 간에 있어서의 본적의 이전은 불가능했기 때문에, 조선 재적자는 일본 국민 중 호적법의 적용을 받지 않는 자로서 내지 재적자와는 법률상 명확히 구별되어 왔다. 게다가 이 법제상의 구별은 조선인 및 내지인이라는 민족적 구별과도 일치하며, 또 일본 국내에 있어서의 조선인의 생활양식은 내지인의 그것에 동화되기에 이르지 않은 현상(現狀)이기 때문에, 조선의 독립의 승인 및 조선에 대한 주권의 포기에 의해 일본 국적을 상실해야 할 조선인 중에는 일본 국내 거주자도 포함시키는 것으로 하는 것이 실정에 입각한다.

즉, 식민지기의 호적법에 의한 '내지 재적자'와 그 적용을 받지 않는 '조선 재적자'라는 '법제상의 구별'을 통해 일본 국적을 상실하는 '조선인'을 확정하려고 했던 것이다. 게다가 '법제상의 구별'이 '민족적 구별'과도 일치한다고 하였다.

그리고 4에서는 일본 국적 취득 방법은 1950년에 제정된 국적법의 '귀화' 규정에 의한다고 하였다.

이 법무부의 안을 받아서 외무성 관리국은 8월 10일에 「평화조약 체결에 있어서의 국내 '조선인'의 지위에 관한 약간의 고찰」이라는 문서를 작성하였다. 이것은 강화조약이 체결된 후의 재일조선인의 국적, '일본으로의 귀화' 및 '관리' 등의 제 문제를 '출입국관리령(개정안), 외국인등록령(개정안) 및 국적법의 규정'에 따라 검토한 것이다.

우선 영주권에 대해서는 "과거부터 일본에 영주의 의사를 가지고 거주하고 있는 '조선인'은 출입국관리령의 엄중한 영주 허가의 조건에 합치하지 않는다는 이유를 가지고 임시 거주자로 취급하는 것은 사실상 곤란하여, 될 수 있는 한 특별한 의사표시가 없는 한 기득권으로서 영주를 인정하지 않을 수 없을 것이다."라고 하였다. 단, 출입국관리령의 영주 허가의 요건 (그 자의 소행이 선량할 것, 독립적인 생계를 꾸릴 만한 자산 또는 기능이 있을 것, 동시에 그 자의 영주가 일본국의 이익에 부합된다고 인정했을 때에 한하여, 이것을 허가하면 된다)의 해석 범위가 지극히 광범위하기 때문에, 일본 정부는 "영주를 쉽게 거부"할 수 있고, 관리할 수 있다고 하였다.

다음으로 퇴거 강제에 대해서는 "재류 자격을 상실한 사람, 재류 기간이 경과한 사람, 마약 또는 대마의 불법소지자", "불법 입국자, 외국인등록령 위반으로 금고 이상의 형에 처해진 자 또는 2년 이상 유죄의 판결을 받은 자, 소년으로 3년의 징역 또는 금고 이상의 형에 처해진 자, …… 기타 외무대신이 일본국의 이익 또는 공안을 해하는 행위를 하였다고 인정한 자"는 출입국관리령에 의해 "퇴거를 강제하면 된다"고 하였다.

그리고 '귀화' 문제에 대해서는 국적법에 의해 '귀화'를 희망하는 사람의 대다수가 허가된다고 하면서도, 다음과 같이 단언하였다.

> 그렇지만, 사상 및 치안의 문제 등으로 생각하면, 평화조약 체결 후에는 전술한 바와 같은 일본 거주 '조선인'의 대부분을 일단 영주 외국인으로서 인정하는 것은 어쩔 수 없다고 하고, 귀화에 관해서는 국적법 제4조 제3호, 제4호 및 제6호의 해석을 엄격하게 해서, 그 귀화를 제한하고 바람직하지 않은 외국인이라고 하여 '조선인'을 강제 퇴거시킬 수 있는 길을 열어 두도록 대처할 필요가 있다고 생각된다.

이처럼 일본 정부의 재일조선인정책의 핵심은 재일조선인의 법적 지위나 처우를 '사상 및 치안의 문제'라고 생각하는 것에 있었다. 즉 일본 정부의 기본 방침은 '영주'를 관리하는 것은 말할 필요도 없고, '귀화'도 제한하며, "바람직하지 않은 외국인이라고 하여 '조선인'을 강제 퇴거시킬 수 있는 길을 열어 두는 것."이었다.

이러한 퇴거 강제라는 폭력적인 방법은 1949년 2월의 와지마 에이지[倭島英二]·핀(R. B. Finn)회담, 같은 해 6월의 시라스 지로[白州次郎]의 강제송환 제안, 8월의 요시다[吉田] 서간, 1950년 12월의 오카자키 가쓰오[岡崎勝男] 관방장관 담화 등에서 반복적으로 표명되어 온 것이며, 그 연장선상에 있는 것으로 이해된다.[18] 일본의 식민지주의는 피지배 민족을 배제와 동화의 이데올로기를 통해 지배하는 것인데, 이 시기는 동화보다도 배제의 이데올로기가 전면에 내세워지고 있었던 것이다.

예비회담이 개시되기 약 1개월 전이었던 9월 28일, 외무성 관리국은 '국내 조선인의 법적 지위에 관한 대한(對韓) 절충 방침(안)'을 정리하였다.

1. 국적의 결정 / 강화조약 발효와 함께 국내 조선인은 일단 자동적으로 모두 한국인이 되는 원칙을 세우고, 일본 국적을 얻고 싶은 자는 국적법에 의한 귀화 절차에 따르도록 하게 하고, …… 일본 정부로서는 귀화에 의한 편이 일본 국적의 취득을 컨트롤하는 사유가 있는 것을 생각하면 국적의 변경은 귀화에 따르게 하는 편이 적당하며, 국적 선택권은 인정하지 않는 것이 좋다.
2. 국적의 결정 기준 / 국적을 결정하는 기준으로는 호적에 의할 것.(일본의 호적법은 조선인에게는 적용되지 않으며, 조선인은 모두 조선 호적법의 적용을 받고 있었다. 따라서 평화조약에 의한 일본의 조선 독립 승인이 유효가 되었을 시에는 이 호적이라는 형식적 요건을 이용해서 누가 외국인으로서의 조선인인지를 결정하는 편이 과거에 있어서의 영토 할양 또는 독립 시에 행하여진 것 같은 언어, 기타의 실질적 요건에 입각해서 주민의 국적을 결정하는 것보다도 간단명료하게 처리할 수 있다. 다

18) ロバート・リケット, 大沼久夫 編, 「IV 朝鮮戰爭前後における在日朝鮮人政策－戰後「單一民族國家」の起点」, 『朝鮮戰爭と日本』, 新幹社, 212・216~217쪽; 金太基(1997), 앞의 책, 687쪽.

시 말해 평화조약 체결 시에 일본의 호적을 가지고 있지 않은 자는 모두 일본의 국적을 잃는 것으로서 처리한다).

3. 외국인으로서의 한국인의 국내법상의 지위 / 외국인으로서의 한국인은 거주, 학업, 재산 획득 등 모든 면에 대해서 일반 외국인과 같은 대우를 주는 것으로 하고, 종전 전부터 거주하는 자에 대해서도 특혜적 지위를 인정하지 않을 것.[19]

우선 1의 '국적의 결정'의 "국내 조선인은 일단 자동적으로 모두 한국인이 되는 원칙"을 취한다는 것은 일찍이 한국 정부가 외국인등록증의 국적란에서 '대한민국'이라고 표기하도록 요구했을 때에, GHQ 측의 요청도 있고 해서, 일본 정부는 그것을 비공식적으로 인정하고 있었던 것,[20] 이번의 한일회담에서도 모든 재일조선인이 '한국적'이라고 한국 정부가 주장할 것으로 예상됨에 따라 책정된 방침이었다. 단, '원칙'이라고 한 것은 재일조선인의 국적을 '한국적'으로 하기 위해서는 "조약의 체결 혹은 적어도 대한민국을 승인하는 어떠한 행위"가 없으면 안 되었기 때문이라고 생각된다.[21] 일본 국적의 취득에 대해서는 먼저 말한 대로 '귀화'로 컨트롤하고, 국적 선택권은 인정하지 않는다는 것이었다.

2의 '국적의 결정 기준'은 8월 6일 법무부의 해석을 받아들여 호적을 근거로 국적을 확정하는 것으로 명시한 것인데, 이러한 방침에 대해서는 후일 법무부에서 다음과 같은 수정 의견이 나왔다. "호적은 이에 등록되어 있는 사람이 일본 국적을 갖는다는 것을 인정하는 자료가 되는데, 호적의 기재 그 자체

19) 일본 정부 공개 한일회담 문서 549, 「國內朝鮮人の法的地位に關する對韓折衝方針(案)」(1951.9.28), 管, 總.

20) 金太基(1997), 앞의 책, 676쪽.

21) 일본 정부 공개 한일회담 문서 549, 「日韓交涉に關し伺いの件」(1951.10.15), (千葉皓外務事務官이 倭島英二管理局長에게 보낸 書簡).

에 의해 일본 국적의 유무가 결정되는 것이 아니기 때문에, '국적을 결정하는 기준으로서는 호적을 따른다'는 표현은 정확하지 않다." 따라서 강화조약에 의해 "일본 국적을 상실해야 하는 조선인의 범위"에 대해서는 "1. 출생 시에 있어서 아버지가 조선인인지 고유의 일본인인지의 구별에 따른다. 아버지를 모르는 자에 대해서는 어머니가 조선인인지 고유의 일본인인지의 구별에 따른다. 2. 오른쪽 1에 관계 없이, 평화조약 발효에 이르기까지의 기간에 있어서 …… 일본의 호적에 입적해야 할 사유가 생기게 된 사람은 출생 시에 조선인이었어도 고유의 일본인 신분을 취득한 것으로 하고, 일본의 호적에서 제적해야 할 사유가 생긴 자는 출생 시에 고유의 일본인이었어도 조선인 신분을 취득한 것으로 한다"는 기준에 의해 결정해야 한다고 하였다.[22] 이렇게 해서 식민지시기의 호적을 "일본 국적을 상실해야 하는 조선인의 범위"를 결정할 때의 인정 자료로서 이용하는 방침이 정해졌다. 아마도 이러한 방침에 입각하여, 강화조약 발효 시에 "일본 국적을 상실해야 하는 조선인의 범위"가 결정된 것이라고 생각된다.

3의 '외국인으로서의 한국인의 국내법상의 지위'에서는 거주, 학업, 재산 획득 등에 대해서 일반의 외국인과 같은 대우로 한다고 하면서 "특혜적 지위는 인정하지 않는다"고 하고 있다. 단, 그 설명에서는 8월 10일의 외무성 문서에도 있었던 것처럼, "영주권 획득의 의사 있는 자에게는 이를 인정하지 않을 수 없을 것"이라고 보충하고 있다. 실제로는 재일조선인의 '영주권'이 인정을 받은 것이 아니고, 1952년 4월에 공포된 '법률 126호'[23]에 의해 '재류

22) 일본 정부 공개 한일회담 문서 549, 「國內朝鮮人の法的地位に關する對韓折衝方針に對する意見(案)」(작성일과 작성부서는 확실치 않지만, 10월 10~15일에 법무부에 의해 작성된 것으로 여겨짐).

23) '포츠담선언의 수락에 수반하여 발하는 명령에 관한 건에 입각한 외무성 관계 제명령

자격 및 재류 기간이 결정될 때까지의 기간'의 잠정적인 재류권이 인정되게 되었다.

또 한일회담 개최 직전에는 "재일한국인에 관한 제 문제에 대해서 종합 대책을 연구 토의 연락하기 위해서", 총리부대신 관방에 '재일한국인대책연락회'가 설치되었다.[24] 여기서 토의된 사항은 '한일회담, 교섭에 관한 사항'(외무분과회), '조선인 명의 우편 저금 문제', '자발적귀국자의 동산(動産) 휴대 송금에 관한 사항', '기타의 내국민 대우에 대해서', '세습적 문화재반환 문제'(재무분과회), '생활보호 적용 문제', '전상병자 유족 등 보호법의 적용 문제', '실업 대책'(후생분과회), '교육 대책'(교육분과회), '귀화 문제', '입국 제한 문제', '퇴거 강제', '수용 시설 문제', '공안에 유해한 사람의 조사에 관한 사항', '재일한국인의 동향 등에 관한 정보의 수집', '관계 법령 위반의 단속', '경비, 경호의 실시'(치안분과회) 등이었다. 모두 재일조선인의 법적 지위 및 처우에 관한 중요사항이 구체적으로 검토되고 있었을 것으로 추측되지만, 그에 관련된 자료는 지금으로서는 눈에 띄지 않는다.

---

의 조치에 관한 법률(ポッダム宣言の受諾に伴い發する命令に關する件に基づく外務省關係諸命令の措置に關する法律)'(1952. 4. 28 공포)을 제정. "따로 법률로 정하는 것으로써, 그 자의 재류자격 및 재류기간이 결정되기까지의 기간 동안 계속해서 재류자격을 갖지 않고, 본방(本邦)에 재류할 수 있다."고 하였다.

24) 이 연락회는 내각 관방 부장관(의장)과 관계 각 기관의 국(局) 부장(部長)으로 구성되며, 그 아래에 외무분과회 제1(외무성), 재무분과회 제2(대장성), 후생분과회 제3(후생성), 교육분과회 제4(문부성), 치안분과회 제5(법무성)이 설치되어 주요사항에 대해서 연락, 연구, 토의가 이루어졌다. 일본 정부 공개 한일회담 문서 550, 「在日韓國人對策連絡會設置運營要綱」(작성 부서, 작성 연도 불명. 단, 전후 문서의 날짜로 1951년 9월 말~10월 초 쯤에 작성되었던 것으로 추측됨).

## 3. 한일 예비, 제1회담에서의 불일치

### (1) 예비회담에서의 공동보고서 – 출입국 관리령의 재일조선인에 대한 적용을 둘러싼 차이

GHQ는 대일점령의 완료를 목전에 두고, 일본의 출입국 관리와 외국인 등록에 관한 법 정비가 중요한 과제라고 생각하고 있었다.[25] 이 때문에 GHQ는 1951년 2월에 미국 이민 귀화국의 코레아(N. D. Correa)를 일본으로 불러, 출입국 관리와 외국인 등록에 관한 법 정비를 담당시켰다. 이렇게 해서 출입국 관리와 외국인 등록에 관한 법 정비 작업은 미국의 이민 국적 법안의 작성에 깊이 관여한 코레아가 가담하면서 급속도로 진행되었다. 그 결과, 출입국관리령과 외국인등록법(1952년 4월 공포 시행)이 완성되었다고 한다.[26]

일본 정부는 1951년 10월 4일에 출입국관리령을 공포하고, 11월 1일부터 시행한다고 하였다. 이것은 일본 국가가 외국인의 출입국을 관리하여 재류 자격의 부여나 퇴거 강제 등을 망라적으로 규정하는 것이었다. GHQ와의 논의 과정에서 일본 정부는 1947년의 외국인등록령과 마찬가지로 당분간 조선인을 외국인으로 간주한다는 소위 '간주 규정'을 마련하고, 출입국관리령을 재일조선인에게도 적용하고자 했지만, GHQ의 반대로 철회되었다.[27] 그러나 그 출입국관리령은 샌프란시스코 강화조약의 발효 후에 재일조선인에게도 적용되게 되어, 재일조선인의 거주권을 크게 위협하는 것이 되었다. 출입국관리

25) 金太基(1997), 앞의 책, 701쪽.

26) ロバート・リケット, 앞의 논문, 222~228쪽.

27) ロバート・リケット, 앞의 논문, 229~231쪽. GHQ는 '국제법 준수'[예를 들면 재일조선인이 법적으로는 일본 국적자이라는 것, 국적의 박탈을 금지한 '세계인권선언', 유엔의 주시(注視) 등]의 입장에서 '간주 규정'에 반대하였다고 한다.

령을 재일조선인에게 적용하는 문제는 한일회담에서 논의되었고, 재일조선인 측은 출입국관리령 및 한일회담을 강도 높게 비판하게 된다.

1951년 10월 20일에 한일 예비회담이 시작되어, 본회의하에 재일조선인의 법적 지위 및 처우 문제를 토의하는 소위원회(한국 측은 '재일한교 법적지위 분과위원회', 일본 측은 '처우 소위원회'라고 기록했다)가 설치되었다. 같은 달 30일에 시작된 소위원회의 임무는 재일조선인의 법적 지위 및 처우 문제에 대해서 두 정부의 의견을 조정하고 협정안을 작성해서 그것을 본회의에 제출하는 것으로, 재일조선인의 국적, 영주권, '내국민대우', 퇴거 강제 등에 대해서 논의되었다. 그리고 11월 22일의 제10회 소위원회에서는 잠정적인 공동보고서가 작성되었고, 각각의 '견해'가 첨부되어 본회의에 제출되었다. 공동보고서는 재일조선인의 국적 문제, 재일조선인의 영주권 문제, 재일조선인의 내국민 대우 문제, 귀환할 경우의 재산의 처분 및 반출 문제, 강제 퇴거 문제의 5항목으로 이루어졌으며, 주된 내용은 다음과 같았다.

우선 국적 문제에 대해서는 "일본 측 대표는 재일조선인은 평화조약의 발효일부터 일본 국적을 잃는다는 의견을 진술하였고, 한국 측 대표는 이와 다른 견해를 진술했지만, 결국 양국 대표는 일선(日鮮) 양국인 상호에 걸친 신분관계의 안정을 기하기 위해서 양국 정부는 각각 다른 한 편의 국내법에 의한 취급을 승인하는 것이 적당하다고 하는 점에서 의견이 일치하였다."고 정리되었다.

여기에서는 재일조선인의 국적상실 시점을 놓고 의견이 대립하였다. 일본 측은 샌프란시스코 강화조약 발효일부터 국적을 상실한다고 주장하였다. 그에 대해서 한국 측은 그 '견해'에 따르면, "한국인은 1945년 8월 9일에 일본이 포츠담선언을 수락함과 동시에 일본의 패반(覊絆)을 이탈한 것이며, 그 후 1948년 8월 15일에 대한민국 정부가 수립됨으로써 한국 국적을 취득한 것이고, 나아가 같은 해 12월의 국적법 공포 실시에 따라 한국인의 국적에 관한 법 형식적 조치는 완성되었다"고 주장하였다. 이러한 한국 측 견해는 전술했던 방침을 거의 그대로 말한 것이다. 이처럼 '공동 보고서'에서는 재일조선인의 국적 상실 시점에 대해서 견해가 대립했기 때문에, 각각의 "국내법에 의한 취급을 승인하는" 것에 합의했다는 타협안을 기록한 것이다.

영주권 문제에 대해서는 영주권과 출입국관리령의 적용에 대해서 쌍방의 의견이 정리되었다. 한국 측은 "종전 전부터의 재일조선인은 당연히, 또 하등의 절차를 필요로 하지 않고서 일본에 영주할 권리를 인정을 받아야 한다"고 주장한 데 반해, 일본 측은 "이러한 조선인도 모두의 다른 외국인과 동일하게 출입국관리령의 적용을 받아야 한다"고 주장하였다.

출입국관리령의 적용에 대해서는, 한국 측은 1945년 이후에 일본에 입국한 조선인에게 대한 출입국관리령의 적용은 당연하지만, 1945년 이전부터 일본에 거주하고 있는 조선인에 대해서는 출입국관리령의 관계 규정의 적용은 배제되어야 한다고 주장하였다. 그에 대해서 일본 측은 1945년 이전부터의 재일조선인에 대해서도 출입국관리령이 적용되어야 한다는 원칙은 굽힐 수 없지만, "과도적 편법으로서 동령에 규정하는 영주 허가의 조건과 절차 및 영주 허가 신청에 필요로 하는 수수료의 징수 등 적용에 대해서는 무언가의 특례를 마련할 필요가 있는지"에 대해서 고려 중이라고 말하였다.

내국민 대우 문제에 대해서는, 한국 측은 재일조선인은 "참정권 등과 같은 국민 고유의 정치적 권리 의무"를 제외하고, 이미 6년간 일본 국민과 동일한 대우를 받아왔기 때문에, 앞으로도 그러한 대우는 계속되어야 한다고 주장하였다. 그에 대해서 일본 측은 "재류조선인에 대하여 이러한 특별대우를 하여(許與)할 의사는 없지만", 만약 한국 측이 그러한 대우를 희망한다면, "국제관례에 입각하여 상호주의의 원칙하"에 회담에 응할 의사가 있다. 또, 외국인에 대하여 제한 내지 금지되고 있는 특정한 권리 또는 자격으로 해서 실제로 재류조선인이 '일본인으로서' 향유하고 있는 것에 대해서는 이 조선인들이 '일본 국적의 상실에 의해' 부당하게 그 이익을 침해당하는 일이 없도록 임시적으로 특별한 조치를 취하는 것에 대해서 연구의 여지가 있다고 하였다.

귀환할 경우의 재산 처분 및 반출 문제에 대해서는, 한국 측은 재일조선인이 본국으로 귀환할 경우에는 "귀환을 위한 재산 처분의 자유를 인정할 것, 이에 대하여 과세하지 않을 것, 귀환 하물(荷物)의 종류, 양 및 금액에 대해서 하등의 제한을 마련하지 않을 것, 더불어 이에 대하여 과세하지 않을 것"을 요망하였다. 그에 대해서 일본 측은 "특정한 물품, 예를 들면 마약 등과 같은 것은 당연히 제한을 받아야하는 것, 재산 반출이라는 명목하에 밀무역이 이루어지는 것과 같은 일이 있어서는 안 된다"고 말하여, 한국 측도 이 점을 받아들였다.

가장 크게 의견이 다른 것은 퇴거 강제 문제였다. 한국 측은 "출입국관리령의 외국인 강제 퇴거에 관한 규정은 재일조선인에게 적용되어서는 안 되지만, 단지 폭력으로 정부 전복을 기도하는 것 같은 악질적인 범죄를 범한 사람에 대해서는 강제 퇴거를 명하는 것도 어쩔 수 없기에, 따라서 이러한 자의 강제 퇴거에 대해서는 한국 정부도 이에 협력할 용의"가 있다고 말하였다. 그에 대해서 일본 측은 "출입국관리령의 규정은 국제관례에 입각해서 제정된 것으로, 재일조선인에게도 적용되어야 하지만, 일본 정부는 선량한 조선인의 거주를 부당하게 제한할 의도를 갖고 있지 않기 때문에 그 적용으로 인해 동시에 다수의 재일조선인이 퇴거 강제를 받을 일은 없을 터"라고 말하였다.

한국 측의 주장은 기존대로였지만, 일본 측의 주장에는 출입국관리령이 "국제관례에 입각해서 제정된 것"이라는 새로운 설명이 덧붙어 있었다. 일본 정부는 그 후에도 이러한 '국제관례'를 강조해서 출입국관리령 적용의 정당성을 주장하게 되는 것이지만, 이것은 앞서 말한 것처럼 출입국관리령이 미국의 이민국적법을 바탕으로 만들어진 것이라는 점을 말하고 있는 것일 것이다.

마지막으로 일본 측은 "선량한 조선인의 거주를 부당하게 제한할 의도를 갖고 있지 않다"고 말하고 있지만, 출입국관리령 제24조는 '나병환자' '정신장애인' '빈곤자' '신체장애인' 등도 퇴거 강제가 대상으로 되어 있어,[28] 일본 정부의 재량에 따라 확대 적용할 수 있었다. 한국 측이 "출입국관리령에 규정된 다수의 퇴거 사유를 가지고서는 그러한 의도를 나타내기에 부적당하지 않은가"라고 지적한 것도 당연했을 것이다.

#### (2) 공동협정안 – '대한민국 국민' '퇴거 강제'의 승인

그 후 11월 30일의 제11회 소위원회에서 각각의 구체적 문제에 관한 토의가 이루어져, 다음 1952년 2월 7일의 제30회 소위원회까지 쌍방이 제출한 협정 기본요강, 합의되지 않았던 퇴거 강제, 거주권, 대우 등에 대해서 논의가 계속되었고, 제1차 회담으로 이어졌다. 제1차 회담에서의 제1회 '국적 처우 소위원회'는 3월 18일에 열려, '재일한인의 국적 및 처우에 관한 협정안'에 대한 협의가 시작되었다. 4월 1일의 제5회 소위원회에서 전면적 합의에 이르지 못하고, 의견이 다른 점에 대해서는 본회의의 조치에 맡기기로 하면서 소위원회는 중단되었다. 본회의는 재산청구권 문제를 둘러싸서 분규해서 결렬되어 버렸기 때문에, 재일조선인의 법적 지위 문제는 본회의에서는 토의되지 않았다. 4월 1일에 논의되어 본회의에 상정하기로 되었던 공동협정안의 주된 조항은 다음과 같다.

28) 대한민국공보처(1951. 10. 4), 『官報』.

제1조

이 協定에 있어서 在日韓人이라 함은 太平洋戰爭의 戰鬪가 終止된 날 以前부터 繼續하여 日本國에 居所를 가진 韓人을 말한다.

제2조

1. 大韓民國은 在日韓人이 大韓民國國民임을 確認한다.
2. 大韓民國 및 日本國은 이 協定의 效力發生日에 이르기까지의 어떤 時期에 있어서 韓人 및 日本人 相互에 亘한 身分關係에 關하여 어떤 一方의 當事國의 法令에 適用함으로써, 이미 發生한 效力을 承認한다.

제3조

1. 日本國政府, 在日韓人이, 이 協定의 效力 發生日 二年以內에 大韓民國政府의 發給하는 登錄證明書를 添附하여 日本國政府에 永住許可를 申請할 때에는 此를 許可한다. 이 境遇에 있어서, 一般外國人에 適用되는 永住許可의 條件, 節次 및 手數料에 關한 日本國의 法令의 規定은, 適用하지 아니한다.
2. 前項의 規定에 依하여 永住許可를 받은 在日韓人의 日本國으로부터의 退去의 强制에 關하여는, 이 協定의 效力發生으로부터 三年間(日本主張), 五年間(韓國主張) 大韓民國政府 및 日本國政府의 當該機關이 그 實施를 爲하여 必要한 事項에 關하여 協議하여 行한다.

우선 제2조 1항은 한일 두 정부가 "재일한인이 대한민국 국민임"을 승인한 것이다. 이러한 배경에는 한국 정부가 재일조선인을 대한민국 국민으로 등록하려 하였고, 그것을 GHQ와 일본 정부가 용인하고 있었던 점이 있다. 다시 말해 한국 정부는 1949년 6월 25일에 외무부령 제4호 '재외국민등록령'을 공포하고, 이를 8월 1일부터 시행하였다. 이어서 11월 24일에는 법률제 70호 '재외국민등록법'을 공포, 시행하였으며,[29] 한국 대표부가 민단에 그 사무를

29) 대한민국 정부 공보처(1949. 11. 24, 호외), 『官報』.

위촉하여 등록을 시작하였다.[30] 1950년 1월에는 GHQ는 요시다 정권에 대하여 신외국인등록령(같은 달 시행)에 입각하여 외국인등록증의 국적란에 '조선인'이나 '한국인'이나 '대한민국인'이라고 기재하도록 지시하였다. 이로써 일본 정부 법무부는 2월, 민사국 통달을 내서 그것을 용인한 것이다.[31]

한국 정부는 한반도에 있어서의 유일한 정통 정권이라는 위신을 보여주기 위해서, 또 국민국가로서 재일조선인을 대한민국 국민으로서 관리하는 법적 조치를 취한 것이다. 국민등록은 그 등록 사항이 '본적', '주소', '성명', '생년월일', '직업' 이외에 '병역관계'도 있었던 점에서 한국전쟁 하에서 징병의 기초 데이터가 되기도 했을 것이다.

GHQ는 냉전이 격화되어 공산주의정권과의 대치가 심각해지자, 재일조선인을 '대한민국 국민'으로 등록시켜 관리하는 것에는 반대하지 않았다. 일본 정부의 입장은 법적으로는 재일조선인이 일본 국적자라고 하지만, 자신들의 형편에 따라서는 외국인으로 간주하는 모순된 것으로, 재일조선인을 '대한민국 국민'으로서 인정하면, 더욱 모순이 심해지기 때문에 그다지 마음이 내키지 않았던 것 같지만, GHQ의 지시라는 점과, 오히려 '대한민국 국민'이라고 하는 편이 재일조선인을 관리하는 데 편하다고 생각하여 그것을 받아들인 것 같다. 이러한 일본의 태도는 샌프란시스코 강화조약이 발효되어 재일조선인이 일본 국적을 상실하게 되면서 보다 명확해졌다. 실제로 협상에 관여한 법무성 민사국장의 히라가 겐타[平賀健太]에 따르면, 일본 정부 측은 "재일조선인은 전부 한국민이다, 만일의 경우에 한국 정부에서 책임을 지게 하자는 것을 분명히 드러내고 싶다는 생각이 강하였다"고 말한다. '만일의 경우'란 '퇴거

30) 法務省入國管理局(1953. 7), 『入管執務調査資料第七號 在留朝鮮人の動きと日韓關係－昭和二十八年六月－』, 6~7쪽.

31) ロバート・リケット, 앞의 논문, 224쪽.

강제'의 경우이며, "퇴거 강제할 경우에 국교가 없는 북한에 받아달라고 할 수도 없으므로, 한국에 받아달라고 해야 하기" 때문에, 일본 측으로서도 재일조선인을 '대한민국 국민'으로 하는 것은 '지장' 없이 '희망'하는 바였다.[32]

이와 관련해서 한일 두 정부는 이 협정안에서는 국적 선택의 방법을 채용하지 않았다. 한국 정부는 '대한민국 국민'으로 한다는 방침이었다.[33] 일본 측은 히라가에 따르면, '할양지역에 있어서의 구미의 조약'에는 찾아볼 수 있어, 그것을 검토했으나 채용하지 않았다고 한다. 그 이유는 "일단 일본 국적을 주게 되면 과거에 어떤 범죄 경력이 있고, 또 이후 어떤 범죄를 범하더라도 퇴거 강제는 할 수 없게 되는" 것, 지금 하나는 국적을 부여했을 경우, 선거권과 피선거권이 발생하고, 주민 중에 조선인이 많은 곳에서는 조선인 국회의원이 나올 가능성도 있으며, "내심으로는 조선에 충성을 맹세하는 인간을 끌어안게" 되는 것은 곤란하기 때문이었다. 이처럼 일본 측은 퇴거 강제가 불가능해지는 것과 선거권 · 피선거권이 생기는 것을 이유로 국적 선택권을 인정하지 않았고, '귀화'를 통해 국적을 부여하는 것이 타당하다고 판단하고 있었다고 한다.

다음으로 제2조의 2항은 예비회담에서 재일조선인의 국적상실 시기를 놓고 해석이 대립하고 있었기 때문에 "어느 한쪽 당사국의 법령의 적용에 의해 이미 발생한 효력을 승인한다"고 하여 쌍방의 다른 해석을 용인하고, 전년도

---

32) 일본 정부 공개 한일회담 문서 1125, 「國交正常化交涉の記錄總說2(第一次會談)」.

33) 한국 측 대표 유진오(俞鎭午)가 히라가에게 말한 것에 따르면, 한국 정부에서는 "노년의 이상주의자로 유혈주의를 주창하는 자와 젊은 실리주의자로 국적 선택권을 주장하는 자의 2파"가 있어 논쟁이 되며, 한때는 정부도 국적 선택권을 인정하는 방침 전환을 시행했는데, 결국 그것은 철회되어 국적 선택권을 인정하지 않는다는 결론에 이르렀다고 한다(일본 정부 공개 한일회담 문서 1125, 「國交正常化交涉の記錄總說2(第一次會談)」).

11월의 타협안을 조문화한 것이다.

제3조의 1항은 "대한민국 정부가 발급하는 등록증명서를 첨부해서 일본국 정부에 영주 허가를 신청"했을 경우에 한해서 영주권을 준다는 것으로, 이것은 대한민국 국민만이 일본에 있어서의 영주 자격을 신청할 수 있다고 한 1965년 협정의 원형이 되는 것이다. 또, 영주 허가의 조건, 절차 및 수수료에 대해서는 특별조치를 강구할 것을 규정하고 있다.

제3조 2항은 재일조선인에 대하여 전년도 11월에 시행되었던 출입국관리령의 '퇴거 강제' 조항을 적용하는 것을 승인하는 조항이다. 당초 한국 측은 재일조선인에 대해서는 '폭력혁명분자'를 제외하고 퇴거 강제를 행하지 않을 것을 요구하고 있었지만, 일본 측은 일반 외국인과 동일하게 출입국관리령을 적용한다고 주장하면서 양보하지 않았다. 그 결과, 타협안으로서 퇴거 강제에 대해서는 협정의 발효로부터 일정 기간은 한일 쌍방이 '협의'를 하는 것으로 퇴거 강제의 남용을 막고자 했다. 이것은 한국 측의 요청으로 마련된 항목이지만, '협의' 기간을 둘러싸고 대립이 계속되었다. 이 일본 측의 협정안에서는 '3년'으로 되어 있었지만, 한국 측은 '5년'을 주장하였다. 어찌 되었든 재일조선인에 대해서 출입국관리령의 퇴거 강제 조항의 적용을 승인한 것은 당사자인 재일조선인에게는 가장 심각한 문제였다.

그 밖에 한국 측은 '재일한국인'에게 '내국민 대우'를 해주는 것, 귀국 시의 송금, 하물의 휴대를 무제한으로 인정할 것을 주장했지만, 일본 측은 역시 일반 외국인과 같은 처우를 한다는 원칙을 주장하였다. 단, 일본 측은 "선량한 한인을 공연히 불안에 빠트리는 일이 없도록 과도적으로 적당한 특별조치를 강구할 방침"이라고 주장하였다. 예를 들면, 생활보호에 대해 살펴보면, 생활보호법은 '일본 국민'에게만 적용하는 것을 원칙으로 하지만, 각종 사정으로 외국인에게 경과적(經過的)으로 생활보호를 필요로 할 경우에는 "별도의 법적

조치에 따라 일정 기간을 한정해서 동 법을 준용하는 것으로 한다"면서 재일조선인에게도 생활보호는 당분간 실시한다고 하였다.

앞서 말한 바와 같이 결국, 한일 양 정부는 재일조선인의 법적 지위 및 처우에 관한 협정에 합의할 수는 없었다. 그러나 일본 정부는 4월 19일자 법무부 민사국 제438호 통달을 통하여, 같은 달 28일의 샌프란시스코 강화조약 발효와 함께 "조선 및 대만은 조약 발효일부터 일본의 영토에서 분리되게 되기 때문에, 이에 따라 조선인 및 대만인은 내지에 재주하고 있는 자를 포함해서 모두 일본 국적을 상실하는" 조치를 취하였다. 또, 법률 126호에 의해 "따로 법률이 정하는 바에 따라, 그 사람의 재류 자격 및 재류 기간이 결정될 때까지의 기간에는 본방(本邦)에 재류할 수 있게" 되었지만, 이날 시행된 외국인등록법과 전년도 11월에 시행된 출입국관리령이 적용되게 되었다. 일본 정부는 출입국관리령에 근거한 강제 퇴거의 운용에 대해서는 신중하게 취급할 것, 생활보호법에 대해서는 재일조선인에게도 준용하는 조치를 취했지만, 재일조선인의 거주권, 생활권은 샌프란시스코 강화조약 이전에 비해서 한층 더 불안정한 것으로 바뀌어 있었다.

## 4. 재일조선인의 인식과 대응 – 퇴거 강제 비판

그러면, 이러한 상황 속에서 당사자만 재일조선인들은 한일 양 정부의 재일조선인정책을 어떻게 인식하고 대응하고 있었을까? 이에 대해서는 이미 도노무라가 논하였지만, 그것을 참고로 하면서 조금 상세하게 살펴보고자 한다.

우선 재일본대한민국거류민단(이하 민단)은 1951년 10월 12일에 제14회 중앙의사회를 개최하여, 한일회담을 앞두고 '재일한교의 법적 지위에 관한 문제', '추방 문제', '기득권 문제' 등의 항목에 대해서 논의하였다. 거기에서는

"1. 중앙의사회의 이름으로 성명서를 내는 것", "2. 전문위원회(5명)를 설치하여 한국대표단의 자문에 응할 것", "3. 10월 20일, 전국 지역별로 재일동포 기득권 확보 민중대회를 개최하고, 성명을 관계 당국에게 발송할 것"의 세 항목이 결정되었다.

1과 2는 확실하지 않지만, 3에 대해서는 10월 20일에 도쿄의 거류민단 중총 약 300명의 단원이 모여서 열린 민중대회에서의 성명 내용을 알 수 있다. 그에 대해서 기술한 고성호(高成浩)에 따르면, "11월 1일부터 시행하려고 하는 출입국관리령의 발포에 따라, 재일교포의 법적 지위도 매우 중대한 국면에 봉착"하고 있으며, 이 문제의 해결을 위해서 개최되는 "한미일 합동회의의 성과 여하"는 "삼천만 민족에 주는 영향도 역시 막대하다 말하지 않으면 안 된다."고 하면서 다음과 같은 기본적 요구를 결의하였다.

1. 재일동포의 국적은 일률적으로 '대한민국'으로 할 것.
2. 1945년 8월 15일 이전부터 거주하는 한교에 대해서는 무조건 영주권을 부여하고, 현재의 기득권을 그대로 부여할 것.
3. 출입국관리령에 따른 강제 송환의 경우에는 일본 정부의 독단으로 행하지 말고 한일공동위원회를 설치하여 재일대한민국거류민단과 완전한 합의를 통해 행할 것.

이러한 민단의 결의는 재일조선인의 국적은 일률적으로 '대한민국'으로 하여, 국적의 선택권을 인정하는 것이 아니라, 출입국관리령을 인정하고서, 강제 송환은 민단과의 '합의'에 따라 실시할 것을 주장한 것으로, 앞에서 살펴본 한일회담에서의 한국 측의 주장과 거의 같은 것이었다.

단, 도노무라에 따르면, 민단으로 결집한 재일조선인들 사이에는 실제로는 보다 구체적이면서 다양한 요구가 이야기되고 있었다고 한다. 예를 들면, 민단 간부인 김희명(金熙明)에 따르면, 민단 내부에서는 출입국관리령의 적용 제외, 세계인권선언에 입각한 평등원칙의 관철, 국정 및 지방참정권 이외의 교육 · 노동 · 사회 등 일반 사회생활에 관련된 공직의 선거권 · 피선거권 · 피임무권의 부여, 자주교육 실시, 금융 · 취직 · 민정보호 · 실업 구제 · 사회 보장제도 등을 현금(現今)과 같이 계속해서 적극화하는 것, 본국으로의 여행의 자유, 일본 국적 귀화 요망자에게 대한 선처 등에 대해서 논의되고 있었다.[34)]

이에 대하여 재일조선통일민주전선(이하 민전)은 샌프란시스코 강화조약의 체결, 한일회담의 시작, 그리고 출입국관리령의 제정으로 인해 재일조선인에 대한 억압정책이 한층 더 강화되었다고 하면서, 그러한 것들에 반대하는 운동을 전개하였다. 특히 1951년 10월, 민전은 출입국관리령 공포 시에 조선인 강제추방 반대투쟁 전국위원회를 결성하였고, 개최 중이던 한일회담과 결부시켜서 각지에서 강제추방 반대 인민대회를 개최하였다.[35)]

예를 들면, 조선인 강제추방 반대투쟁 도쿄위원회는 1951년 10월 12일자로 '국회, 각 정당, 각 의원에 대한 요청'장을 제출하고, 출입국관리령 공포로 인해 신문, 라디오 등이 "조선인의 강제 송환을 보도하고 있으므로, 재일 60만 조선인은 엄청난 위협을 받고, 불안에 떨고 있다."고 호소하였다. 특히 출입국관리령은 "오랜 세월 일본에 거주하고 있던 선량한 조선인도 추방 대상"이라고 하면서 "환자, 생활보호법의 적용으로 생계를 꾸려가고 있는 자조차 추방"하려고 하며, "비인도적인 정치적 의도를 가지는 것이며 …… 대국의 예

34) 도노무라 마사루(2005. 6), 앞의 논문.

35) 朴慶植, 『解放後在日朝鮮人運動史』, 三一書房, 305~306쪽. 1952년 2월 1일부터 3월 15일을 '日韓會談 · 强制送還反對月間鬪爭'로 설정하고, 3월 7일에는 출입국관리령의 전면적 개악에 반대하는 전국적인 항의집회를 열어 약 3,500명의 재일조선인이 국회, 법무부, 외무성, 입국관리청 등을 대상으로 항의 진정(陳情) 투쟁을 전개하였다.

속국이 되어가고 있는 일본의 현실을 염려하며, 아시아 민족의 공통된 이익의 번영을 위해서 노력하고 있는 조선인, 중국인에게 주된 화살을 돌린 것"으로, "일본 국내의 사회적 경제적 불안을 조선인에게 전가하려고 하는 정치적 목적"이 있다고 단정하였다.[36] 이것은 출입국관리령의 재일조선인에 대한 적용을 인정한 한일회담에 대한 비판이었다.

이러한 민전의 비판은 정당한 것이었지만, 한편으로는 민전은 '한일회담 · 강제 송환 · 한국 국적 강요 분쇄 투쟁'을 '조선민주주의공화국에 대하여 애국성을 고취하는 운동'으로서 추진하고 있었다.[37] 또 '국적 선택의 자유'를 주장했지만, "국적은 인민공화국 국적을 내용으로 해야 한다"는 것으로, 개인의 '선택의 자유'를 존중한다기보다는 조선민주주의인민공화국을 지지하는 것으로 결집하는 것을 지향하는 경향이 있었다.[38]

이러한 민단이나 민전과는 입장을 달리하는 운동과 주장도 있었다. 예를 들면, 앞서 말한 민단의 결의 시항에 비판적인 사람들이나 조선통일민주동지회의 회원들은 '재일한민족 출입국관리령 적용 반대 공동투쟁위원회'[39]를 결성해서 다음과 같이 주장하였다. 출입국관리령이 "소위 적(赤)이라든가, 흑(黑)이라든가 하여 구별되는 것이 아니라 전 재일조선인을 적용 대상으로 하고 있다", "현재 상태로는 일본 정부로서도 바로 추방 조치를 취하지 못하므로, 한일회담에서 우선 재일조선인의 '법적 지위'를 규정하고, 그것이 결정되는 대로, 이 관리령을 자동적으로 적용하려고 하고 있다", '하나의 조선' 가운데 한

36) 高成浩(1952. 2), 「日韓會談と朝鮮人追放」, 『朝鮮評論』 제2호.

37) 朴慶植, 앞의 책, 310쪽.

38) 도노무라 마사루(2005. 6), 앞의 논문.

39) 이 위원회는 "민단의 결의사항에 비판적인 민단의 전 · 현 간부, 건청대한파(建靑大韓派)의 주류였던 청우회(靑友會), 현 건청의 간부, 조선통일민주동지회 회원 등 24명이 개인 자격"으로 결성한 조직이었다[高成浩(1952. 2), 앞의 논문].

쪽 정부가 일본 정부와 협상해서 "전 재일조선인의 개개인들이 자신의 의지로 선택할 자유를 가진다, 국적을 제멋대로 정하는 것은 국제적 제 규정으로 보아도 위법이며, 특히 '세계인권선언'이 중대한 침범이다", "재일조선인의 거주 사유라는 법 이전의 현실을 무시하고, 게다가 병자나 생활 빈곤자까지 강제 추방의 대상으로 하고 있다"는 등 출입국관리령과 그것을 재일조선인에게 적용하는 것을 인정한 한일회담을 탄핵하였다.[40)]

거기서 나아가 "재일조선인 간 과거의 기왕지사를 버리고, 전민족적인 입장에서 반대해야 한다", "원칙적으로는 전 재일조선인은 통일된 '조선국'의 국민이어야 하며(이러한 점에서는 의견의 차이가 있었다), 지금 바로 국적을 정해야 한다고 한다면, 그 선택의 자유가 당연히 허용되어야 한다", 어디까지나 출입국관리령의 포기를 요청하지만, 적어도 "1945년 8월 15일 현재로 일본에 거주하는 조선인에게 적용하는 것"에 반대한다, "일본 국민의 정의와 인도라는 명목으로도 용서해서는 안 될 정령이라는 것을 일본 국민에게도 위정자에게도 강하게 호소"하는 등의 대책을 취할 것을 제안하였다.

이 '재일한민족 출입국관리령 적용 반대 공동투쟁위원회'는 한일회담의 한국 측 대표에 대해서는 '국적 강요'와 같은 비민주적 오류를 범하지 않도록 요청하고, 민전의 강제추방 반대투쟁위원회에는 "전반적인 운동이 계급투쟁에 편중되지 않도록 제안"하였으며, 민단에 대해서도 "독선과 민족의 분열 이간책에 넘어가지 않도록 전 민족적 규모로 더불어 싸워야 할 문제라는 것을 지적"하고, "통일 전선의 확대"를 호소하였다.

이상과 같이, 민단, 민전, '재일한민족 출입국관리령 적용 반대 공동투쟁위원회'가 강조한 바는 달랐다고 해도, 모두 공통되었던 것은 출입국관리령이나

40) 高成浩(1952. 2), 앞의 논문.

한일회담의 결과에 따라 재일조선인의 거주권과 생활권이 침해되어서는 안 된다고 주장하였던 것으로, 특히 퇴거 강제를 강도 높게 비판하고 있었다고 할 수 있다. 또 하나의 공통된 인식은 재일조선인은 일본의 식민지지배로 인해 존재하게 되었기 때문에, 일본에 재류할 권리를 가지며, 적어도 생활의 면에서는 일본인과 동등한 권리를 인정받아야 한다는 것이다.

한편 일본인 중에는 후세 다쓰지[布施辰治]나 히라노 요시타로[平野義太郎], 오가디[尾形昭二] 등과 같이 재일조선인이 식민지지배의 피해자라는 인식에서, 또 세계인권선언이나 일본국 헌법의 기본적 인권의 이념에 입각해서, 국적 선택의 자유와 출입국관리령 반대를 주장하는 사람들도 있었다.[41] 또, 외국인등록법이나 법률 126호를 둘러싸고 국회에서도 재일조선인이 식민지지배의 희생자이며, 일본에 생활기반을 가지는 사람들에 대하여 부당한 취급이라고 하면서 비판하는 야당 국회의원도 있었다.[42] 그러나 전체적으로 보면, 재일조선인 문제의 거주권과 생활권에 대해서 관심을 기울이는 사람들은 소수였다.

## II. 맺음말

마지막으로 한일예비회담 전후에서부터 제1차 회담까지의 한일 양 정부의 재일조선인 법적 지위 및 처우에 대한 인식과 처리, 그리고 그에 대한 재일조선인의 대응에 대해서 정리해 두고자 한다.

41) 「在日朝鮮人の生活と意見」, 『中央公論』(1952. 9); 平野義太郎(1951. 12), 「朝鮮人强制追放について」, 『朝鮮評論』; 「朝鮮人强制追放に關する聲明書」, 『朝鮮評論』(1951. 12); 尾形昭二(1952. 5. 1), 「對日講和發效と在日朝鮮人」 『朝鮮評論』.

42) 도노무라 마사루(2005. 6), 앞의 논문.

우선, 한국 정부가 재일조선인의 법적 지위를 한일 간에 협의해서 확정해야 했던 것은 한반도의 유일한 정통 국민국가로서 재일조선인을 '재외국민'으로 관리할 필요가 있었기 때문이다. 특히 한국전쟁하에서 일본으로부터 '악질 공산분자의 추방'을 실시하게 되자, 당초에는 GHQ와 일본 정부 사이에 재일조선인의 법적 지위를 확정해 두어야만 했다. 한일예비회담 및 제1차 회담에서는 재일조선인의 영주권과 생활권을 중요시하는 태도도 보였지만, 기본적으로는 한반도가 정통 국민국가로서 '재외국민' 및 '악질 공산분자'를 관리하는 것이 우선되었다. 따라서 그러한 한국 정부의 입장은 분단과 '냉전'의 영향을 보다 강하게 받았다.

재일조선인의 법적 지위 및 처우에 관한 한일 간의 협상을 중개한 GHQ는 '악질 공산분자의 추방'에 관심을 집중시키고 있었다. 한국전쟁이 발발하자, 점점 그러한 생각은 강해져서 일찍부터 한국 측에 '악질 공산분자'를 떠맡아 줄 것을 요청하고 있었다. 국제법이나 세계인권선언을 우려하여, 일본 정부가 지나친 행동을 억제하고자 한 적도 있었지만, 재일조선인의 재류권이나 생활권에 대해서는 대부분 관심을 가지지 않아서, 모순된 일본 정부의 정책을 용인하고 있었다.

일본 정부는 1950년대 초에 재일조선인의 거주권과 생활권이 침해된 것에 있어서 가장 큰 책임을 지고 있었다. 한일회담에서의 일본 정부의 사고방식의 핵심은 재일조선인의 법적 지위나 처우를 '사상 및 치안의 문제'로 생각하고, "귀화를 제한하고, 바람직하지 않은 외국인이라고 하여 '조선인'을 강제 퇴거하는 길을 열어 두는" 것에 있었다. 이러한 사고방식은 일본의 식민지주의에 근거하는데, 동화보다도 배제의 측면을 강조하는 것이었다라고 할 수 있다.

이에 대하여 당사자인 재일조선인은 거주권과 생활권을 근저에서부터 부정하는 퇴거 강제에 가장 위협을 느끼고, 그에 대해서 강도 높게 비판하였다.

그러한 비판은 어떤 재일조선인이 "과거의 지배자들이 훔친 비인도적인 반동적 차별과 탄압정책이 계속되어 강화된 결과에 다름 아니다"라고 일본 정부의 강제 송환을 비판한 바와 같이,[43] 과거의 식민지지배의 역사적 경험이 뒷받침되어 결부되었던 것이었다.

1951~1952년의 한일회담에서의 재일조선인의 법적 지위 및 처우 문제에 관한 논의는 식민지주의, 분단, '냉전'으로 얽혀 있었다고 할 수 있는데, 특히 일본의 식민지주의가 돌출되고 있었다는 점에 주의해야 한다. 그리고 그러한 점을 비판하던 재일조선인의 목소리는 한일회담의 논의에는 대부분 반영되지 않았다고 말할 수 있다.

1952년 4월에 제1차 한일회담이 결렬되고, 샌프란시스코 강화조약이 발효되자, 일본 정부는 퇴거 강제 조치를 강화해 갔다. 법무성 입국관리국의 조사에 따르면, 1952년에는 2,298명이, 1953년에는 2,587명이 강제송환되었다.[44] 재일조선인에 대한 폭력은 격화되어 갔던 것이다.

43) 林光澈(1952. 7), 「强制送還なら眞っ平だ!」, 『改造』.
44) 『在日朝鮮人處遇の推移と現狀』(1955), 法務硏修所, 179쪽.

고바야시 레이코(2010. 3), 「한일회담과 '재일한국인'의 법적지위 문제 - 퇴거강제를 중심으로 -」, 국민대학교 일본학연구소 편, 『외교문서 공개와 한일회담의 재조명 2 의제로 본 한일회담』, 선인.

도노무라 마사루(2005. 6), 「한일회담과 재일조선인 - 법적지위와 처우 문제를 중심으로 -」, 『역사문제연구』 No.14.

高成浩(1952. 2), 「日韓會談と朝鮮人追放」, 『朝鮮評論』 제2호.

吉澤文壽(2011. 10), 「日韓會談における「在日韓國人」法的地位交渉 - 國籍 · 永住許可 · 退去强制問題を中心に -」, 『朝鮮史研究會論文集』 No.49.

金太基(1991. 1), 「在日韓國人三世の法的地位と「1965年韓日協定」(一)」, 『一橋論叢』 제105권 제1호.

金太基(1997), 「韓日會談と在日朝鮮人」, 『戰後日本政治と在日朝鮮人問題 - SCAPの對在日朝鮮人政策 1945~1952年』 제6장 제2절, 勁草書房.

林光澈(1952. 7), 「强制送還なら眞っ平だ!」, 『改造』.

朴慶植, 『解放後在日朝鮮人運動史』, 三一書房.

法務省入國管理局(1953. 7), 『入管執務調査資料第七號 在留朝鮮人の動きと日韓關係 - 昭和28年 6月』.

鄭榮桓(2013), 『朝鮮獨立への隘路 - 在日朝鮮人の解放五年史』, 法政大學出版局.

飛田雄一(1980. 6), 「サンフランシスコ平和條約と在日朝鮮人」, 『在日朝鮮人史研究』 제6호.

ロバート · リケット, 大沼久夫 編, 「IV 朝鮮戰爭前後における在日朝鮮人政策 - 戰後'單一民族國家'の起点」, 『朝鮮戰爭と日本』, 新幹社.

대한민국 정부 공보처(1949. 6. 25), 『官報』.

대한민국 정부 공보처(1950. 11. 24, 호외), 『官報』.

대한민국 정부 공보처(1951. 10. 4), 『官報』.

일본 정부 공개 한일회담 문서 1125, 「國交正常化交渉の記錄總說2(第一次會談)」.

일본 정부 공개 한일회담 문서 549, 「國內朝鮮人の法的地位に關する對韓折衝方針(案)」(1951.9.28), 管, 總.

일본 정부 공개 한일회담 문서 549, 「日韓交渉に關し伺いの件」(千葉皓外務事務官이 倭島英二管理局長에게 보낸 書簡, 1951.10.15).

일본 정부 공개 한일회담 문서 550, 「在日韓國人對策連絡會設置運營要綱」.

일본 정부 공개 한일회담 문서, 문서번호 548 「平和條約に伴う國籍問題等處理要綱(案)」(1951.8.6), 法務府 民事局.

한국 정부 공개 한일회담 문서, 「在日同胞의 法的地位에 關한 件」(1951.7.3) 723.1A/78 「한일회담 예비회담(1951.10.20~12.4) 재일한인의 법적지위문제 사전교섭, 1951.5~9」.

한국 정부 공개 한일회담 문서, 「在日同胞中一部惡質分子强制送還問題 및 在日韓國人의 法的地位에 關한 件」(외교부장관→주일대사, 1951.7.19) 723.1A/78 「한일회담 예비회담(1951.10.20~12.4) 재일한인의 법적지위문제 사전교섭, 1951.5~9」.

한국 정부 공개 한일회담 문서, 「在日韓僑의 國籍 및 居住權問題에 關한 件」(외교부장관→주일대사, 1951.9.14) 723.1A/78 「한일회담 예비회담(1951.10.20~12.4) 재일한인의 법적지위문제 사전교섭, 1951.5~9」.

한국 정부 공개 한일회담 문서, 「在日韓僑의 法的地位에 關한 日本政府와의 交涉에 關한 件」(외교부장관→주일대사, 1951.9.4) 723.1A/78 「한일회담 예비회담(1951.10.20~12.4) 재일한인의 법적지위문제 사전교섭, 1951.5~9」.

한국 정부 공개 한일회담 문서, 「在日韓國居留民의 法的地位確定에 關한 請訓의 件」(주일대표부 공사 김용주→외교부장관, 1951.6.28) 723.1A/78 「한일회담 예비회담(1951.10.20~12.4) 재일한인의 법적지위문제 사전교섭, 1951.5~9」.

한국 정부 공개 한일회담 문서, 「在日韓國人法的地位決定에 關한 會議結果報告의 件」(주일대표부 대사 신성모→외교부장관, 1951.8.24) 723.1A/78 「한일회담 예비회담(1951.10.20~12.4) 재일한인의 법적지위문제 사전교섭, 1951.5~9」.

# 한일 문화재협정과 식민지시기 반출 문화재의 반환에 대한 국제법적 재검토

서울대학교 법학전문대학원 교수 **이근관**

# 한일 문화재협정과 식민지시기 반출 문화재의 반환에 대한 국제법적 재검토

서울대학교 법학전문대학원 교수 **이근관**

## I. 머리말

2012년 일본에서 아베 총리가 이끄는 자민당의 재집권을 전후하여 '불행한 과거'를 둘러싸고 양국 간에 파고가 높아지고 있다. 일본 사회의 전반적인 우경화에 더하여 아베 총리, 하시모토[橋下] 오사카 시장을 위시한 보수정치인의 대중영합적이고 무책임한 언동으로 인하여 양국 간 '진정한 화해와 공생'이라는 목표의 달성은 점차 멀어지고 있다는 느낌을 지우기 어렵다. 한일 간의 '불행한 과거'의 극복과 관련하여 중요한 의미를 지니고 있는 한국기원 문화재의 반환 문제 역시 양국 관계를 긴장과 대립으로 이끌어 갈 위험성이 높아 보인다. 2012년 가을에 발생한 대마도 소재 한국기원 문화재 도난 사건을 둘러싼 논란이 이를 웅변적으로 증명한다.

일본에 의한 한국병합 100주년이었던 2010년만 하더라도 문화재반환을 통해 양국 관계를 우호적으로 발전시키려는 노력이 시도되었다. 2010년 8월 10일 간 나오토[菅直人] 일본 총리는 한국병합 100주년을 맞이하여 발표한 담화문에서 "일본이 통치하던 기간에 조선총독부를 경유하여 반출돼 일본 정부가 보관하고 있는 조선왕실의궤 등 한반도에서 유래한 귀중한 도서에 대해, 한국민의 기대에 부응하여 가까운 시일에 넘겨주고자 한다"고 밝혔다.[1)]

양국 정부는 2010년 11월 14일 '도서에 관한 대한민국 정부와 일본국 정부 간의 협정'에 서명하였고, 이 협정은 2011년 6월 10일에 발효하였다.[2)] 이 협정 제1조는 "일본국 정부는 양국 및 양국민 간 우호관계발전에 기여하기 위한 특별조치로써 한반도에서 유래하는 부속서에 열거한 도서를 양국 정부 간에 합의되는 절차에 따라 이 협정의 발효 후 6개월 이내에 대한민국 정부에 인도한다"고 규정하였다.[3)] 이 협정에 따라 2011년 12월 6일까지 1,205권의 도서가 한국으로 '인도'되었다. 2006년 7월에는 도쿄대학이 소장하였던 조선왕조실록 오대산 사고본 47책이 한국으로 돌아오기도 하였다.[4)] 또한 같은 해에 북관대첩비가 야스쿠니신사로부터 한국에 반환되었다가 원소재지였던 북한으로 되돌아갔다.[5)]

한일 간에 긴장이 고조되고 있는 현 시점에서 문화재반환에 관한 그동안의 전개를 살펴보고, 앞으로 어떠한 대책을 강구해야 할 것인지를 고민해 봐야

1) "日, 식민지배 강제성 인정 불법성(병합조약의 법적 무효)은 언급 안했다", 《조선일보》 (2010. 8. 11).

2) 관보 제17529호(2011. 6. 15), 119~130쪽.

3) 한일 양국은 1991년에 "영친왕비(고 이방자 여사)로부터 유래하는 복식 등의 양도에 관한 대한민국 정부와 일본국 정부간의 협정"을 체결하였다. 이 협정 제1조는 2011년 협정 제1조와 유사하게 "일본국 정부는 양국간 우호관계 및 제 분야에서의 협력관계의 발전에 기여하기 위한 특별조치로써 영친왕비(고 이방자 여사)로부터 유래하는 복식 등 부속서에 열거한 품목을 양국 정부 간에 합의되는 절차에 따라 이 협정의 발효 후 6월이내에 대한민국 정부에 대가없이 양도한다"고 규정하였다. 두 협정 모두 반환조치가 '특별조치'임을 강조하고 있다.

4) "日서 환수 조선왕조실록 오대산본 공개", 《한국일보》(2006. 7. 15).

5) "100년만에 돌아온 / 북관대첩비 '제자리'", 《한겨레》(2006. 7. 4).

할 것이다. 식민지시기 또는 전시에 반출된 문화재의 원소재지국으로의 반환은 단지 한일 간의 문제가 아니라, 국제사회 전반의 관심을 끌고 있는 문제이기도 하다. 근래 식민지시기 반출 문화재반환과 관련하여 의미 깊은 변화들이 등장하고 있다. 특히 이탈리아의 경우 자국으로부터 불법반출된 문화재환수를 적극적으로 추구함과 동시에 자국 내로 불법적으로 또는 식민지시기에 반입된 문화재를 기원국(state of origin)으로 반환하고 있다.[6)]

2003년 4월 바그다드 함락 직후 이라크 국립박물관에 대해 자행된 대량 약탈,[7)] 제2차 세계대전 시기를 전후하여 이루어진 탈취된 문화재(특히 유태인 소유 예술품)의 반환문제,[8)] 프랑스 루앙 시립박물관에서 소장했던 마오리족 해골의 반환을 둘러싼 논란,[9)] 이브 생 로랑(Yves Saint Laurent) 사후 경매에 회부된 북경 원명원 기원의 청동상 2점을 둘러싼 소동[10)] 등이 언론에서 크게 다루어짐에 따라 '문화재반환'이라는 이슈는 국제공론의 장에서 큰 화두로 등장하기에 이르렀다.

한일관계의 새로운 전개를 맞이하여 식민지시기를 전후하여 한반도에서 일본으로 반출된 문화재의 반환 문제를 한편으로 한일 간에 특유한 관점에서, 다른 한편으로는 전세계적 · 보편적 관점에서 재조명해 보고, 이 문제에 대한 정당하고도 형평한 해결책을 강구하는 것이 과제로 등장하고 있는 것이다. 이

---

6) 이 문제에 대한 상세한 논의는 이근관(2008), 「문화재의 기원국반환의 최근 동향 - 이탈리아 사례를 중심으로 -」, 『서울국제법연구』 제15권 1호, 221~245쪽 참조.

7) "Pillagers Strip Iraqi Museum of Its Treasure", New York Times(2003. 4. 13).

8) "A Dispute Over a Klimt Purchased in New York", New York Times(2007. 9. 26).

9) "French Debate: Is Maori Head Body Part or Art?", New York Times(2007. 10. 26).

10) "China Fails to Halt Sale of Looted Relic at Paris Acution", New York Times (2009. 2. 26).

글에서는 결코 쉽지 않은 이 과제와 관련하여 국제적 맥락과 흐름이라는 연관 하에서 또한 한일 간의 상호주관적(inter-subjective)인 관점에서 해결책을 제시해 보고자 한다.

먼저 한일 양국 간 문화재반환 문제의 출발점이 될 수밖에 없는 1965년의 '대한민국과 일본국 간의 문화재 및 문화협력에 관한 협정'(이하 '문화재협정' 또는 '1965년 협정')에 관련된 문제, 특히 이 협정을 통해 양국 간 문화재반환 문제가 국제법적으로 종결되었는지 여부를 고찰한다(II). 다음으로 한일 간 문화재반환 문제가 갖는 양자적 특수성과 국제적 일반성을 동시에 고려하면서 이 문제의 해결을 위한 방향을 개략적으로 제시한다(III). 이어 최근 한일 양국 간에 외교적 현안으로 등장한 대마도 소재 불상 도난 사건에 대해 필자의 견해를 제시한 후(IV), 글을 맺고자 한다(V).

## II. 1965년 문화재협정의 재고찰

1965년 한일 간의 국교정상화와 관련하여 기본관계조약 및 4개의 협정이 체결되었는데 그 중 하나가 '대한민국과 일본국 간의 문화재 및 문화 협력에 관한 협정'이며 이 문서에는 부속서 및 합의의사록이 포함되어 있다. 협정 내용을 고찰하고 그에 대한 평가를 행하기에 앞서 1965년 6월 22일에 이 협정이 채택되기까지의 협상 과정에 대하여 간략히 살펴보도록 하자.

## 1. 문화재협정의 체결 경위[11)]

19세기 말부터 1945년에 이르는 시기에 한국 및 중국으로부터 다량의 문화재가 일본으로 유출되었다는 점은 의문의 여지가 없다. 일본 대장성(재무성) 관리국이 1950년에 발행한 『일본인의 해외활동에 관한 역사적 조사(日本人の海外活動についての歴史的調査)』라는 책의 조선편 제3분책을 보더라도 조선을 병탄할 때, 조선총독부가 대한제국 정부, 궁내부, 한국통감으로부터 약 11만 책에 이르는 도서를 인계받았다고 기록하고 있다. 이 중에 일본으로 유출된 것이 있음은 물론이다. 예를 들어 조선왕조실록 완질(完帙)이 도쿄대학교 도서관에 소장되어 있었는데 1923년 도쿄대지진 때 대부분 불타버리고 극히 일부(47책)만 남아 있다가[12)] 2006년 한국 측으로 돌아왔다.[13)] 통감부가 설치된 후 일본의 관민에 의한 고분의 남굴 등으로 인하여 그 수를 정확하게 파악하기 어려울 정도의 다량의 문화재가 일본으로 반출되었다고 한다.[14)]

1945년 8월 일본의 패망과 더불어 한국에서는 이들 문화재에 대한 반환 요구가 제기되었다. 대한민국 정부 수립 이전의 시기에 이미 진단학회를 중심으로 하여 일본의 공립 · 사립의 도서관 · 박물관 · 미술관에 소장되어 있는 한반도 기원의 문화재를 조사 · 반환하라는 요구가 연합국 최고사령부(GHQ)를 통

11) 이 부분은 이근관, 「동아시아지역의 문화재 보호 및 불법거래방지에 관한 법적 고찰」, 『법학(서울대)』 제44권 3호, 96~98쪽을 수정 · 보완한 것이다.

12) 高崎宗司(1986), 「日韓會談における文化財返還交渉について」, 『朝鮮史研究會論文集』 제23권, 36~37쪽.

13) "93년 만에 환국하는 조선왕조실록", 《중앙일보》(2006. 5. 31).

14) 대한민국정부(1965), 『대한민국과 일본국 간의 조약 및 협정 해설』, 광명인쇄공사, 108쪽.

하여 제출되었다.[15] 정부수립 이후 시점인 1949년 3월 15일 한국의 대일배상조사심의회가 공개한 『대일배상요구조서』에는 지금(地金), 지은(地銀) 이외에도 서적 212종류, 미술품 및 골동품 837종이 포함되어 있었다.[16]

일본패망 · 한국해방 직후 이 문제에 관한 연합국 측의 입장은 2002년 국제문화재법의 전문가인 한 일본학자에 의해 발굴된 자료에 잘 드러나 있다. 1945년 로버츠위원회(Roberts Commission, 정식명칭: American Commission for the Protection and Salvage of Artistic and Historic Monuments in Europe)가 작성한 "극동 지역에서의 골동품, 예술품, 서적, 문서 및 기타 문화재의 반환에 관한 원칙(Principles for the Restitution of Antiquities, Works of Art, Books, Archives and Other Cultural Property in the Far East)" 제3조는 다음과 같이 규정하고 있다.

> 1894년 이후 불평등조약하에서 그리고 극동지역에 대한 일본의 점령 기간 중 일본이 탈취한 모든 문화재는 강박하에서 양도된 것으로 봐야 하며 따라서 이들 문화재는 약탈물로써 개별적인 반환청구 또는 소송의 대상이 된다.[17]

---

15) 李弘植(1972), 『한 史家의 流薰』, 통문관, 82쪽; 高崎宗司(1986), 앞의 논문, 38쪽에서 재인용.

16) 《동아일보》(1949. 3. 26); 高崎宗司(1986), 앞의 논문, 38쪽에서 재인용. 문화재반환에 관한 회담의 경과에 관하여는 다음의 문헌을 참조; 대한민국정부(1965), 앞의 책, 109~118쪽.

17) 원문은 다음과 같다. "All cultural property taken by Japan under unequal treaties, since 1894, and during the periods of Japanese occupation of Far Eastern territories shall be deemed to have been transferred under duress and accordingly treated as looted property, subject to specific claims or open to adjudication." Toshiyuki Kono, "Return of Cultural Property Displaced during Occupation and/or Armed Conflict: A Japanese Point of View," *Return of Cultural Property and the Fight Against Its Illicit Trafficking*(문화재 반환 촉진 및 불법거래 방지 국제전문가회의(서울, 2002. 9. 30–10. 2) 발표논문집), p. 22 n. 32.

이 조항에서 우선 눈에 띄는 점은 일본의 강박에 의해 양도된 것으로 간주하는 시점을 1894년, 즉 청일전쟁의 발발로부터 잡고 있는 것이다. 한일회담 시 한국은 1905년, 즉 '을사늑약'이 체결된 해를 문화재반환 요구의 기준시점으로 잡았다.[18)]

로버츠위원회의 견해가 한일 간의 양자회담에도 반영 · 관철되었더라면 1965년 문화재협정은 매우 다른 내용을 규정하였을 것이다. 그러나 연합국의 대일정책은 1947년을 전후하여 이른바 '역(逆)코스' 과정을 겪으면서 근본적으로 변화하였고 한일 양국 간 양자교섭과정에서 로버츠위원회의 보고서가 활용된 형적도 없다. 이러한 사정으로 인하여 1965년 협정은 그 제목에서도 드러나듯이 애매한 절충에 그치고 말았다.

1965년 협정의 협상과정을 좀 더 살펴보면, 1952년 2월에 시작하여 1965년 6월에 종료된 한 · 일 국교정상화 회담 기간을 통하여 문화재반환 문제는 재산권 및 청구권 분과위원회의 틀 내에서 논의되었다. 이 기간 중 양국 간에 첨예한 의견 대립의 대상되었던 이른바 3대 현안은 청구권 · 어업 · 재일한국인의 법적 지위 등의 문제로서 문화재반환 문제의 비중이 상당히 낮았던 점은 부인하기 어려울 것이다. 한국 내에서도 문화재반환 문제에 대해 반드시 관심이 높았다고 보기는 어렵다. 한일회담이 진행되던 시기에 무임소 장관, 경제기획원 장관 등을 역임한 원용석은 한일기본조약 및 협정 체결 직후에 『한일회담 14년』이라는 책자를 발간하였다. 이 책은 한일회담을 지지하기 위해 원용석 장관이 행한 강연록 등을 수록한 것인데, 한일 간의 기본관계, 재일교포의 법적 지위, 어업협정, 청구권 문제에 관해서는 상세히 다루고 있지만, 문화

18) 한일회담에서 한국 측은 반환 청구의 범위를 "1905년 이후 부당 불법한 수단으로 일본에 반출된 한국문화재 중 한국 측이 제출한 목록의 문화재를 반환한다(현재 일본의 국유, 사유를 막론하고)"로 설정하였다. 『한 · 일회담 청구권관련문서』 제45권, 123쪽.

재협정은 협정 문안을 부록 형식으로 수록하고 있을 뿐 별다른 언급이 없다.[19)]

협상과정의 상세에 관해서는 2005년 협정 문서 공개 이후 여러 연구가 행해졌다. 한일회담 과정에서 생산된 외교문서는 문화재청에서 『한일협정 외교문서(문화재) 자료집』 두 권을 묶어내어 연구에 편의를 제공하고 있다.[20)] 협상의 전개 과정에 대한 상세한 분석은 기존 연구에 미루도록 한다.[21)] 이처럼 한일회담 과정에서 문화재 문제의 비중이 상당히 낮았다는 사실은 쉽게 확인할 수 있다. 문화재에 관한 실질적인 협상은 이른바 3대 현안에 대한 양국 간의 합의가 이루어진 후에 급히 진행되었다. 일본은 이 문제를 다른 현안, 특히 어업문제에서의 협상 진전과 연계시키는 지연전략을 구사하였다. 이와 관련하여 한일협정이 서명되기 불과 한 달여 전인 1965년 5월 19일에 개최된 제15차 수석대표회담 결과보고 전문을 살펴보도록 한다. 이 회담에서 "아측은 일본 측의 목록 제시를 다시 촉구하였던 바, 일본 측은 문부대신이 특히 어업문제와 관련하여 회담 전반의 전망이 보인 다음 제시하겠다는 태도를 취하고 있음을 시사하였다"고 적고 있다.[22)]

문화재협정의 문안은 6월 들어 급히 작성되었는데, 그동안 문화재 소위원회 및 전문가 회의의 틀 내에서 행하여진 논의조차 무시한 채 협정이 채택되

---

19) 원용석(1965), 『한일회담 14년』, 삼화출판사.

20) 문화재청(2005), 『한일협정 외교문서(문화재) 자료집』.

21) 박훈(2010), 「한일회담 문화재 '반환'교섭의 전개과정과 쟁점」, 국민대학교 일본연구소 편, 『외교문서 공개와 한일회담의 재조명 2: 의제로 본 한일회담』, 선인, 357~386쪽; 류미나(2010), 「'한일회담 외교문서'로 본 한 · 일 간 문화재 반환교섭」, 국민대학교 일본연구소 편, 『외교문서 공개와 한일회담의 재조명 2: 의제로 본 한일회담』, 선인, 386~417쪽.

22) 『한 · 일회담 청구권관련문서』 제51권, 343쪽.

기에 이르렀다.[23] 한 가지 언급할 점은 문화재협정이 체결 · 발효되기 이전 시점인 1958년 4월에 경남 창녕고분군 출토 유물 106점이 한국으로 반환되었다는 사실이다.

협상과정에서 양측은 팽팽한 대립을 보였다. 협상과정 중에 한국 측은 문화재 문제 관련 양측 간의 쟁점을 (1) 반환의 법적 의무 유무, (2) 반환의 대상, (3) 반환의 방법, (4) 문화협력교류로 간명하게 정리하였다. 이들 쟁점 중 특히 반환의 법적 의무가 존재하는지 여부에 대해 양측은 첨예한 시각차를 보였다. 한국 측이 문화재반환을 요구하는 주된 근거는 다음과 같았다.

> 반환을 요구하는 문화재는 일본이 부당 · 불법한 수단으로 도굴 · 반출해 간 문화재다. 종래 한국에는 전세(傳世, 전승되어 내려온) 문화재가 없고, 현존 문화재는 그 대부분이 발굴품인 바, 일본에 반출된 문화재는 1905~1915년간에 문화재보호를 위한 법적 조치가 취하여지기 전에 일인에 의하여 도굴되어 불법반출된 것들이다. 그 기간 중 반출에 대한 학술보고서가 1건도 발표되지 않은 것으로도 그것이 도굴이었음이 확실하며, 도굴 사실을 기록한 문헌에 의하여도 이를 증명할 수 있고, 또 당시의 도굴 광경을 목격한 증인들도 이러한 사실을 증언하고 있다.[24]

한국 측은 이러한 주장에 더하여 좀 더 일반적인 차원에서 반출문화재가 출토국으로 반환되어야 함도 주장하였다.

> 문화재의 대부분은 분묘, 기타 유적에서 발굴된 것인 바, 그것들은 한국에서도 국가의 법적 보호를 받을 대상이며, 성질상 마땅히 국고에 귀속되어야

23) 高崎宗司(1986), 앞의 논문, 45~46쪽; 高崎宗司(1996), 『檢證 日韓會談』, 東京: 岩波書店, 169쪽.
24) 『한 · 일회담 청구권관련문서』 제45권, 122쪽.

> 할 물건인데, 일본에 반출된 것이므로, 그 물품이 한국의 역사와 문화에 중요한 비중을 가지고 있음에 감하여, 그것들은 출토국에 반환되어야 한다.[25) ] 한국 측은 이들 문화재의 반출이 불법이며 또한 문화재를 그 원산국으로 반환한다는 원칙이 국제적으로 승인되었다고 주장했던 것이다.[26)]

일본은 당시 이들 문화재는 적법한 방식으로 취득 · 반출되었으며 이들 문화재의 한국으로의 반환을 강제할 어떠한 국제법규도 존재하지 않는다고 반박하였다.[27)] 한국 측이 정리한 일본의 견해는 다음과 같다.

> (1) 한국 측은 몇 개의 예를 들어 설명하고 있으나, 한국 측의 설명은 확실한 증거에 의거한 것이라고 인정하기 곤란하다. 즉 민사상 청구권 성립에 필요한 언제, 누가, 무엇을, 어떻게 했다는 증거가 없다. 또한 수 십년이 경과된 지금 확실한 사실을 파악하기는 거의 불가능하다. 그리고 비록 한국 측이 말하는 것처럼 당시 일본인 개인에 의한 부당한 행위가 있었다 하더라도[sic], 이에 대하여 국가가 책임을 져야 한다는 국제법상의 문제는 없다. 총독부가 가지고 온 문화재는 당시에 관계 법령에 의하여 합법적으로 입수한 것이므로, 정치적 문제는 될망정 민사 · 형사상 반환의무는 없다.
>
> (2) 문화재는 출토국에 반환해야 한다는 국제법상의 원칙이 관례는 찾을 수 없다.[28)]

25) 『한 · 일회담 청구권관련문서』 제45권, 122쪽.

26) 문화재반환 문제에 관한 한일 양측의 기본입장에 관해서는 외무부(1962), 「문화재 문제에 관한 양측 입장」, 『한일회담 외교문서』, 외무부, 711~714쪽 참조. 문화재 반환에 관한 양측 입장의 간명한 정리에 관해서는 제성호(2010), 「한 · 일 간 문화재 반환 문제에 관한 국제법적 고찰」, 『한국과 국제법』, 중앙대학교출판부, 459~460쪽.

27) 高崎宗司(1986), 앞의 논문, 41~44쪽; 대한민국정부(1965), 앞의 책, 110쪽.

28) 『한 · 일회담 청구권관련문서』 제45권, 123쪽.

문화재협정이 체결 · 발효한 후에 일본 정부가 발행한 해설 책자는 이 점에 대하여 다음과 같이 주장하고 있다.

> 우리나라[일본]가 소유하고 있는 한국에서 유래하는 문화재는 모두가 정당한 수단에 의하여 입수되어 한국으로 반환할 의무가 없지만, 한국 국민이 그 역사적 문화재에 대하여 갖는 깊은 관심 및 한국동란에 의하여 그 문화재의 다수가 산실되어 버린 사정 등에 비추어 문화협력의 일환으로서 부속서에 기재된 우리나라 소유의 문화재를 한국에 기증하게 된 것이다.[29)]

문화재반환의 대상 내지 범위와 관련하여 한국 측이 정리한 양측 입장은 다음과 같다.

> **한국 측**: 1905년 이후 부당 불법한 수단으로 일본에 반출된 한국문화재 중 한국 측이 제출한 목록의 문화재를 반환한다(현재 일본의 국유, 사유를 막론하고).
> **일본 측**: (1) 일본에 소장된 국유 한국문화재 중 약간을 기증한다. (2) 민간인에게도 자발적인 기증을 촉구할 생각이나 강요할 수는 없다.[30)]

반환의 방법과 관련해 한국 측은 '인도(turn over)라는 용어의 표현으로 반환한다'는 방침이었던 데 비해, 일본 측은 '기증한다'는 방법을 주장하였다.[31)]

결국 양국의 입장을 적당히 절충하는 선에서 협정이 채택되었는데 협정 제2조에서는 반출의 불법성을 전제로 하는 '반환'이나 적법성을 전제로 하는

29) 谷田 正躬 · 辰已 信夫 · 武智 敏夫 編(1966), 『日韓條約と國內法の解說』, 東京: 大藏省印刷局, 92쪽.
30) 『한 · 일회담 청구권관련문서』 제45권, 123쪽.
31) 위의 책, 124쪽.

'증여'가 아닌 '인도(引き渡す)'라는 용어가 채택되었다. 일본에 의한 식민통치의 불법성 여부의 문제가 기본관계조약이나 청구권협정에서 명쾌히 해결되지 않은 것과 마찬가지로 문화재 반출의 적법성 여부 역시 양국 간 정치 · 외교적인 절충의 대상이 되고 말았던 것이다.

## 2. 협정의 내용 및 평가[32)]

문화재협정은 간략한 전문, 본문 4개조 및 부속서로 이루어져 있다. 제4조는 비준에 관련된 최종조항적 성격을 띠고 있으며, 제1조는 양국 정부에 대하여 "양국 국민 간의 문화관계를 증진시키기 위하여 가능한 한 협력"할 대단히 추상적 · 일반적 의무를 규정하고 있는 데 불과하다. 제3조의 경우 양국의 "미술관, 박물관, 도서관 및 기타 학술문화에 관한 시설이 보유하는 문화재에 대하여 타방국의 국민에게 연구의 기회를 부여하기 위하여 가능한 한의 편의를 제공"할 의무를 부여하고 있다. 이는 양국이 보유하고 있는 문화재에 대한 양국의 접근을 원활하게 한다는 구체적 사항에 대한 규정이지만, 그 규범적 밀도가 대단히 낮다는 사실을 부인하기 어려울 것이다.

이 협정의 중핵적인 조항은 "일본국 정부는 부속서에 열거한 문화재를 양국 정부 간에 합의되는 절차에 따라 본 협정 발생 후 6개월 이내에 대한민국 정부에 인도한다."라고 규정하고 있는 제2조다. 부속서에는 '인도'의 대상이 되는 총 1,326점에 달하는 문화재 품목(1962년 2월, 한국 측은 환수대상 문화재 목록을 일본 측에 제시하여 총 4,479점의 반환을 요구했었다)이 (1) 도자기, 고고자료 및 석조미술품,

---

32) 이 부분은 이근관, 「동아시아지역의 문화재 보호 및 불법거래방지에 관한 법적 고찰」, 『법학(서울대)』 제44권 3호, 98~100쪽에 기초하고 있다.

(2) 도서, (3) 체신관계 품목으로 구분되어 규정되어 있다. 이 협정은 기본관계 조약 및 여타 협정과 마찬가지로 1965년 12월 18일 발효하였으며, 협정 제2조의 규정에 따라 이들 문화재는 1966년 5월 27일에 '인도'되었다.

다만 이들 문화재는 원칙적으로 국유문화재로서 사유에 속하는 문화재에 대하여는 협정과 불가분의 일체를 이루는 합의의사록에 다음과 같이 규정되어 있다.[33)]

> 한국 측 대표는, 일본 국민의 사유로서 한국에 연유하는 문화재가 한국에 기증되도록 희망한다는 뜻을 전달하였다. 일본 측 대표는 일본 국민이 소유하는 이러한 문화재를 자발적으로 한국에 기증함은 한일 양국 간의 문화협력의 증진에 기여하게도 될 것이므로, 정부로서는 이를 권장할 것이라고 말하였다.

이들 규정의 해석과 관련하여 한국 정부의 입장은 합의의사록이 일본 정부에 대하여 적극적인 의무를 부과하고 있다고 해석하는 데 반하여, 일본 정부는 일본 국민이 자발적 기증을 하는 것을 허락한다는 지극히 소극적인 의미에 불과하며 이들 기증과 관련하여 일본 정부가 보상금의 지급 등 어떠한 구체적인 조치를 취할 의무를 부담하는 것이 아니라고 보고 있다.[34)]

1965년 문화재협정 및 합의의사록의 발효 이후 합의의사록에 기재된 사항의 이행에 대하여는 상당 기간 별다른 논의가 없다가 1982년부터 현재까지 수차에 걸쳐 양국 간에 개최된 한일문화교류실무자회의에서 한국 측이 이의 이행을 요구하였다. 이에 대한 일본 측의 반응은 예상대로 대단히 소극적이었

33) 谷田 正躬 · 辰已 信夫 · 武智 敏夫 編(1966), 앞의 책, 92쪽.
34) 위의 책, 95쪽.

으며 일본 국민의 사유에 속하는 문화재로써 한국 측에 자발적으로 반환 또는 기증된 예는 매우 드물고 이 또한 일본 정부의 권장에 의한 것이라고 보기는 어려운 실정이다.

1965년의 문화재협정은 한일 국교정상화 회담의 틀 내에서 체결된 다른 조약 및 협정이 그러하듯이, 많은 국제법적 문제들을 정면으로 해결하기보다는 정치적 · 외교적 절충에 의하여 봉합한 데 불과하였다. 그로 인하여 일본 내에 소재하는 한국 기원 문화재의 반환과 관련하여 아직까지도 적잖은 논란의 여지를 남기고 있는 것이다.

이 협정은 협정 당시에 파악할 수 있었던 일부 문화재에 한하여 반환문제를 다루고 있을 뿐 여타의 문화재에 대한 일본 측의 반환의무에 대하여 명확한 근거를 마련하지 못하고 있다. 바로 이 문제, 즉 한일 간 문화재반환 문제가 1965년 협정에 의해 법적으로 종결되었는지 여부에 관해 그 동안 논란이 있었고, 이 문제는 간[菅] 수상의 담화문을 계기로 더욱 주목을 받게 되었다. 이 문제에 관해서는 항을 바꾸어 살펴보기로 한다.

## 3. 한일 간 문화재반환 문제의 국제법적 종결 여부

한일 국교정상화를 위한 교섭과정에서 당초 문화재반환은 청구권 문제의 틀 내에서 논의되었고, 또한 일본 정부가 문화재반환 청구권을 포함한 모든 청구권 문제를 이른바 한일협정을 통해 완전하게 해결하길 희망했고 원칙적으로 한국 정부를 이를 수용했다는 사실에 비추어 "문화재반환, 인도, 기증이라는 용어와 상관 없이 문화재가 한국으로 온 후에는 그 이상의 문화재와 관련된 청구권을 주장할 수 없게" 되었다.[35] 1965년 이후 일본 정부가 이러한 입장을 일관되게 주장해 왔고 이에 대해 한국 정부의 공식적인 반론제기가 없었던 사정을 상기하면 이러한 해석이 갖는 설득력을 무시하기란 쉽지 않다. 1991년 이방자 여사 유물 관련 협정이나 2011년 조선왕조의궤 반환협정에서 '인도'가 '특별조치'로써 취해졌음을 강조하고 있는 것도 이러한 해석을 뒷받침하는 것으로 해석될 수 있다.

이러한 해석에 대해 한국 내에서는 강한 반박이 주장되고 있다. 이 주장에 따르면, 1965년 청구권협정과는 달리 문화재협정에서는 문제해결의 최종성 · 완전성에 대해 어떠한 문언도 사용되지 않았다는 점, 한국민족의 문화적 정체성의 형성에 핵심적인 역할을 하는 문화재의 특수한 속성, 문화재협정 제1조(양국 국민 간의 문화관계를 증진시키기 위하여 가능한 한 협력한다) 및 문화재협정 합의의사록에 대한 적극적 · 전향적인 해석, 1965년 이후 식민지시기 반출 문화재반환에 대해 새로운 국제법적 흐름이 형성된 사실 등에 비추어 1965년 협정은 "문화재반환 문제를 공식화하고 첫 단추를 꿴 것에 지나지 않을 뿐"이고, "한일 문화재협정의 체결과 1,326점의 문화재 인도에도 불구하고, 한국 기원 재일 문화재의 추가반환(혹은 추가인도) 문제는 여전히 한일 간의 국제법 현안으로 남아 있다."[36)]

이 문제는 결국 1965년 문화재협정이라는 조약의 해석 문제로 귀착되는데, 이 협정이 내포하고 있는 문언상의 불명확성에도 불구하고 1965년 협정 발효 이후 양국 정부의 실행을 고려할 때 동 협정을 통해 문화재반환 문제가 국제법적으로 일단 종결되었다고 보는 해석을 배제하기 어려울 것이다. 다만

35) 국성하(2006), 「한일회담 문화재 반환협상 연구」, 『한국독립운동사연구』 제25집, 385쪽.

36) 제성호(2010), 앞의 글, 468~473쪽. 유사한 의견에 관해서는 김형만(2006. 5), 「한일간 문화재 반환의 국제법적 문제」, 동북아의 평화를 위한 바른역사정립기획단, 『한일역사관련국제법논문선집』, 372쪽 참조.

1965년 시점과는 달리 1990년대 초반 이후 한국병합의 불법성에 대한 새로운 증거들이 속속 등장하였고 이러한 사실이 한일 간 문화재반환 문제에 대한 재평가를 요구한다는 점, 한일 관계를 벗어나 살펴보더라도 1965년 이후 식민지시기 반출 문화재의 반환 문제에 대해 새로운 흐름이 형성되었다는 사실, 한국민의 입장에서 볼 때 식민지시기 반출 문화재의 반환이 양국 간 화해를 위해 중대한 문제로 수용되고 있다는 점 등을 고려할 때, 이 문제에 대해 기계론적이고 엄격한 법실증주의적 해석보다는 좀 더 유연하고 전향적인 접근이 절실히 요구된다고 할 것이다.[37] 즉 1965년 협정의 틀을 넘어선 차원에서 식민지시기 반출 문화재의 기원국 반환이 양국 간 현안으로서 진지하게 검토되어야 할 것이다.

---

37) 한일 간에 1965년 조약 및 협정을 재론하거나 개정하는 데 현실적으로 상당한 어려움이 존재함을 상기할 때, 1991년부터 개시된 북한과 일본 간의 수교협상에서 문화재반환 문제가 좀 더 심층적으로 다루어질 것을 기대할 수도 있을 것이다. 2002년 9월 17일 채택된 북일 정상 평양선언은 제2항에 "쌍방은 재일조선인들의 지위문제와 문화재문제에 대하여 국교정상화회담에서 성실히 협의하기로 하였다."는 규정을 두고 있다. 북한의 핵개발 문제로 인하여 난항을 겪고 있는 국교정상화회담이 재개될 경우 문화재반환과 관련하여 어떠한 결론에 도달할 것인지 주목된다. 다만, 북한과 일본 간의 국교정상화가 한일 간의 국교정상화와 유사한 방식 및 내용으로 진행될 가능성이 높은 점 그리고 아무래도 협상의 중점이 청구권 및 경제협력방식에 두어지고 있는 점 등에 비추어 볼 때, 문화재반환과 관련해서도 1965년 협정에 비하여 큰 진전을 달성하지 못할 가능성도 배제할 수 없는 실정이다. 이 문제와 관련하여 조총련계 학자들에 의해 일본 소재 북한기원문화쟁의 현황에 대해 연구가 이루어졌음은 주목할 만한 사실이다. 康成銀・鄭泰憲(2006), 「日本に散在する朝鮮考古遺物－朝鮮總督府の古蹟調査事業に伴う搬出遺物を中心に」, 『朝鮮大學校 學報』 第7號.

# III. 식민지시기 반출 문화재반환의 국제법적 재검토 – 반환청구의 범위를 중심으로

## 1. 서언

이미 언급한 바와 같이 현재 국제사회에서는 기원국의 영역 외로 반출된 문화재를 그 기원국으로 반환해야 한다는 주장이 강력히 제기되고 있다. 특히 식민지시기 반출 문화재와 관련하여 구 식민지였넌 국가들을 중심으로 움직임이 강화되고 있다. 1978년 UNESCO의 틀 내에 설치된 문화재반환정부간위원회(정식 명칭은 'Inter-Governmental Committee for Promoting the Return of Cultural Property to its Countries of Origin or Restitution in Case of Illicit Appropriation)는 바로 이러한 정치적 · 규범적 요구를 배경으로 탄생하였다.[38)]

근래 이탈리아를 비롯한 구 식민모국에서도 식민지시기 반출된 문화재반환과 관련하여 주목할 만한 실행이 보고되고 있다. 그러나 영국, 프랑스, 벨기에, 일본 등 여타 국가들은 아직까지 식민지시기 반출된 문화재의 기원국으로 반환에 대해 소극적인 입장을 보이고 있음도 사실이다. 현 시점의 국제사회에 식민지시기 반출 문화재를 기원국으로의 반환 의무에 관해 일반적 다자조약도 존재하지 않으며, 이 문제에 관한 국제관습법규의 성립을 인정하기도 어렵다. 다만 식민지시기 반출 문화재의 기원국 반환에 관하여 주목할 만한 국가 실행이 증대되고 있으며 또한 각종 UN결의 등을 통해 이 문제에 관한 법적

38) 이 문제에 대한 상세한 논의로는 Ana Filipa Vrodoljak(2008), 「*International Law, Museums and the Return of Cultural Objects*」, Cambridge University Press; 김형만(2001), 『문화재 반환과 국제법』, 삼우사.

신념(opinio juris)이 초기적인 형태로나마 등장하고 있다고 평가할 수 있을 것이다.

이러한 상황은 문화재반환과 관련하여 구 식민지 측이 좀 더 장기적 관점에서 전략적인 접근을 해야 할 당위성을 부각시킨다. 한일회담 시에도 쟁점이 되었던 문제이지만, 객관적인 차원에서 엄밀하게 본다면 아직 국제사회에는 식민지시기 반출 문화재의 기원국으로의 반환을 의무화 하는 국제규범은 명확한 형태로 형성되었다고 보기는 어렵다. 따라서 이러한 규범의 성립을 전제로 구 식민모국 측에 주장을 제출하는 것은 객관적으로 보아 설득력이 높다고 보기는 어려울 것이다. 따라서 문화재반환의 규범적 근거, 특히 그 반환 범위와 관련하여 상호주관적으로 납득할 수 있는 담론과 협상전략을 개발해야 할 것이다. 아래에서는 구 식민지로부터 반출된 문화재의 반환 청구 범위와 관련된 논리를 시론적으로 검토하도록 한다.

## 2. 식민지시기 반출 문화재반환의 재검토[39)]

현재 한국의 경우를 보면 해외유출 문화재반환과 관련하여 민족주의적 정서가 강한 편이며 이에 따라 반환요구의 대상이 되는 문화재의 범위도 상당히 넓은 것으로 보인다. 이러한 경향은 특히 일본 내 소재하는 한국 기원 문화재와 관련하여 현저하다. 이러한 사정은 한국이 오랜 세월 동안 외침을 겪었고 특히 일본에 의해 가혹한 식민통치를 받은 데서 기인한 것으로 보인다. 한국의 민족주의를 '희생자 민족주의'라고 부르는 것도 이 같은 맥락에서일 것이

39) 이 부분은 유네스코한국위원회(2007), 『불법문화재 국제사례 및 추진전략 연구』 중 필자가 집필한 부분에서 297~301쪽을 수정한 것이다.

다. 과거 식민주의의 희생물이 되었던 다른 국가의 경우에는 정도의 차이는 있지만, 식민지시기 반출 문화재의 반환과 관련하여 대체로 유사한 경향을 보이고 있다고 볼 수 있다. 상호주관적 관점에서 이 문제의 정당한 해결을 달성하기 위해서는 반환 주장의 규범적 근거와 반환청구의 범위(이 두 문제는 서로 밀접히 연관되어 있다)에 관해 깊은 고민이 필요할 것이다. 2012년 7월에 발족한 국외소재문화재재단의 활동과 관련해서도 이 문제가 핵심적 중요성을 띨 것이다.[40)]

식민지시기 반출 문화재의 반환과 관련하여 국외로 반출된 모든 문화재가 반환요청 대상이 되는 것은 아닐 것이다. 현실적으로 외국에 소재하는 문화재를 전부 다 반환받는 것이 불가능할 뿐만 아니라 바람직하지도 않다는 점에 비추어볼 때, 문화재반환 정책의 원칙 수립 문제는 결국 반환을 추구해야 할 문화재의 범위 문제로 연결된다. 범위를 어떻게 설정하는 것이 객관적 · 대외적 설득력을 갖고 또한 국내적으로도 수용가능할 것인가? 국내적으로 아무리 널리 수용되더라도 객관적 · 대외적으로 설득력이 결여된 범위를 설정하면 이는 객관적으로 무망한 정책에 행정적 · 외교적 자원을 낭비하는 결과를 초래할 것이다. 반대로 객관적 설득력은 갖더라도 대내적으로 수용하기에 그 범위가 너무 좁다면 정책 수행을 위한 국내적 지지기반을 확보하기 어려울 것이다.

이와 같은 제약요소를 고려해 볼 때, 문화재의 기원국으로 반환의 원칙 및 반환청구의 범위에 대해 다음과 같은 제언이 가능할 것이다.

(a) 기원국의 문화적 정체성 형성에 상당한 중요성을 지니고 있는 문화재 중에서

40) "나라 밖 문화재 찾기 전담 기구 7월 발족", 《한국일보》(2012. 5. 23).

(b) 다음 중 하나에 해당하는 것

(i) 그 반출경위에 고도의 불법성이 개재된 경우

그 반출과정에 고도의 불법성이 개재된 경우에는 반환청구의 대상이 될 수 있을 것이다. 비록 일본에 소재한 문화재는 아니지만, 대표적인 예가 외규장각 도서다. 1866년 병인양요 당시 프랑스 해군은 외규장각 소장품 대부분(4,338점)을 불태우고 의궤 191종 297책을 반출해 갔다. 당시 프랑스 해군이 대부분의 소장품을 소훼시켰다는 사실은 프랑스 측 자료에도 잘 기록되어 있다. 이러한 행위는 어떠한 군사적 필요도 없는 상황에서 외국의 문화재를 고의적으로 파괴한 행위로서 당시 국제법에 비추어보더라도 고도로 불법적인 행위다.[41]

당시 프랑스 해군은 조선 침공의 정당한 이유로써 병인박해 때 조선 정부가 프랑스인 신부 9명을 살해한 것을 들었는데, 설령 이러한 사실이 정당한 개전이유로 정당화된다 하더라도['개전권(jus ad bellum)'의 문제] 적대행위를 수행하는 과정을 규율하는 법['전쟁 중의 법(jus in bello)']에 따르면 적국 문화재의 자의적인 파괴는 금지되고 있었다. 외규장각 도서는 이와 같이 고도의 불법성이 개재된 과정을 통해 반출되었으며 2011년 5월에 5년 단위의 임대(prêt) 방식으로 귀환을 완료하였다.[42] 이러한 형식으로 '귀환'하였기 때문에 그 반출경위에 개재된 고도의 불법성 문제는 봉합되고 말았지만, 협상 과정에서 여론 형성에 일정 정도 영향을 끼쳤을 것으로 추측된다.

(ii) 당해 문화재가 기원국에 대한 식민지배나 무력강점과 관련되며 외국에

41) 외규장각 도서 문제에 관한 상세한 논의로는 이태진(2010), 『왕조의 유산 외규장각 도서를 찾아서』, 지식산업사.

42) "외규장각 의궤 반환 완료 …… 7월부터 공개", 《한겨레》(2011. 5. 27).

서 기원국에 굴욕적인 방식으로 전시 또는 활용되는 경우

문화재가 특정 민족의 타민족에 대한 정복의 상징으로서 후자에 대하여 굴욕적인 방식으로 전시 · 활용되는 경우가 있다. 1996년 스코틀랜드에 반환되기 전까지 웨스트민스터 사원(Westminster Abbey) 성 에드워드 의자(St. Edward's Chair) 밑에 깔려 있던 스쿤의 돌(Stone of Scone)이 그 대표적인 예다. 이 돌은 1296년 에드워드 1세가 스코틀랜드와의 전쟁에서 전리품으로 획득하였는데 그 후 스코틀랜드에 대한 잉글랜드의 지배권의 상징으로 활용되었던 것이다.

2005년 이탈리아가 에티오피아에 반환한 악숨의 오벨리스크(Obelisk of Axum)도 이 예에 해당한다고 봐야 할 것이다. 이 오벨리스크는 1937년 이탈리아 군에 의하여 악숨에서 약탈당한 뒤 로마로 반출되어 로마 시내 이탈리아령 아프리카부 건물(이 건물은 뒤에 UN식량농업기구 본부 건물로 사용되었다) 앞에 세워졌다.

북관대첩비는 임진왜란 당시 정문부 장군이 의병을 모아 일본군을 격퇴한 사실을 기록한 전공비인데 1905년 일본군에 의하여 반출되어 일본황실에서 보관하다 야스쿠니신사에 방치되었다. 임진왜란 시 조선군이 일본군을 격퇴한 공적을 기록한 비석을 일본군 전몰자를 기리는 야스쿠니신사 한 구석에 '벌세우듯이' 방치한 의도가 순수하지 못함은 자명하다. 다행히 북관대첩비 문제는 양측 간의 원만한 협상을 통해 순조롭게 해결되어[43] 이 문화재가 원래의 맥락으로 환원되었지만, 유사하거나 더 문제성 있는 사례도 존재할 것이다.

43) 북관대첩비의 반환 경위에 대해서는 외교통상부 동북아제1과, 북관대첩비 반환 관련 보도 참고자료(2005. 10. 8), http://jpn-tokyo.mofat.go.kr/webmodule/htsboard/template/read/korboardread.jsp?typeID=15&boardid=8438&seqno=586174&c=&t=&pagenum=282&tableName=TYPE_LEGATION&pc=&dc=&wc=&lu=&vu=&iu=&du=.

(iii) 당해 문화재의 기원국에서의 맥락적합성 및 활용가치가 현 소재지에서의 그것보다 현격히 높은 경우

어떤 문화재의 경우에는 현 소재지에서는 그 가치에 대한 인식이 별로 높지 못한 반면, 기원국 문화 정체성 형성에 차지하는 비중이 매우 높고 기원국으로 돌아올 경우 그 맥락적합성 및 활용가치가 현저하게 높아진다. 예를 들어 현재 천리대학교 중앙도서관에 소장되어 있는 안견의 몽유도원도는 조선시대 최고의 그림으로 평가되며 또한 안평대군의 발문 등은 서예사적 가치도 뛰어나다. 한마디로 말해 한국문화가 산출한 최고걸작 중의 하나라고 할 수 있다. 이 작품이 한국문화사상 차지하는 결정적 중요성에 비해 일본 내 인지도나 활용도는 그리 높다고 볼 수 없다. 몽유도원도는 한국으로 돌아와 한국에서 전시 · 활용될 때 그 진가를 발휘할 수 있을 것이다.

이와 같이 당해 문화재의 기원국에서의 맥락적합성 및 활용가치가 현 소재지에서보다 현격히 높은 경우에는 반환협상의 대상이 될 수 있을 것이다.

(iv) 당해 해외소재문화재가 유일본이거나 기원국에 유사한 문화재가 희귀한 경우

어느 문화재가 기원국문화사상 차지하는 중요성이 매우 높음에도 불구하고 해외에 단 한 점만 소재한다든지 그 대부분이 외국에 소재하는 경우에도 문화재반환 추구의 대상이 될 수 있을 것이다. 별도로 당해 문화재의 반환청구를 뒷받침할 근거가 존재하지 않는다면 이들 문화재의 반환을 추구하는 경우에는 당해 문화재가 기원국의 문화적 정체성 형성에 있어 차지하는 중요성에 대한 설득력 있는 논리의 개발과 반환 요구에 응하는 점유자에 대한 각종 반대급부에 대한 면밀한 검토가 필요할 것이다.

(v) 학예연구적 관점에서 당해 문화재가 현 소재지에서 제대로 관리되지 못하거나 현 소재지에서 도난, 일실, 파괴의 위험이 높은 경우

그리스와 영국 간에 문제가 되고 있는 엘긴 대리석[그리스 정부는 '파르테논 대리석(Parthenon Marbles)'이라 부른다]의 경우에도 대영박물관 측이 1930년대 이 대리석 표면을 덮고 있는 때를 제거하는 과정에서 잘못된 방법을 사용하여 대리석의 색깔이 변했으며 또한 대리석 조각이 일부 손상되기도 하였다. 대영박물관은 이러한 주장이 정치적 동기에 의하여 과장된 것이며 동일한 방법이 당시 그리스나 이탈리아에서도 사용되었다고 반박하고 있다.[44]

기원국의 문화적 정체성의 형성에 중요한 역할을 하는 문화재를 일본 내에 계속 점유하면서 당해 문화재의 한국 내 중요성에 상응하는 학예적 관리를 행하지 못할 뿐만 아니라 더 나아가 이를 방치 · 훼손하는 경우 일본은 당해 문화재의 계속 점유에 대한 권리를 상실한다고 할 것이며 한국으로 반환의 정당성이 강화된다고 할 것이다. 당해 문화재가 일본 내에서 도난, 일실, 손괴의 위험성에 노출되어 있을 경우에도 유사한 주장이 가능할 것이다.

## 3. 소결

한일회담 과정에서도 볼 수 있듯이 식민지시기 반출 문화재의 반환은 결코 쉬운 문제가 아니다. 반출의 합법성 여부, 반환청구의 대상 및 범위, 반환의 방법 등과 관련하여 양측의 견해가 첨예하게 대립할 소지가 크다. 구 식민지와 식민모국 간의 복잡하게 얽힌 관계를 생각해 볼 때, 구 식민지 측의 시각을

44) "British Damage to Elgin Marbles 'Irreparable': Greek Team's Findings Show Extent of the Failure to Protect the Marble Carving during 1930s Restoration Attempt", The Guardian(1999. 11. 12).

강하게 반영하는 방식으로 협상에 임해서는 문화재반환 협상에서 성공하기도 쉽지 않고, 더 근본적인 문제로서는 양측 간의 화해를 달성하기도 쉽지 않을 것이다.

상호주관적인 관점에서 기본입장을 설정하고, 반환청구의 대상 및 범위, 반환의 법적 성격과 방식 등과 관련하여 유연하고 성숙된 접근을 할 필요가 있을 것이다. 이 절에서는 이러한 시각에서 식민지시기 반출 문화재반환 청구의 범위에 관해 시론적 고찰을 행하였다.

## IV. 대마도 불상 도난 사건에 대한 국제법적 고찰

### 1. 서언

2012년 10월 대마도에서 발생한 한반도 기원 문화재의 절도 사건이 한일 양국 간 외교현안으로 등장하였다. 근래 일본의 극우단체들이 조직한 반한(反韓) 데모에서 한국이 '불상도둑국가'로 비판 받기도 하였다. 이 사건은 문화재 반환이 양국 간 화해의 달성에 있어 중대한 의의를 지니고 있음을 잘 보여 주고 있다. 이 문제의 슬기로운 해결을 통해 한일 간 문화재 문제의 형평한 처리를 위한 선례를 확보해야 할 것이다.

이 사건의 사실적 배경을 간략히 살펴보면 다음과 같다. 2012년 10월 6일 한국인 6명으로 구성된 문화재 절도단이 대마도로 가서 카이진신사[海神神社], 칸논지[觀音寺] 등지에서 동조여래입상, 관음보살좌상, 고려대장경 등을 절취하였다. 그 후 이들은 후쿠오카를 거쳐 부산으로 귀국하였다. 이들 문화재의 도난 사실을 알게 된 일본 측에서는 한국 측에 협조를 요청하였고, 용의자들은

2013년 1월 22일에 대부분 검거되었다.[45] 용의자들의 검거와 더불어 두 불상은 회수되었는데, 고려대장경의 행방은 아직 불명인 상태다. 일본 정부는 2012년 12월 초부터 2013년 2월 중순까지 세 차례에 걸쳐 구술서를 한국 정부에 보내 이들 문화재의 반환을 요청하였다. 두 점의 불상 중 관음보살좌상이 충남 서산의 부석사에서 봉안되어 있던 것으로 판명되자, 이 절에서는 대한민국을 상대로 대전지법에 유체동산점유이전금지 가처분 신청을 하였고 법원에서는 2013년 2월 26일 이를 인용하였다.[46]

이 사건과 관련하여 1970년 UNESCO 협약(정식명칭은 '문화재 불법 반·출입 및 소유권 이전의 금지와 예방 수단에 관한 유네스코 협약'. 1972년 발효, 한국은 1983년 가입, 일본은 2002년 가입)의 적용 여부 및 기타 관련 문제가 논란의 대상이 되고 있다. 1970년 협약이 체계적으로 일부 부정합성을 보이는 데다가 일부 규정은 애매모호하게 되어 있어 이러한 논란을 가중시키고 있다.

## 2. 대마도 불상 도난 사건에의 1970년 협약 적용 여부

1970년 협약은 자기집행적(self-executing) 효력이 결여된 조약으로서 그 국내적 이행을 위해서는 개별국에 의한 이행입법이 필요하다. 달리 말하면 개별국이 수용한 협약상의 의무의 정확한 범위는 이행입법을 통해 확정할 수 있다. 일본이 수용한 협약상의 의무도 결국 일본의 2002년 이행입법의 분석을 통해 분명히 할 수 있는 것이다. 아래에서 자세히 살펴보겠지만, 일본은 이 협약에 대해 상당히 미약하고도 동시에 비대칭적인(asymmetrical) 입법을 행하고

45) "국보급 불상 2점 일서 훔쳐 국내로 …… 반환해야 할 듯", 《한국일보》(2013. 1. 30).
46) "일본서 훔쳐온 불상 반환 안돼", 《한국일보》(2013. 2. 27).

있다. 이로 인해 대마도 불상 사건과 관련하여 자신의 주장을 약화시키는 결과를 초래하고 있다. 먼저 이 측면을 살펴보도록 한다.

다음으로 이 사건의 도난 불상들이 한반도에서 기원했다는 사실을 이유로 (특히 협약 제4조와 관련하여) 1970년 협약이 이들 불상에 적용되지 않고 따라서 반환의 의무가 없는지가 문제다.

정리하자면 이 사건과 1970년 협약과의 관계는 한편으로 일본의 이행입법을 통해 수용된 1970년 협약상의 의무의 범위, 다른 한편으로는 이들 불상의 한반도 기원이라는 사실이 1970년 협약의 해석 및 적용에 대해 어떠한 영향을 끼치는지로 나누어 살펴볼 수 있는 것이다.

### 1) 일본의 2002년 이행입법의 문제점

① 협약 제7조(b)(ii)와 상호주의 원칙

일본은 2002년에 1970년 협약에 가입하면서 이 협약의 국내적 이행을 위한 입법을 행하였다. 이 법률의 명칭은 '문화재의 불법적인 수출입 등의 규제 등에 관한 법률(文化財の不法な輸出入等の規制等に關する法律)'인데, 이 이외에도 문화재보호법상의 관련 규정을 일부 개정하기도 하였다. 이 법률은 모두 7개의 조항으로 이루어져 있는데, 일반인도 용이하게 그 내용에 접근할 수 있도록 팜플릿이 제작되어 있다.

2002년 법률은 수입규제, 수출규제, 회복조치 등에 대해 규정하고 있는데, 이들 규정은 1970년 협약이 부과하는 의무의 범위에 대해 상당히 제한적이고 좁은 해석에 기초하고 있는 것으로 평가되고 있다. 이들 법률안의 국회 심의 과정에서 드러나듯이 일본은 1970년 협약 발효 이후 30년을 끌다가 1999년 자국인인 마쓰우라 고이치로가 UNESCO 사무총장에 부임하자 서둘러 이 협약에 가입하였다. 이러한 비준은 외교적 곤혹(embarrassment)을 피하기 위한 제

스처에 불과한 것이었고, 내심으로는 이 협약에 상당히 소극적인 태도를 견지하였다. 패트릭 오키프(Patrick O'Keefe)는 1970년 협약에 대한 주석서 제2판(2007)에서 일본의 이행입법을 다음과 같이 비판하였다.

> Japan took a very narrow interpretation of the 1970 Convention and further narrowed it by administrative arrangements that can effectively apply in few cases. Overall, the implementation seems designed to accommodate existing Japanese arrangements, particularly those of the Customs, rather than addressing the requirements of the 1970 Convention.[47]

협약 제7조(b)(i)[48]의 이행과 관련하여 2002년 법률은 제3조(1)에서, 외국으로부터 제7조(b)(i)에 규정된 시설로부터 문화재가 도난당했다는 통보를 받으면 외무대신은 지체 없이 문부과학대신에게 통보하도록 하고 있다. 외무대신으로부터 통보를 받은 문부과학대신은 이를 '특정외국문화재'로 지정해야 하고(제3조 2항), 이렇게 지정된 문화재는 외국환 및 외국무역법에 따라 수입승인을 받아야 한다(제4조). 사실상 수입이 금지되는 것이다. 이들 조항의 큰 문제점은 외국문화재가 2002년 법률상의 혜택을 받으려면 일본으로 수입되기 이전에 특정외국문화재로 지정되어야 한다는 것이다.

---

47) Patrick O'Keefe(2007), *Commentary on the 1970 UNESCO Convention*, 2nd ed., Builth Wells: Institute of Art and Law, p. 128.

48) "to prohibit the import of cultural property stolen from a museum or a religious or secular public monument or similar institution in another State Party to this Convention after the entry into force of this Convention for the States concerned, provided that such property is documented as appertaining to the inventory of that institution".

협약이 부과하는 의무에 대한 일본의 협애한 해석은 협약 제7조(b)(ii)와 관련해서 분명히 드러난다. 외국에서 도난당한 문화재의 회복과 반환(recover and return)과 관련하여 일본이 취한 '적절한 조치(appropriate measures)'는 선의취득 관련 도품에 대한 예외, 즉 반환청구가능기간을 문화재의 경우 2년에서 10년으로 연장한 것이 전부다. 조약상의 규정에 대한 최소한(minimalist) 해석이라고 평가할 수 있다. 이러한 해석은 결국 외국에서 도난당해 일본으로 반입된 문화재의 경우 통상적인 민사절차를 통해 회복되는 것을 전제로 하고 있는 것이다. 협약 제7조(b)(ii)는 협약 제13조(c)에 대한 특별규정으로서 통상적인 재판절차의 수용[협약 제13조(c)에 규정된 의무]보다 강화된 의무를 피요청국에 부과하고 있는 것이다. 일본의 이행입법은 제7조(b)(ii)의 의무를 최소한으로 해석하여 일본으로 반입된 외국문화재에 대하여 단지 민법상의 반환청구가능기간을 연장하고 있는 데 그치고 있다. 2002년 법률 심의과정에서 마쓰모토 의원이 지적한 바와 같이 민법의 개정은 1970년 조약의 비준과는 직접적인 관련성은 없는 것이라고 볼 수 있다.[49)]

국제법의 일반원칙인 상호주의에 따르면, 협약 제7조(b)를 매우 미약하게 이행하고 있는 일본은 대마도 불상 사건에서와 같이 자국에서 도난당한 문화재가 이미 외국으로 반입된 경우 도난당한 문화재가 현재 소재하고 있는 국가에 대해서 제7조(b)(ii)에 기초해 회수 및 반환 조치를 취할 것을 요구하기 어려울 것으로 해석된다.

49) 2002년 5월 29일 중의원 외교국방위원회 회의록. (「民法の改正はこの條約の批准と直接は關係ありません。これは時效の延長の問題でして、ということだけ言っておきましょう」)

② 2002년 법률 제5조와 동조여래좌상

2002년 법률의 또 하나의 문제점은 제5조가 제한적인 범위 내에서 일본 문화재의 회복을 허용하고 있다는 것이다. 제5조에 따르면 국가에 의해 지정된 중요문화재, 중요유형민속문화재, 사적명승천연기념물에 한해 관보에 게재하고, 특히 이들이 협약 제7조(b)(i)에 규정된 시설로부터 도난당한 경우에는 외무대신에게 통지하도록 되어 있다.

2012년 10월 대마도로부터 도난당한 두 불상 중 입상은 법률 제2조 2항상의 '국내문화재'의 정의에 부합하여 2012년 11월 관보 제5937호에 게재되었다. 동조여래좌상과 고려대장경은 국가에 의해 지정된 중요문화재가 아니었기에 관보 게재요건을 충족시키지 못하였고 따라서 게재되지 않은 것으로 보인다. 결국 2002년 이행법률상 좌상은 1970년 협약의 적용범위에서 제외되는 것이다. 이는 일본 국내법의 미비, 달리 말해 일본에 귀책되는 사유로 인해 초래된 결과다. 일본이 1970년 협약 제7조(b)(ii)의 자기집행성 또는 직접적용성을 원용하면서 동조여래좌상에 대해서도 동 조항의 적용을 주장할 가능성도 있지만, 2002년 법률의 입법경위 및 내용에 비추어볼 때 이러한 주장은 설득력이 약하다고 판단된다.

③ 소결

일본은 1970년 협약에 소극적인 태도를 30여 년 견지하다가 1999년 자국민이 UNESCO사무총장에 취임하자 체면과 위신을 고려하여 서둘러 이 협약을 비준한 것으로 보인다. 일본이 이 협약을 비준하기는 하였지만, 이행법률을 통해 수용한 협약상의 의무는 상당히 제한적이었다. 따라서 상호주의 원칙 또는 일본 국내법상의 흠결 등을 원용하여 동조여래좌상의 반환을 거부할 근거가 있는 것은 사실이다.

그렇다고 하여 일본이 협약 제7조의 틀 밖에서 당해 문화재의 반환을 추구할 법적 절차가 봉쇄된 것은 아니며[협약 제13조(c) 참조], 또한 장기적인 정책적 관점에서 반환을 적극적으로 고려하는 것이 타당할 수도 있다.

### 2) 1970년 협약 제4조의 문제

1970년 협약은 상당한 우여곡절을 겪으면서 채택되었고, 그 체계적 및 내용적 정합성의 면에서 많은 문제점을 남기고 있다. 특히 UNESCO 사무국이 마련한 초안은 많은 허점을 내포하고 있어 새로운 초안에 기초해 회의가 진행되었지만, 경우에 따라서는 사무국 초안이 그대로 최종 조약문에 반영되기도 하였다. 대표적인 예가 제4조, 제6조, 제13조 등이다. 대마도 불상 문제를 특히 협약 제4조에 초점을 맞춰 살펴보기로 한다. 제4조는 다음과 같이 규정하고 있다.

> The States Parties to this Convention recognize that for the purpose of the Convention property which belongs to the following categories forms part of the cultural heritage of each State:
>
> (a) Cultural property created by the individual or collective genius of nationals of the State concerned, and cultural property of importance to the State concerned created within the territory of that State by foreign nationals or stateless persons resident within such territory;
>
> (b) cultural property found within the national territory;
>
> (c) cultural property acquired by archaeological, ethnological or natural science missions, with the consent of the competent authorities of the country of origin of such property;
>
> (d) cultural property which has been the subject of a freely agreed exchange;

(e) cultural property received as a gift or purchased legally with the consent of the competent authorities of the country of origin of such property.

이 조항의 해석과 관련해서는 다양한 견해가 존재한다. 1970년 협약 채택 시 미국 대표단의 일원으로 참가했던 바토(Bator) 하버드대 교수는 이 조항을 'particularly unintelligible'이라고 하면서 '실제적 효력은 없을 것(seem to have no operative effects)'이라고까지 평가절하 하였다.[50)]

이러한 해석의 정반대에 서서 제4조를 적극적으로 이해하려는 견해는 존 고든(John B. Gordon)에게서 발견된다. 그에 따르면 어느 국가가 협약을 원용하여 특정 문화재에 대한 청구를 제기하려면 '이중의 기준(dual standard)'을 충족시켜야 한다. 한 기준은 협약 제1조상의 '문화재' 정의에 부합해야 하는 것이고, 다른 한 기준은 제4조상의 '관련성(connection)'이다.[51)] 이러한 해석의 중요한 함의는 문화재의 반환을 요청하는 국가가 제4조상의 관련성을 입증해야 한다는 것이다.

Fraoua는 1986년 UNESCO에서 발행한 주석서에서 제4조는 문화재와 특정 국가와의 관련성을 '국적의 연관(un lien national)', '영토적 연관(un lien territorial)', '계약적 연관(un lien contractuel)'의 세 가지로 나누고 있다고 설명하고 있다.[52)] 그의 설명은 여기에서 그치고 바토(Bator)와 고든(Gordon)이 제기한 논

50) Bator, Paul M.(1982), An Essay on the International Trade in Art, *Stanford Law Review*, vol. 34, p. 377.

51) John B. Gordon(1971), The UNESCO Convention on the Illicit Movement of Art Treasures, *Harvard International Law Journal* vol. 12, p. 542.

52) R. Fraoua, *Convention concernant les mesures à prendre pour interdire et empêcher l'importation et le transfert de propriété illicites des biens culturels*

점에 대해서는 특별한 언급이 없다.

협약 초안에는 제4조(f)가 있어 "cultural property acquired by a State or one of its nationals before this Convention entered into force for the State in question."이라는 조항이 있었지만, 이는 멕시코 등의 반대에 의해 삭제되었다.[53] 만약 이 조항이 채택되었더라면 협약 발효, 즉 1972년 이전 시점에 자신 또는 그 국민이 당해 문화재를 취득한 국가는 제4조상의 관련성을 주장할 수 있었을 것이다. 대마도 불상과 관련해서 살펴보자면 일본에 대해 1970년 협약이 발효한 2002년 이전에 일본국 또는 그 국민이 취득한 문화재는 제4조상의 관련성을 충족시켰을 것이다.

그러나 방금 살펴본 바와 같이 제4조(f)는 초안에서 삭제되었다. 제4조상의 다른 관련성을 주장하기는 어려운 일본은 결국 제4조의 요건을 충족시킬 수 없고, 고든 등의 주장에 따르면 문화재반환을 위한 이중적 요건 중의 하나를 결여하게 되는 것이다.

## 3. 결어

대마도 불상과 관련하여 법적인 차원에서는 그 반환을 거부할 근거가 있다고 볼 수 있다. 1970년 협약이 부과하는 의무는 한일 양국 간에는 양국이 수용한 의무가 합치하는 범위 내에서 존재한다고 할 수 있다. 일본은 매우 제한적인 범위 내에서 단지 '상징적' 수용을 하고 있는 데 불과하기 때문에 제7조(b)(ii)를 원용하여 대마도 불상을 반환하는 데 어려움이 존재한다. 특히 좌상

(UNESCO CC-86/WS/40), p. 59.

53) O'Keefe(2007), 앞의 책, p. 46.

과 관련하여 2002년 이행법률 제5조가 이 불상에 적용되지 않기 때문에 1970년 협약의 적용에 장애가 존재한다. 2002년 이행법률의 문제점으로 인해 일본은 1970년 협약 제7조를 원용하는 데 큰 제약이 존재하는 것이다.

다음으로 일본이 협약 제4조상의 요건을 충족시킨다고 보기 어렵고, 일부 견해에 따르면 이러한 사실이 일본에 의한 협약상의 권리 주장에 장애가 발생한다.

결국 대마도 불상, 특히 좌상과 관련하여 1970년 협약의 해석상 일본의 반환요청을 거부할 근거가 있는 것은 사실이다. 그러나 이러한 법적 근거가 있다고 해서 반환요청이 전적으로 정당화된다는 것은 아닐 것이다. 협약의 해석과 관련하여 가능한 해석의 범위 내에서 어떠한 해석을 택할 것인지는 법적인 논리로만 결정될 것은 아니고, 장기적이고 정책적인 관점도 고려하여 종합적으로 판단되어야 할 것이다. 이 사건에서는 9명에 달하는 전문석 절도단이 범죄행위를 자행하였다는 점, 일본으로의 반출의 불법성을 입증하기가 쉽지 않은 데다가 장구한 기간 동안 이들 문화재가 일본에 있었던 점, 한일 양국 간 외교관계 및 문화교류에 미칠 영향, 한국은 민족주의적 목적을 위해 범죄적 수단의 행사도 용인하다는 인상을 심어줄 우려, 자칫하면 국내에 소재하는 외국 기원 문화재에 대해 유사한 범죄행위를 조장할 우려가 있는 점, 한국이 지향하는 세계화된 매력국가라는 목표 등에 비추어볼 때, 협약의 문자보다는 정신을 존중하여 일단 일본으로 돌려주는 모습을 보여주고 다시 협상을 통해 이 불상을 국내로 환수하는 것이 바람직할 것으로 판단된다.

# V. 맺음말

지금까지 한일 양국 간에 현안으로 남아 있는 문화재반환 문제를 1965년 문화재협정의 의의, 특히 이 협정에 의해 문화재반환 문제가 국제법적으로 종결되었는지 여부를 살펴보고, 한일 양국이 향후 전개할 협상에서 참고할 수 있는 반환의 원칙과 범위를 제시하였다.

한일 양국 간의 '과거사 청산'에서 중요한 비중을 차지하기에 이른 이 문제의 진정하고 바람직한 해결을 추구함에 있어 양측은 아래 사항을 기억해야 할 것이다.

첫째, 과거사 해결과 관련하여 양측 간에 발견되는 근본적인 문제는 문제의 존재 여부에 관한 인식의 불일치다. 즉 한국 측에서는 문화재반환을 포함한 과거사에 대해 매우 첨예한 문제의식을 가지고 있음에 반해, 일본 측에서는 아예 문제의 존재 자체를 의식하지 못하고 있는 경우가 자주 발견된다. 현재 일본 내에 소재한 한국 기원 문화재 중 상당 부분이 식민지시기를 전후하여 한반도에서 반출된 것임을 알고 있는 일본인은 드문 실정이다. 문제의 존재 자체에 대해 양측 간의 인식이 접근하지 못한다면 문제해결은 무망할 것이다. 따라서 일본 측에서 문제의 존재 자체와 문화재반환이 양국 간의 진정한 화해와 공생을 위해 차지하는 중요성에 대해 좀 더 진지한 인식을 하는 것이 문제해결의 출발점이라고 할 수 있다.

둘째, 쌍방 간에 이 문제의 심각성과 복잡성에 대해 상호주관적인 이해를 증진해야 한다. 일본 측에서는 한국 기원 문화재가 단지 골동 취미에 관계되는 것이 아니라 한국민의 문화재 정체성과 자긍심에 관계되는 보다 근본적인 문제임을 깊이 인식해야 할 것이다. 문화재가 특정 문화공동체의 정체성 형성에서 차지하는 중대한 역할은 일본인 자신들이 자국 기원 문화재에 대해 부여하는 관심과 중요성에서도 쉽게 파악할 수 있으며, 이는 한국과 일본을 넘어 쉽게 일반화할 수 있다. 특히 굴욕적이고 가혹한 식민지배를 체험한 공동체의 경우에는 외국지배시기에 대량적으로 반출된 문화재가 여전히 당해 '가해국'에 '잔류'한다는 사실을 상징적 차원에서 쓰라린 피지배 경험의 지속으로 받아들일 수 있음에 유의해야 한다. 이러한 점을 고려할 때, 식민지시기를 통하여 유출된 문화재의 반환이야말로 관련 국가 간의 '불행한 과거'를 넘어서는 데 중대한 역할을 행할 수 있다. 2008년 8월 31일 이탈리아와 리비아 간에 1965년 한일협정과 유사한 조약을 체결하면서 양국 간 화해의 상징으로서 이탈리아가 리비아에 키리네의 비너스상을 반환한 예야말로 이 사실을 웅변적으로 증명한다.

한국 측에서 곧잘 주장하는 것처럼 일본 내 소재하는 문화재를 한국으로 돌려주는 것이 규범적 · 사실적으로 단순명쾌한 일이 아닐 수 있음을 기억할 필요가 있다. 현재 일본 내에 소재하는 한국 기원 문화재는 광범위한 시기에 걸쳐 매우 다양한 형식과 경로를 통해 반출되었으며 경우에 따라서는 일본에 반입된 이후 매매 · 교환 · 유증 등을 거치는 과정을 통해 현 보유자가 불법 또는 부당한 반출입 과정과 직접적인 관련성이 없는 경우도 있다. 또한 식민지시기 반출 문화재의 기원국 반환 문제에 관해 새로운 규범의 형성 중인 것은 사실이지만, 아직까지 이 문제에 관해 명확하고 밀도 높은 규범이 확립되지 않은 것도 엄연한 사실이다. 한국병합의 불법성 및 그에 따른 법적 함의에 대해서도 양측 간에 상당한 인식의 차가 존재하고 있음 역시 주지의 사실이다. 이런 상황하에서 관련 문화재를 한국으로 반환하는 것을 "불법적인 한국병합에 따른 불법적인 반출의 과오를 인정한 기초 위에서 행해지는 (진작에 이루어졌어야 할) 당연한 행위"로 간주하기보다는 좀 더 적극적으로 평가해야 할 것이다. 이는 특히 민간 차원에서 이루어지는 반환의 경우에 더욱 그러하다.

마지막으로 덧붙이고 싶은 점은 한국이 일본으로부터 문화재반환을 포함한 '불행한 과거사의 극복' 문제와 대면할 때 무의식중에 자신의 위상과 역량을 1965년의 시점으로 되돌리는 것이 아닌가 하는 우려다. 1965년에 한국은 대외지향적 경제성장정책을 막 시작하였고, 경제력 · 문화력을 포함한 국력은 일본과 도저히 비교할 수 없을 정도의 열세였다. 지난 반세기에 걸쳐 한국은 급속한 발전을 이룩하여 세계 10위권의 경제와 그에 상응하는 문화력을 보유하기에 이르렀다. 높아진 한국 문화의 국제적 위상은 아시아 지역은 물론 아랍 지역에서까지 상당한 영향력을 행사하고 있는 이른바 '한류(韓流)' 현상을 통해서도 입증된다.

이제는 해외에 소재하는 문화재의 물리적 귀환에만 집착하는 문화민족주의적 입장에서 한 걸음 더 나아가, 문화재반환 문제를 문화재의 국제적 교류라는 큰 틀에서 파악할 필요가 높다. 해외소재 문화재의 귀환뿐만 아니라 이들 문화재를 현지에서 적극적으로 활용함으로써 현지에서 한국 문화의 위상을 높이고 이 틀에서 해외소재 문화재의 수복(修復)도 적극적으로 고려해야 한다. 우리는 현재 해외에 소재하고 있는 우리 문화재의 국내로의 귀환에만 신경을 쓸 뿐 한국에 소재하는 외국 기원 문화재의 반환에는 그리 관심이 높지 않은 실정이다. 오타니[大谷] 컬렉션의 반환 문제를 둘러싼 최근의 논란이 좋은 예일 것이다. 최근 이탈리아의 실행에서 볼 수 있듯이 불법반출된 자국 문화재의 반환 협상에 있어 도덕적 우위를 확보하고 아울러 불법반출 문화재의 기원국으로의 반환이라는 대의(大義)를 주도하기 위해서는 한국 정부 및 사회의 인식과 정책의 전환이 절실히 요구된다고 할 것이다.

국성하(2006), 「한일회담 문화재 반환협상 연구」, 『한국독립운동사연구』 제25집.
김형만(2001), 『문화재 반환과 국제법』, 삼우사.
김형만(2006. 5), 「한일간 문화재 반환의 국제법적 문제」, 동북아의 평화를 위한 바른역사정립기획단, 『한일역사관련국제법논문선집』.
대한민국정부(1965), 『대한민국과 일본국 간의 조약 및 협정 해설』, 광명인쇄공사.
류미나(2010), 「'한일회담 외교문서'로 본 한 · 일 간 문화재 반환교섭」, 국민대학교 일본연구소 편, 『외교문서 공개와 한일회담의 재조명 2: 의제로 본 한일회담』, 선인.
문화재 반환 촉진 및 불법거래 방지 국제전문가회의(서울, 2002. 9. 30~10. 2) 발표논문집.
문화재청(2005), 『한일협정 외교문서(문화재) 자료집』.
박훈 · 국민대학교 일본연구소 편(2010), 「한일회담 문화재 '반환'교섭의 전개과정과 쟁점」, 『외교문서 공개와 한일회담의 재조명 2: 의제로 본 한일회담』, 선인.
외무부(1962), 「문화재 문제에 관한 양측 입장」, 『한일회담 외교문서』, 외무부.
원용석(1965), 『한일회담 14년』, 삼화출판사.
유네스코한국위원회(2007), 『불법문화재 국제사례 및 추진전략 연구』
이근관(2008), 「문화재의 기원국반환의 최근 동향-이탈리아 사례를 중심으로-」, 『서울국제법연구』 제15권 1호.
이근관, 「동아시아지역의 문화재 보호 및 불법거래방지에 관한 법적 고찰」, 『법학(서울대)』, 제44권 3호.
이태진(2010), 『왕조의 유산 외규장각 도서를 찾아서』, 지식산업사.
李弘稙(1972), 『한 史家의 流薫』, 통문관.
제성호(2010), 「한 · 일 간 문화재 반환문제에 관한 국제법적 고찰」, 『한국과 국제법』, 중앙대학교출판부.
『한 · 일회담 청구권관련문서』 제45권.
『한 · 일회담 청구권관련문서』 제45권.
『한 · 일회담 청구권관련문서』 제51권.
"100년만에 돌아온 / 북관대첩비 '제자리'", 《한겨레》(2006. 7. 4).

"93년 만에 환국하는 조선왕조실록", 《중앙일보》(2006. 5. 31).
"국보급 불상 2점 일서 훔쳐 국내로 …… 반환해야 할 듯", 《한국일보》(2013. 1. 30).
"나라 밖 문화재 찾기 전담 기구 7월 발족", 《한국일보》(2012. 5. 23).
"외규장각 의궤 반환 완료 …… 7월부터 공개", 《한겨레》(2011. 5. 27).
"日, 식민지배 강제성 인정 불법성(병합조약의 법적 무효)은 언급 안했다", 《조선일보》(2010. 8. 11).
"일본서 훔쳐온 불상 반환 안돼",《한국일보》(2013. 2. 27).
"日서 환수 조선왕조실록 오대산본 공개", 《한국일보》(2006. 7. 15).

康成銀・鄭泰憲(2006), 「日本に散在する朝鮮考古遺物－朝鮮總督府の古蹟調査事業に伴う搬出遺物を中心に」, 『朝鮮大學校 學報』 第7號.
高崎宗司(1986), 「日韓會談における文化財返還交涉について」, 『朝鮮史研究會論文集』 제23권.
高崎宗司(1996), 『檢證 日韓會談』, 岩波書店.
谷田 正躬・辰已 信夫・武智 敏夫 編(1966), 『日韓條約と國內法の解說』, 大藏省印刷局.
일본 관보 제17529호(2011. 6. 15).
일본 중의원 외교국방위원회 회의록(2002. 5. 29)

Bator, Paul M.(1982), An Essay on the International Trade in Art, Stanford Law Review, vol. 34.
Fraoua, R., Convention concernant les mesures à prendre pour interdire et empêcher l'importation et le transfert de propriété illicites des biens culturels(UNESCO CC-86/WS/40).
GordonJ, ohn B.(1971), The UNESCO Convention on the Illicit Movement of Art Treasures, Harvard International Law Journal vol. 12.
O'Keefe, Patrick.(2007), Commentary on the 1970 UNESCO Convention, 2nd ed. Builth Wells: Institute of Art and Law.
Vrodoljak, Ana Filipa(2008), International Law, Museums and the Return of

Cultural Objects, Cambridge University Press.
"A Dispute Over a Klimt Purchased in New York", New York Times(2007. 9. 26).
"British Damage to Elgin Marbles 'Irreparable': Greek Team's Findings Show Extent of the Failure to Protect the Marble Carving during 1930s Restoration Attempt", The Guardian(1999. 11. 12).
"China Fails to Halt Sale of Looted Relic at Paris Acution", New York Times(2009. 2. 26).
"French Debate: Is Maori Head Body Part or Art?", New York Times(2007. 10. 26).
"Pillagers Strip Iraqi Museum of Its Treasure", New York Times(2003. 4. 13).

〈ㅂ〉

〈ㅇ〉

〈ㅎ〉

한일협정 50년사의 재조명 Ⅲ
– 일제식민지책임 판결과 한일협정체제의 재조명 –

**초판 1쇄 인쇄** 2014년 6월 13일
**초판 1쇄 발행** 2014년 6월 22일

**펴낸이** 김학준
**펴낸곳** 동북아역사재단

**등록** 제312-2004-050호(2004년 10월 18일)
**주소** 서울시 서대문구 통일로 81 임광빌딩
**전화** 02-2012-6065
**팩스** 02-2012-6189
**e-mail** book@nahf.or.kr



ISBN 978-89-6187-329-1 94910
978-89-6187-279-9 (세트)


* 이 도서의 국립중앙도서관 출판예정도서목록(CIP)은 서지정보유통지원시스템 홈페이지(http://seoji.nl.go.kr)와 국가자료공동목록시스템(http://www.nl.go.kr/kolisnet)에서 이용하실 수 있습니다.(CIP제어번호: CIP2014018153)
* 책값은 뒤표지에 있습니다. 잘못된 책은 바꾸어 드립니다.